부동산은 감이 아니라 데이터
- 예측가능한 투자 전략 -

# 부동산은 감이 아니라 데이터

장영길 지음

매일경제신문사

## 서문

　한국 국민은 부동산에 관심이 많다. 그래서 부동산에 관한 내용이 언론에 적지 않게 실리고, 학교나 학원에 부동산 강의가 많이 개설되어 있다. 많은 사람들이 부동산에 대한 지식을 가지고 있고 자신만의 의견을 지니고 있다. 그러나 부동산에 대한 지식이 맞는지 또는 편향되지 않은지를 검토해볼 필요가 있다.

　최근 부동산에 대한 의견은 극단적으로 갈려 있다. 과거의 부동산 신화는 이미 끝났으며, 이미 대세 하락기에 접어들었으니 앞으로 더 폭락하니 집을 사지 말라든가, 아니면 지금 최저점으로 하락 상태라 다시 상승할 것으로 보이니 지금 당장 사야 한다는 주장이 극과 극을 이루고 있다.

　부동산은 가격 문제뿐만 아니라 다른 많은 이슈를 가지고 있다. 주택은 삶의 터전으로 기본 생활을 하는 데 있어서 최소한의 필수재다. 그래서 우리 생활에 직접 영향을 미치기에 관심도 많다. 최근 집값 급등의 원인인 수요와 공급에 대한 논란이 많다. 또한, 4차 산업혁명과 1인 가구 증가는 산업과 가구의 변화로 주택의 수급에 많은 영향을 주고 있다. 아울러 수도권에 경제와 인구가 집중되면서 지역별 주택 가격의 격차가 커졌다. 비싼 집을 꼭 사야 하는지, 아니면 전세로 살아야 하는지 고민이 날로 늘어만 간다. 그리고 강남 아파트 가격이 왜 그렇게 비싼지 이해가 안 된다고 한다. 더구나 재건축하면 큰돈을 번다고 난리다. 집 한 채밖에 없는데, 100세 시대에 노후 걱정이 이만저만이 아니다.

　이 책은 이러한 현실적인 문제를 이론적인 논리와 수많은 데이터 분석으로 파헤쳐 미래 변화를 예측하고, 앞으로의 대처 방안을 제시하고자 한다.

　데이터의 다양한 숫자를 다루는 통계학이 최근 주목을 받고 있다. 과거에서 현재를 분석하고 미래를 예측할 수 있는 수단이 통계다. 4차 산업혁명은 데이터 혁명이라고 할 수 있다. 빅데이터를 이용해서 합리적인 의사결정을 할 수 있다. 옛날처럼 감으로 결정하는 시대는 지났다. 과거에는 우리 인생은 신이 결정하는 것이 아니라 우리의 생각이 지배한다고 했다. 이제는 우리 마음이 아니라 데이터가 결정한다. 유발 하라리(Yuval Noah Harari)의 《호모 데우스》에서는 "감각과 감정이라는 것은 사실은 알고리즘이다. 인생에서 가장 중요한 선택을 포함해 우리가 내리는 결정은 감각, 감정, 욕망이라고 불리는 매우 정교한 알고리즘을 통해 이루어진다"라고 했다. 알고리즘은 과정을 명령어로 표시하는 데이터다.

　부동산 투자를 잘하기 위해서는 본능, 육감, 예감, 경험에 의존하기보다는 데이터를 분석해야 한다. 더욱더 현명한 투자를 위해서는 기억과 경험에서 얻은 정보의 패턴을 분석하는 것뿐만 아니라 인간의 감정과 연결 관계를 고려해야 한다. 어쩌면 진화론이나 뇌과학을 통해 인간의 본능을 이해하고 인간 감정을 이해해 예측할 방법을 찾아야 할지도 모른다.

이 책은 우아한 원리, 보이는 데이터, 불편한 진실이라는 3가지 주제를 바탕으로 풀어간다.

**우아한 원리** : 사회는 과학과 의식의 발전으로 빠른 속도로 변화하고 있고 우리는 그러한 변화를 따라가기가 벅찰 지경이다. 많은 사람들이 지금의 경제 상황은 변동성이 크며, 불확실하고, 복잡하며, 애매하다고 한다. 이런 어려운 상황에 적용되는 계획을 세우기 어렵다고 하나, 사실 부동산 투자는 단순한 원리를 따르고 있다. 법칙이나 원칙이 아닌 원리라는 의미는 물리학의 일정하고 환경이 변화하지 않은 불변의 법칙성뿐만 아니라, 생물학처럼 환경에 따라 변화하는 적응성도 포함한다는 의미다. 부동산 투자의 성공을 좌우하는 단순한 규칙 속에 깃든 경이로운 아름다움을 볼 수 있다.

**보이는 데이터** : 시각화를 통해 부동산에서 벌어지는 일을 더 잘 이해하도록 도와줄 것이다. 사람들은 숫자로 표현될 때 객관적이라고 생각하고, 그래프로 정보가 전달될 때 직관적으로 받아들이는 경향이 있다. 그래프 하나가 수천 개의 단어보다 내용이 더 잘 전달된다고 한다. 데이터 시각화는 많은 양의 데이터를 한눈에 볼 수 있고, 데이터 분석에 대한 전문 지식이 없어도, 누구나 쉽게 데이터를 이해할 수 있다. 텍스트나 표의 통계보다 흐름이나 추이를 직관적으로 알 수 있다. 그래서

방향을 예측할 수 있어 합리적 의사결정을 할 수 있다. 또한 데이터 시각화로 사람마다 다양한 관점이나 해석을 할 수 있어 이해를 높인다. 이 책에 분석과 그래프를 많이 실었는데, 이는 데이터를 활용해 직접 만든 것이 대부분이다.

**불편한 진실** : 지금까지 진실이라 믿어왔던 것이 거짓이거나 진실이 아닌 것으로 드러나는 경우로, 그간 우리 사회에 통용되어온 부동산을 재정의하고, 기존 패러다임을 바꾸는 내용을 담고 있다. 특히 내용 중에는 지역적 차이(주택 가격, 소득 학력) 등을 가감 없이 공개했다. 격차를 외면한다고 없어지지 않고, 모른다고 해서 없는 것은 아니다. 주택에 대해 새로운 관점에서 접근할 필요성을 제시하고자 한다. 특히 이 책에서는 주택 가격 상승 원인, 전세제도에 대한 오류, 대출에 대한 분석, 노후대책 등에 대해 새로운 관점에서 주택 시장에 접근할 필요성을 제시한다.

이 책을 쓴 이유는 첫째, 혼란스러운 부동산 시장의 현실을 제대로 이해하도록 돕기 위해서다. 새롭고 빠르게 변화하는 시장을 따라잡기가 쉽지 않지만, 과거의 낡은 지식을 새롭게 바꿔야 한다. 또한, 자기 확신에 차서 감으로 편향 시각에 의존해 중요한 부동산 투자를 결정하는 일이 없도록 해야 한다. 둘째, 남을 따르기보다 자기만의 부동산 철학을 가져야 한다. 사람마다 여건이 다르다. 남의 성공이나 판단에 의존하지 말아야 한다. 누구나 믿고 싶은 것만 믿고, 보고 싶은 것만 본다. 우리는 합리적이고 현명한 판단을 할 능력을 갖추고 있으나 실제로 의사결정을 할 때는 그러하지 않다. 감정에 휩싸이고 주변 사람들에 의해 의사결정을 한다, 셋째, 앞으로 부동산 시장이 어떻게 전개될지를 제시하기 위해서다. 주택 문제와 관련해 예측하기는 쉽지 않다. 그러나 데이터를 기반으로 통계분석하고, 분석 결과를 제시하며 확률로 미래를 예측하고, 그래프로 시각화해서 직관으로 이해를 돕는다. 데이터를 활용하는 것이 유용하다는 사실을 잘 아는 만큼 실생활에 적용하기가 얼마나 어려운지도 잘 알고 있다. 부동산 지식을 활용해 투자에 성공하도록 이끌어 부동산 지식이 실제로 활용될 수 있도록 하기 위함이다.

이 책에서 강조한 부분은 다음과 같다.

첫째, 근거 없는 주장인 독사(doxa)에 휘둘리지 말라. 독사는 그리스어로 객관적 검증을 거치지 못했기 때문에 근거가 없는 주관적 신념이나 억지스러운 주장이다. 자기 생각과 판단을 믿고, 타인의 의견에 휘둘리지 말라는 것을 의미한다. 독립적인 사고를 할 수 있다면, 자신의 삶을 주도적으로 살아갈 수 있다.

둘째, 데이터를 근거로 투자를 결정하라. 현대에서 데이터는 믿을 수 있는 신이다. 혼란스러운 부동산 시장의 현실을 제대로 이해해야 하고, 앞으로 부동산 시장이 어떻게 될지는 데이터로 판단해야 한다.

셋째, 고정관념, 자기 편향, 집단사고에서 벗어나라. 인간은 비합리적인 면도 많다. 또한 장소, 시간, 환경에 따라 의사결정이나 상황은 변한다. 내가 틀릴 수도 있다는 유연성을 가져야 한다. 예측에서 패턴도 중요하지만, 인간의 탐욕과 공포 등 생물학적 요소도 고려해야 한다.

이 책은 부동산의 미래 예측이라는 비교적 어려운 주제를 차근차근 풀어가면서 진부하지 않게 반전 매력이 있고 설득력 있게 전개했다. 자기 나름의 부동산 투자 철학과 스킬을 다듬어가기 위한 책으로 이해해

주기를 바란다.

이 책은 독자의 이해를 돕기 위해 다음과 같은 원칙으로 서술되어 있다.

- ● 어렵고 복잡하기보다는 쉽게 단순화했다.
- ● 다양하고 신뢰성 있는 데이터를 수집해 분석했다.
- ● 데이터를 표, 그래프, 그림으로 시각화해 이해를 도왔다.
- ● 주제와 관련되는 석학들의 책이나 논문을 직접 인용했다.
- ● 자기주장이 아닌 논리나 증거에 중심을 두었다.
- ● 스스로 분석할 수 있고, 바로 실행할 수 있도록 했다.
- ● 시장을 예측하는 데 실제로 도움이 되는 스킬과 도구를 제공한다.

이 책은 독자가 얻고자 하고, 바라는 것, 알고 싶은 것, 새롭거나 생각을 바꿀 수 있는 것, 그리고 내 행동을 변화시킬 수 있는 것을 골라서 만들었다.

이 책의 구성은 8장으로 나누어 부동산 중에서 주로 주택문제를 다루었다.

제1장은 부동산 예측에 관해 데이터, 통계분석, 심리적 요인을 다루었다. 빅데이터 시대에 예측의 유용성을 그래프나 통계분석으로 보여준다. 또한, 향후 5년간의 주택 가격의 요인을 분석하고, 어느 정도 오르거나 내리는지를 보여준다.

제2장은 최근 주택 가격의 폭등에 대한 다각적이고 새로운 관점에서 분석을 보여주며 이를 독자들도 수긍할 수 있도록 설득력 있는 데이터를 제시한다. 최근에 연구용역과 학술지 논문으로 기고한 것을 정리한

것이다.

제3장은 핫 플레이스이고 핫 이슈인 강남을 세밀하게 들여다보았다. 왜 정보통신시대에 장소가 중요하지 않다고 하면서 강남의 아파트 가격이 왜 지방 도시와 비교하면 30배나 비싸고, 같은 서울의 다른 구에 비해 3배나 비싼지를 분석했다.

제4장은 '집을 꼭 사야 하는가?'라는 주제로 전세제도의 허점과 인플레이션과 돈의 가치를 다양한 각도에서 분석했다. 우리가 뭔가 잘못 생각하고 있지 않았나 생각하게 한다. 우리가 믿었던 사실이 진실이 아닐 수도 있다.

제5장은 말 많고 탈 많은 재건축 아파트를 해부해보았다. 복잡한 도시정비사업을 간단하게 총정리했고 사업타당성을 가구당으로 분석했다. 그리고 재건축이 진행 중이거나 완료된 아파트를 사례 분석도 했다.

제6장은 갈수록 심화되는 수도권 집중 문제를 4차 산업혁명의 지식산업사회와 산업구조 개편과 연결해 생각해보았다. 세계의 경제가 동조화되는 시대에 다른 나라의 주택 시장을 한국과 비교했다. 또한, 특이한 일본의 장기 경제 침체와 부동산 하락도 과정과 원인을 분석해 반면교사로 삼았다.

제7장은 은퇴 후 집 한 채밖에 없는데, 100세 장수 시대에 필요한 노후자금과 노후 생활비의 마련을 위한 대책으로 주택연금과 부동산 이용으로 실현 가능한 해결하는 방안을 제시한다.

제8장은 부동산 투자에 성공하기 위한 조건이나 반면교사로 삼을 실패 사례를 소개한다.

그런데 이런 지식과 도구가 실제로 도움이 될까? 사람들이 부동산에 대해 잘 알면 부동산 재테크를 통해 여유로운 생활을 할 수 있다는 사실을 경험으로 잘 알고 있다. 이 책은 바로 그런 부동산 지식을 활용해서 부동산의 걱정과 불안을 줄이며, 앞으로 삶의 무게를 덜어주어 여유로운 생활을 할 수 있도록 효과적이고 실질적인 방법을 다룬다.

이 책은 부동산에 관한 길잡이로서 부동산을 통해 삶을 개선할 실질적인 지식과 유용한 도구를 알려준다. 부동산을 생각하는 방식을 어떻게 바꿔야 하는지부터 그것을 하나하나 실천에 옮기기 위한 행동까지 알려준다. 이 책은 부동산에 대해 처음부터 차근차근 공부하고 싶은 사람, 부동산에 종사하거나 새로운 정보를 알고 있는 사람뿐만 아니라 기존 지식이나 경험을 활용해 부동산을 좀 더 잘 이해하고 투자에 성공하고 싶은 사람에게 도움이 될 것이다.


집 때문에 조바심과 불안에 빠져 있던 무주택자나 앞으로 집을 살 사람도 이제 부동산에 대한 자신감을 가지고 경제적 여유와 삶의 기쁨을 누리길 기대한다. 부동산을 공부해 서로 지식을 공유하고, 주택 마련의 걱정을 줄여 행복으로 나아가는 방법을 독자에게 알릴 수 있는 기회를 얻게 되어 행복하고 감사하다.

이 책이 부동산 투자에 효과적이고 실질적인 도움이 되길 기대한다.

장영길

**차례**

# 제8장 현명한 부동산 투자

제**1**장

# 부동산은 예측 가능한가?

# 현상에서 패턴을
# 찾아 예측한다

우리는 과거의 지식을 근거로 미래를 예측하고 의사결정을 한다.

현대사회에서 지능 또는 능력이란, 현재 상황으로 인과관계를 정확하게 이해해서 미래를 예측하기 위한 것이라고 할 수 있다. 즉, 지식과 경험을 바탕으로 패턴을 찾아내고 예측해서 행동하는 것이다. 인간은 관찰을 통해 어떤 패턴을 찾으려고 하는 경향이 있다. 아는 패턴을 찾아내고 미래를 예측하기 위함이다. 기억과 경험에서 얻은 정보의 패턴을 분석해서 예측하는데, 정보에는 사실뿐만이 아니라 인간의 감정, 상호작용을 결합해야 한다.

불이나 도구를 사용하는 것보다 미래를 예측하는 능력이야말로 인간이 가진 가장 강력한 재능이고, 호모 사피엔스가 세상을 지배하게 된 힘이기도 하다. 그러나 이러한 능력이 잘못 쓰이게 되면 우리를 잘못된 길로 이끌 수 있다. 인간의 자기 편향, 집단사고는 미래에 대한 예측이 잘못된 상황에 적용되었을 때 발생하는 경우가 많다. 또한, 인간은 누구나 보고 싶고, 믿고 싶은 것만 보거나 믿는다. 그리고 결과를 자기 추측에 맞춘다.

앤드류 로(Andrew Lo)의 《금융 시장으로 간 진화론》에서는 "인간의 지능이란 좋은 서사(내러티브, 은유적 이야기 전개)라고 만드는 능력이다. 그리고 좋은 서사라는 것은 미래를 정확하게 예측하는 서사가 좋은 서사다"라고 말하고 있다. 만약 X가 일어나면, 그다음에는 Y가 일어날 거라는 인과관계에 대한 가정이 현실에 부합한다면, 좋은 서사라고 한다. 즉 지능이란, 현실의 인과관계를 정확하게 표현하는 능력이라고 말한다.

그리고 제프 호킨스(Jeffrey Hawkins)는 《생각하는 뇌 생각하는 기계》에서 "지능은 언어, 수학, 과학, 사회 등 여러 패턴을 기억하고 예측하는 능력이다. 뇌가 패턴을 받고, 저장하고, 과거와 현재를 결부시킴으로써 예측을 한다"라고 한다.

과학이란, 간단하게 말하면 자연현상의 규칙성을 찾아내는 일이라 할 수 있다. 자연현상, 즉 꽃이 피고 계절이 바뀌는 것을 관찰해서 매년 어느 달에 꽃이 피고, 온도가 얼마가 되어야 봄이 오는지를 찾아내어 규칙성을 발견한다. 이러한 규칙성, 즉 패턴을 일반화해서 보편적이고 누구나 이해할 수 있는 타당성과 변하지 않은 영속성을 지닌 불변으로 확인되면, 이론이 되어 우리는 이를 지식이나 과학으로 인정하게 된다. 그리고 그 지식을 체계화한 것을 과학, 학문이라고 부른다.

정리하자면, 자연현상에서 패턴을 발견해서, 예측이 가능하게 하는 것을 지식이라고 할 수 있다. 이는 자연뿐만 아니라 인간이 사는 집단인 사회에도 적용할 수 있다. 우리는 이를 사회과학이라고 해서 자연과학과 같은 방법론으로 예측한다.

결국, 지식·과학·학문은 미래를 예측하기 위해 있다고 할 수 있다. 물론 학문은 본질을 밝히고 이치를 알아내는 것이 원래의 목적이지만, 이 또한 자연이나 사회 현상의 패턴을 파악해서 원인과 흐름을 알아낸다. 이러한 패턴을 이해하기 위해 자연현상이나 사회현상을 수치화해야 한다. 그래야만 측정해서 관리할 수 있고, 분석할 수 있다.

예측은 미래의 현상만을 예견하는 것이 아니라 원인과 흐름도 같이 파악한다. 예를 들면, 주택 가격에 영향을 주는 변수에 소득, 인구, 공급 등이 있다면, 이들 중에 주택 가격에 유효한 영향을 주는 변수를 가려내고, 어떤 방향으로 어느 정도 영향을 주는지 파악해서 미래의 주택 가격을 추정한다. 따라서 단순히 가격만을 예상하는 것이 아니라 요인도 알 수 있다. 이러한 패턴은 기온이나 주식 시장에서도 볼 수 있다.

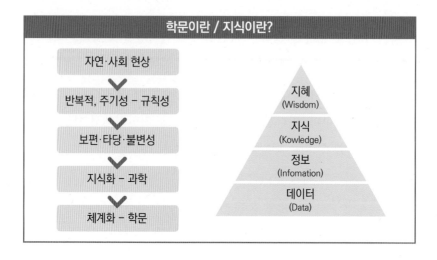

21페이지 좌측 자료는 우리나라의 30년간 평균기온의 변화를 나타낸 것이다. 매년 같은 기온은 아니지만, 평균적으로 1월에는 영하 3도,

여름에는 27도를 기록한다. 이렇게 기온의 패턴을 이해함으로써 기온의 변화와 계절의 변화를 예측할 수 있다. 우측 자료는 미국 주식 시장의 30년간 주가 변화 추이를 보여준다. 상승과 하락을 추세선을 그려서 보여주고 있다. 상승과 하락의 요인은 많지만, 전반적인 흐름을 보여주는 것으로, 오르내리는 현상은 주식 시장이나 기온이 유사하다는 것을 보여준다. 그래서 사회 현상도 자연과학처럼 일정한 규칙성을 발견해서 투자에 적용하면 성공할 수 있다. 그렇기에 채권, 주식, 부동산 같은 투자 시장에 자연과학의 방법론이 도입되었다. 특히 투자 시장에서는 시장의 흐름을 수치화해서 표나 그래프로 가시화하거나 통계 분석으로 시장을 분석하거나 예측한다.

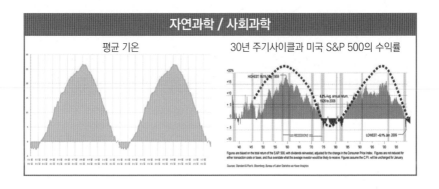

사람들은 부동산에 관심이 많다. 많은 사람들이 부동산에 대한 상식과 지식을 가지고 있고 나름대로 부동산에 대한 의견을 지니고 있다. 또한, '지금이 살 때인가?, 어디가 좋은가?, 지금 가격이 적정한가?, 부동산이 정말 대폭락할까?' 등에 대해 궁금해한다.

부동산에 대한 의견은 극단적으로 갈려 있다. 과거의 부동산 신화는 이미 끝났으며, 이미 대세 하락기에 접어들어 앞으로 더 폭락하니 집을 사지 말라고 하거나, 아니면 지금 최저점으로 하락 상태이기에 다시 상승할 것으로 보이니 지금 사야 한다는 주장이 극과 극을 이루고 있다. 또한, 유튜브는 말할 것도 없고 신문과 방송에서까지 폭락 장세를 인용하고 있다. 문제는 예측보다는 점을 치고 있다는 데 있다.

물론 누구나 예측할 수 있다. 그러나 근거 없이 자기 생각이나 단순한 경험만으로 예측하는 것은 정말로 근거 없이 주장하는 독사(doxa)다. 독사란 억견(臆見)이며, 일반적으로는 근거가 박약한 지식을 말한다. 플라톤(Plato)은 '이성에 의한 지식인 에피스테메(epistēmē)와 대비해 감각에 의한 지식은 개인차도 있고 수준도 낮아 신뢰할 수 없는 지식을 독사'라고 했다.

자기주장을 하기 위해서는 논증이 있어야 한다. 논증은 이론적인 체계도 있어야 하겠지만, 중요한 것은 증거다. 증거란 사실에 대한 물증 같은 것이다. 그래서 어떤 범죄를 입증하려면 물증이 있어야 하는데, 과학에서는 이것을 수치화한 데이터로 설명해야 한다. 예를 들면, 집값이 올랐다면 주택 가격 데이터를 분석해서 이런 요인이 집값에 영향을 주었다고 통계적으로 증명되어야 한다.

다음 자료는 자산 시장의 흐름을 종류별로 시각화해서 상호관계를 파악하는 데 도움을 준다. 2020년을 100으로 정한 지수는 정도의 차이는 있지만 같은 추세로 움직이는 것을 알 수 있다. 특히 서울 아파트와 비교하면 주식이나 역채권(채권수익률)은 변동이 심한 것으로 파악되었다. 수익률은 삼성전자, 채권수익률, 재건축 아파트 순이다. 이는 비교 시점을 언제로 하느냐에 따라 달라질 수 있다.

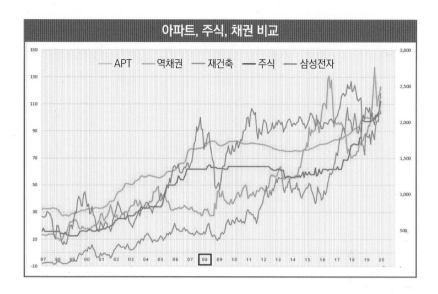

**아파트, 주식, 채권 비교**

APT ── 역채권 ── 재건축 ── 주식 ── 삼성전자

2008년 세계금융위기 때 주식은 폭락했으나 채권수익률은 반대로 상승했고, 아파트 가격은 그대로 유지했다는 것을 그래프를 통해 알 수 있다. 그러나 2년 후에 원상으로 회복된 것을 볼 수 있다. 투자 시장은 상승도 하고 하락도 하지만 장기적으로 우상향, 즉 상승하고 있다는 것을 알 수 있다. 그래프를 통해 투자는 단기 예측보다는 장기 예측으로 긴 호흡으로 멀리 보면서 해야 한다는 교훈을 깨달을 수 있다.

# 예측을 위해
# 데이터가 존재한다

매년 많은 기관이나 전문가들이 주택 가격 전망을 한다. 그러나 다들 알다시피 틀린다. 그것도 매년 엄청나게 틀린다. 그래도 매년 내놓는다. 불확실성이 높아지면서 미래 예측의 어려움으로 잘못된 예측 위험성 또한 커지고 있다. 그런데도 미래를 예측해야 하는 이유는 투자의 유연성과 상황 대응력을 높여줄 수 있기 때문이다.

대개 단기는 예측하기 쉽고, 장기는 예측하기 어렵다고 한다. 그러나 필자는 그렇게 생각하지 않는다. 단기에서는 당장 내일 무슨 일이 일어날지 알 수 없다. 그러나 장기는 추세를 결정하는 변수를 찾아 예측하면 오차는 줄어들 수 있다.

2023년 주택 가격이 하락하면서 언론과 전문가라는 분들만 하루 살고 말 것처럼 공포의 폭락을 주장하고 있다. 왜냐하면 "이 또한 지나가리라"하고 참고 기다리라고 하면 대중들이 관심을 안 주기 때문이다. 공포는 생존에서 살아남기 위한 인간의 가장 기본적인 본능이다. 본능은 바로 반응한다. 이를 통제할 수 있는 사람이 합리적 경제인이다. 독사에게 물리지 말자는 이야기다. 즉, 근거 없는 주장에 휘둘리지 말자.

《돈의 심리학》에서 모건 하우절(Morgan Housel)은 "조종사들이 지루한 시간이 끝도 없이 계속되다가 간간이 끼어드는 공포의 순간이 바로 자신들의 직업이라는 이야기를 하는데, 투자도 마찬가지로 간간이 끼어드는 공포의 순간에 당신이 드러내는 반응이 당신이 성공할 수 있느냐를 결정하는 순간"이라고 말한다.

필자의 경험인 엔비디아 주식을 예로 들면, 2021년 초 $130에 매입한 주식이 그해 말 $330까지 올랐다. 그러나 2022년 10월에는 $120까지 하락했다. 그때 팔았더라면 현재 $400의 짜릿한 맛을 못 보았을 것이다. 오를 때는 끝없이 오를 것 같고 내릴 때는 바닥이 없는 것처럼 보일지 모르지만, 그 공포의 순간을 극복해야 성공할 수 있다.

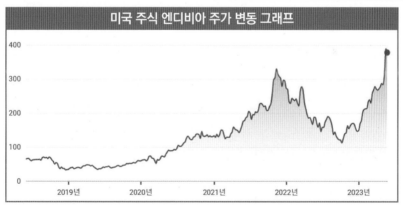

출처 : 구글(미국 주식)

부동산을 예측하기 위해서는 관련 변수를 수치화하고 추이를 알아야 한다. 표로 20여 년간의 흐름을 파악할 수 있고, 다른 지표들과 비교도

할 수 있다. 27페이지의 표를 잘 활용하면 부동산의 흐름을 파악하는 데 유용하다. 이 표는 부동산의 갈 방향이나 길을 찾는 데 유용한 나침 판이나 등대, 즉 GPS가 될 것이다. 산속에서 길을 잃어 어디로 가야 할지 모를 때, 남이 간 트랙을 보아도 도움이 되고, GPS와 오프라인 지도는 우리를 안전한 길로 안내할 것이다.

이 표는 2001~2022년까지 22년간의 주택 가격, 경제지표, 이자율, 수익률, 인구지표를 보여주는 표다. 부동산과 주변의 경제 상황을 전체적으로 파악하는 데 도움이 된다. 주택 가격은 전국 주택 가격, 서울 아파트 가격, 서울 전세 가격의 전년 대비 증감률이다. 그리고 전국과 서울의 아파트 전세율이다. 경제지표로는 물가, 국고채 3년 이율, 주가, GDP, 가계대출 이자율 등이 있다. 수익률로는 아파트 전월세 전환율, 서울 아파트 월세율(월세/주택 가격), 오피스(빌딩, 매장) 수익률이 있다.

그리고 하단에 22년간의 평균과 변동 정도를 나타내는 표준편차가 있다. 예를 들면, 전국의 주택 가격이 가장 크게 상승했을 때는 2002년으로 16.4%, 2021년 15%다. 서울 아파트는 2002년 30.8%, 2006년 24.1%, 2021년 16.4%였다. 전체적으로 전국 주택의 평균이 4.4%이고 표준편차가 4.9로 대개 1 정도의 변동계수를 가지고 있다. 그러나 서울 아파트는 연간 수익률 7.0%이고 표준편차는 9.0으로 변동계수는 1.2 여서 전국 주택보다 수익률과 변동성이 크다는 것으로, 더 위험하다는 의미도 지닌다. 즉 수익과 리스크가 비례한다는 것을 확인시켜주고 있다. 추세가 비슷한 항목은 물가, 국고채, 대출이자, 월세 전환율이다. 채권(예금)은 물가에 1% 정도 가산되고, 대출이자는 통상적으로 2.5% 정도 가산된다. 표에서 생략되었지만, 상관관계를 계산할 수 있다.

(단위 : %)

| 년도 | 전국 매매가 | 서울 매매가 | 서울 전세가 | 전국 전세율 | 서울 전세율 | 서울 전환율 | 서울 월세율 | 경제 지표 | | | | | |
|---|---|---|---|---|---|---|---|---|---|---|---|---|---|
| | | | | | | | | 물가 | 국고채 | 대출 이자 | 주가 | GDP | 오피스 |
| 2001 | 9.9 | 19.3 | 23.4 | 69.0 | 63.0 | 9.9 | 6.3 | 4.1 | 5.7 | 7.7 | -22.0 | 4.5 | 7.3 |
| 2002 | 16.4 | 30.8 | 11.4 | 65.0 | 56.0 | 11.0 | 6.1 | 2.8 | 5.8 | 6.7 | 32.2 | 7.4 | 12.2 |
| 2003 | 5.7 | 10.2 | -3.2 | 61.0 | 50.0 | 10.0 | 5.0 | 3.5 | 4.6 | 6.2 | -10.2 | 2.9 | 11.8 |
| 2004 | -2.1 | -1.0 | -4.4 | 57.0 | 49.0 | 9.0 | 4.4 | 3.6 | 4.1 | 5.9 | 22.5 | 4.9 | 9.4 |
| 2005 | 4.0 | 9.1 | 6.2 | 57.0 | 48.0 | 8.1 | 3.9 | 2.8 | 4.3 | 5.6 | 28.9 | 3.9 | 8.5 |
| 2006 | 11.6 | 24.1 | 11.5 | 55.0 | 44.0 | 8.8 | 3.9 | 2.2 | 4.8 | 6.0 | 26.0 | 5.2 | 9.2 |
| 2007 | 3.1 | 3.6 | 2.2 | 54.0 | 42.0 | 9.6 | 4.1 | 2.5 | 5.2 | 6.6 | 26.6 | 5.5 | 9.3 |
| 2008 | 3.1 | 3.2 | -1.8 | 52.0 | 39.0 | 8.2 | 3.2 | 4.7 | 5.3 | 7.2 | -10.7 | 2.8 | 13.7 |
| 2009 | 1.5 | 2.6 | 8.1 | 54.0 | 41.0 | 7.9 | 3.2 | 2.8 | 4.0 | 5.7 | -6.6 | 0.7 | 4.8 |
| 2010 | 1.9 | -2.2 | 7.4 | 55.0 | 44.0 | 7.4 | 3.5 | 3.0 | 3.7 | 5.5 | 23.5 | 6.5 | 6.9 |
| 2011 | 6.9 | -0.4 | 13.4 | 56.0 | 51.0 | 7.1 | 3.8 | 4.0 | 3.6 | 5.8 | 12.4 | 3.7 | 7.0 |
| 2012 | – | -4.5 | 2.2 | 59.0 | 55.0 | 6.7 | 3.7 | 2.2 | 3.1 | 5.4 | -2.7 | 2.3 | 5.6 |
| 2013 | 0.4 | -1.8 | 9.0 | 61.0 | 62.0 | 6.1 | 3.7 | 1.3 | 2.8 | 4.6 | 1.6 | 2.9 | 5.3 |
| 2014 | 2.1 | 1.1 | 4.9 | 63.0 | 66.0 | 5.5 | 3.4 | 1.3 | 2.6 | 4.3 | 1.1 | 3.3 | 5.9 |
| 2015 | 4.4 | 5.6 | 9.6 | 66.0 | 73.0 | 4.7 | 3.5 | 0.7 | 1.8 | 3.5 | 1.5 | 2.8 | 5.9 |
| 2016 | 1.4 | 4.2 | 3.0 | 68.0 | 73.0 | 4.2 | 3.3 | 1.0 | 1.4 | 3.4 | -1.2 | 2.8 | 5.8 |
| 2017 | 1.2 | 5.3 | 2.1 | 68.0 | 70.0 | 4.1 | 3.0 | 1.9 | 1.8 | 3.5 | 22.1 | 3.2 | 6.4 |
| 2018 | 3.2 | 13.6 | 1.6 | 65.0 | 59.0 | 4.0 | 2.4 | 1.5 | 1.8 | 3.7 | -16.0 | 2.7 | 7.6 |
| 2019 | 0.2 | 2.9 | – | 66.0 | 56.0 | 4.0 | 2.2 | 0.4 | 1.4 | 3.5 | 7.7 | 2.0 | 7.6 |
| 2020 | 8.4 | 13.1 | 12.3 | 65.0 | 56.0 | 4.0 | 2.3 | 0.6 | 1.0 | 2.8 | 28.4 | -1.0 | 5.9 |
| 2021 | 15.0 | 16.4 | 11.9 | 63.0 | 55.0 | 4.1 | 2.2 | 3.6 | 1.8 | 3.7 | 8.5 | 4.1 | 8.1 |
| 2022 | -0.8 | -1.6 | -2.2 | 64.0 | 55.0 | 4.3 | 2.3 | 5.0 | 3.9 | 5.1 | -21.0 | 3.1 | 4.2 |
| 평균 | 4.4 | 7.0 | 5.8 | 61.0 | 54.8 | 6.8 | 3.7 | 2.5 | 3.4 | 5.1 | 6.9 | 3.5 | 7.7 |
| 편차 | 4.9 | 9.0 | 6.5 | 5.2 | 10.1 | 2.3 | 1.1 | 1.2 | 1.5 | 1.4 | 16.1 | 1.8 | 2.4 |

표의 숫자도 주의 깊게 들여다볼 필요가 있다. 어떤 기준으로 작성했고, 어떤 기관에서 작성했는지 살펴볼 필요가 있다. 왜냐하면 모두 숫자로 만든 것이라도 관점이나 목적에 따라 다른 결과가 나올 수 있기 때문이다. 문학이나 사회뿐만 아니라 과학에서도 개인의 견해나 경험이 반영될 수 있다고 한다. 요즘은 진실이 없는 탈진실 시대다. 다양한 관점과 사람에 따라 결과를 다르게 해석할 수 있다. 정책이나 정부의 의도에 따라 달라질 수 있음을 염두에 두자.

또한 평균이라는 함정도 주의해야 한다. 평균이 모두를 대표하지 않는다. 극단적 최소와 최대가 있고, 1분위 10분위를 구분해서 평가하기도 한다. 그래서 평균에서 멀어지는 정도를 나타내는 표준편차를 이용해 집단 내 변동성을 보기도 한다.

자주 인용되는 주택 가격지수를 예로 들어보자. 주택 가격은 주식 시장처럼 매일 발표하지는 않지만, 월별로 발표한다. 지역별·단지별로 아파트의 매매 가격이나 전세 가격을 게시한다. 관련 기관에서 전체적인 흐름을 파악하기 위해 주식처럼 코스피 같은 가격지수를 발표한다. 코스피지수를 발표하는 기관은 증권거래소 하나지만 아파트 관련 지수는 여러 곳이 있다. 대표적 통계기관인 한국부동산원과 국민은행, 그리고 실거래 가격을 알려주는 국토교통부다. 하지만 이 세 기관의 통계 차이는 너무 크다. 실거래 가격은 거래된 아파트만 집계하니 변동 폭이 클 수밖에 없다. 물론 개별 아파트 가격은 더 높다. 비슷한 방식으로 집계하고 자체 조정하는 한국부동산원과 국민은행의 차이가 크게 나면 뭔가 잘못된 것이다.

| 문 정부 5년 | 전국 | 서울 | 수도권 | 지방 |
|---|---|---|---|---|
| 국민은행 | 38% | 62% | 57% | 12% |
| 한국부동산원 | 22% | 26% | 36% | 11% |
| 실거래 가격 | 42% | 93% | 70% | 19% |

　5년간 같은 서울 아파트의 가격이 한국부동산원은 26% 상승했고, 국민은행은 62% 상승했다. 아래 표를 보면 실거래지수는 93%이고, 거래되는 모든 아파트의 실거래 가격을 분석하니 서울 평균 76%, 서초구 117%, 반포동 140%, 개별단지로 반포자이 아파트는 무려 184%나 상승했다. 반면에 지방은 10%대다. 실거래지수로 비교하면 약 5배 차이가 있다. 문재인 정부(이하 문 정부) 때 집값의 문제는 수도권에 제한되었다고 할 수 있다.

| 서울 아파트 | 한국부동산원 | 국민은행 | 실거래지수 | 실거래 가격 | 서초구실가 | 반포동실가 | 반포자이실 |
|---|---|---|---|---|---|---|---|
| 문 정부 5년 상승률 | 26% | 62% | 93% | 76% | 117% | 140% | 184% |

　한 발 더 나가 서울의 아파트 가격 추이를 그래프로 그려보자. 2015년 말을 100으로 해서, 한국부동산원, 국민은행, 실거래지수, 그리고 실거래 가격 4가지 그래프를 만들었다. 당해 실거래 신고 가격을 건물 면적으로 나누어 단위당 평균 거래 가격을 산출해 지수화했다. 개인적인 의견일 수 있지만, 실거래 가격은 최근 아파트 가격의 하락이나 반등을 지수 데이터보다 3개월 앞서 보여준다. 여기서 주의할 점은 실거래 가격은 거래가 된 아파트만을 대상으로 하고 기준이 없는 상태로 계산된다. 즉, 신축 아파트는 실거래 평균 가격을 높이는 데 큰 역할을 하는데, 특히 재개발지역이나 신규 아파트는 기존의 싼 주택에 비해 평균

가격을 크게 올린다. 이러한 실거래 가격의 문제점을 알고 통계를 보아야 한다. 실거래 가격은 현재 시세나 단기 추세에는 유용하지만, 장기적인 분석에는 위험하다. 최근 주택 통계조작이 논란이다. 표본은 물론, 가중치, 이전 자료까지 왜곡조작이 있다는 보도다. 주택통계는 경제활동과 거래의 지표뿐만 아니라 세금 및 부담금의 기준이고, 주택연금의 산정에 적용되는 등 국민 생활에 직결되어 있다.

두 기관의 산정방식이 다르긴 하다. 국민은행의 호가 중심은 주택시장을 제대로 반영하는 반면, 주관이 개입될 여지가 많다. 한국부동산원의 반복매매는 동일 주택의 거래를 대상으로 하기 때문에 이론상으로 합당하나 주택의 반복매매가 자주 일어나지는 않으면 반영이 되지 않을 수 있다. 그러나 최근 실거래 가격을 많이 반영해 정확도를 높이려고 노력하고 있다. 통계가 신뢰할 수 있고 정확해야 예측 가능한 분석이 이루어진다. 아무튼, 제발 통계는 건드리지 말자.

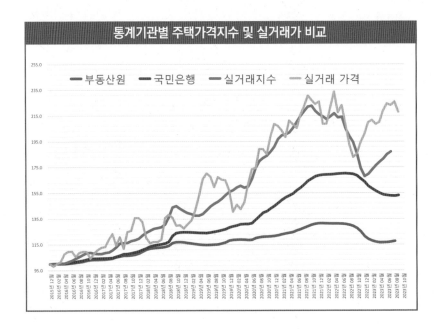

# 데이터가 신이다

## 1. 빅데이터 시대

지금은 빅테이터 시대다. 사람들은 빅데이터의 자료를 수집하고 분석해 시장 예측, 니즈 발견, 마케팅 전략에 활용해왔다. 또한, 사물인터넷으로 데이터와 기기, AI에 연결해 인간의 영역을 확대해왔다. 과거 기

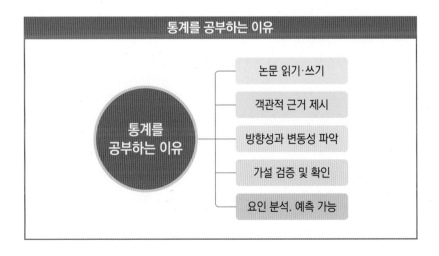

통계를 공부하는 이유

- 논문 읽기·쓰기
- 객관적 근거 제시
- 방향성과 변동성 파악
- 가설 검증 및 확인
- 요인 분석. 예측 가능

통계를
공부하는 이유

계 및 전기의 산업혁명 시대에는 인간의 손발 등 신체 기관을 확대했다고 한다면, 4차 산업혁명은 인간의 뇌 이용을 확대한다고 할 수 있다.

유발 하라리(Yuval Noah Harari)는 《호모 데우스》에서 데이터가 신이라고 주장했다. 18세기 르네상스 시대의 인본주의는 신 중심적 세계관에서 인간 중심 세계관으로 이동했다. 21세기는 인간 중심적 세계관에서 데이터 중심적 세계관으로 이동할 것이다. 데이터 중심의 세계관은 세상을 데이터의 흐름으로 인식하고 생물체를 생화학적 알고리즘으로 간주한다. 우리가 내리는 결정은 감각, 감정, 욕망이라고 불리는 매우 정교한 알고리즘을 통해 이루어진다. 즉, 미래를 예측하는 것은 신보다 데이터를 의존하고 믿는다.

부동산 관련 자료는 많은 곳에서 찾아볼 수 있다. 가장 많은 자료를 보유한 곳은 한국부동산원(구 : 한국 감정원)이다. 주택 가격을 비롯한 자료는 물론 토지, 오피스, 실거래 가격, 오피스텔, 경제지표를 보거나 엑셀 파일로 다운을 받아 활용할 수 있다. 통계청에는 여러 가지 다양한 자료가 많다. 국민은행의 주택 관련 지표는 1987년부터 구축되어 장기 시계열분석에 유용하다. 한국은행 통계 시스템은 경제 전반에 관한 많은 자료를 보거나 다운을 받을 수 있다. 그 외에도 국토교통부 통계누리, 공공데이터 포털, e-나라지표 등이 있다.

최근에는 프롭테크라는 부동산과 데이터가 결합하는 부동산 정보 기술의 새로운 분야가 활기를 띠고 있다. 부동산 분야 빅데이터 플랫폼 및 센터 구축 사업을 추진 중이다. 단독주택 매물 찾기, 간편하게 주택을 설계해 수익성 검토까지 가능한 프롭테크가 실제로 활용되고 있다.

## 데이터 구축사례

### 한국부동산원 공표 자료

| 주택월세 | -0.0% |
| --- | --- |

| 전국지가변동률 ('14.12) (2014.12.1=100) | |
| --- | --- |
| 지가지수(변동률) | 100.166 | 0.166% |

| 토지거래 ('15.1) | |
| --- | --- |
| 토지거래(증감률) | 219,112건 | -14.89% |

| 상업용부동산 임대동향 ('14.4/4) | | |
| --- | --- | --- |
| | 오피스 | 매장용 |
| 임대가격지수 | 99.7 | 101.0 |
| 투자수익률 | 1.53% | 1.64% |
| 소득수익률 | 1.20% | 1.24% |
| 자본수익률 | 0.33% | 0.41% |
| 공실률 | 12.73% | 10.31% |
| 임대료 | 월 14.8천원/㎡ | 월 31.7천원/㎡ |
| 전환율 | 11.65% | 11.30% |
| 순영업소득 | 35.4 천원 /㎡ | 34.3 천원 /㎡ |

| 아파트 실거래 가격지수 ('14.11) ('06.1=100) | | |
| --- | --- | --- |
| 실거래가격지수/변동률 | 147.9 | 0.40% |

| 주택 거래/공급/재고/기타 | |
| --- | --- |
| 주택매매거래 ('15.1) | 79,320 건/6,679천㎡ |
| - 아파트매매 거래 | 57,418 건/4,270천㎡ |
| 전월세거래 ('14.12) | 117,431 건 |
| - 아파트전월세거래 | 57,632 건 |
| 주택건설인허가 ('14.12) | 69,267 호 |
| 주택착공/준공 ('14.12) | 60,979 호 / 31,869 호 |
| 미분양주택현황 ('14.12) | 40,379 호 |
| 주택보급률 ('13) | 103.00 % |
| 인구천인당 주택수 ('10) | 363.8 호/천명 |
| 주택 자가점유비율 ('10) | 54.15 % |
| 주택 구매력지수('14.3/4) | 198.9 |
| 소득대비 주택가격 비율 | 추후발표예정 |
| 소득대비 임대료 비율('12) | 33.60 % |

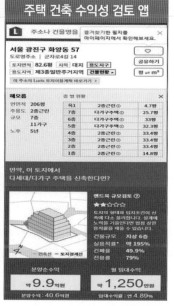

단독주택 거래 사례
출처 : 밸류맵

주택 건축 수익성 검토 앱
출처: 랜드북

## 2. 빅데이터 시대에는 통계를 알아야 한다

통계를 알아야 하는 이유는 여러 가지가 있겠지만, 일반인은 전문 서적이나 논문을 읽는 데 필요하고, 학계에서는 논문을 작성하기 위해 필수다. '통계' 하면 무조건 어렵고 전문가의 영역이라고 여기지만, 시중에는 '일주일이면 통계 분석할 수 있다'라는 내용의 책도 여러 권 나와 있을 정도로 장벽이 높지 않다. 나는 예전에 부동산학과 2~4학년 학생을 대상으로 한 총 9시간 강의에서 이론, 실습, 분석 발표까지 했다. 한번 도전해보기를 바란다. 코딩 타이핑보다는 마우스 클릭으로 그래프를 그리는 것이 훨씬 편하다. 직접 해보아야 원리도 이해하고 기억에 남는다. 또한, 자신에게 필요한 지역을 골라 분석할 수 있고 여러 분야에 활용할 수 있다.

회귀분석은 통계 패키지라고 불리는 SPSS, STATA, EVIEWS, 딥러닝 등에서 주로 하나, 손쉽게 엑셀에서도 그래프로 이용하면 할 수 있다. 사실 인공지능의 머신러닝이나 딥러닝은 통계와 유사하다. 회귀분석이나 로지스틱분석은 딥러닝의 가장 기본적인 계산 원리다.


## 3. 부동산 통계 분석을 직접 해보자(회귀분석)

먼저, 가장 기본적인 회귀분석을 설명한다. 회귀분석은 한마디로, 가장 적합한 선 긋기다. 많은 점 가운데 가장 오차가 적은 선을 직선으로 긋는 것이다. 예를 들어보겠다. 한 반에 학생 10명의 키와 아버지의 키를 조사해 표시하고, 가장 평균에 가까운 선을 그어 그 선을 1차 방정식으로 표시하는 것이다. 90cm가 기본으로, 아버지의 키가 1cm 크면, 아들 키는 0.5cm 크는 것으로 예측할 수 있다.

즉, 아버지 키가 200cm이면, 90 + 0.5 × 200 = 190으로 아들 키는 190cm일 것이라 추측할 수 있다는 의미다. 아버지의 키를 알면 아들의 키를 예측할 수 있다는 것이다. 또 아들 키가 180cm이라면, 예상(일반적 평균)보다 작다고 해석할 수 있다. 검증이 의미 있다고 결과가 확인되면 아버지의 키가 아들 키에 영향을 준다는 의미다. 영향을 준다는 것은 통계적으로 인과관계가 있다고 해석하는 것이다. 달리 말하자면, 아버지의 키가 크면 아들도 키가 크다는 법칙이 성립한다. 물론 어머니의 키나 영양 상태라는 변수를 추가하면 훨씬 더 좋은 분석 결과를 얻을 수 있다.

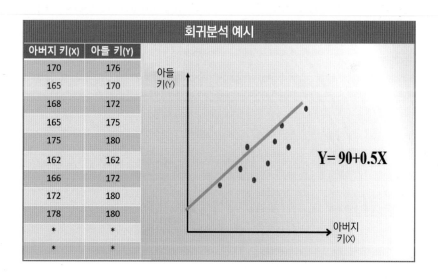

| 회귀분석 예시 | |
| --- | --- |
| 아버지 키(x) | 아들 키(Y) |
| 170 | 176 |
| 165 | 170 |
| 168 | 172 |
| 165 | 175 |
| 175 | 180 |
| 162 | 162 |
| 166 | 172 |
| 172 | 180 |
| 178 | 180 |
| * | * |
| * | * |

$Y= 90+0.5X$

서울 25개 구의 소득과 아파트 가격을 엑셀로 회귀분석했다. 우선 이 데이터를 분산형 그래프로 그리고, 점을 연결하는 추세선을 추가한다. 수식과 R 제곱 값을 나타내면 1차 방정식이 산출된다. 소득이 100만 원 증가할 때마다 아파트 평균 가격은 26,628,000원이 증가한다. 일종의 정확도인 수정 설명력 R 제곱의 값이 88%로 매우 높다. 따라서 소득 하나만으로 지역의 아파트 가격을 예측할 수 있다. 예를 들면, 추정구(알고자 하는, 예측하려는 가상의 지역구)의 연봉 평균이 100(1억 원)이라면 아파트 가격은 2,504(25억 원)로 예측된다(26.628×100-158.64=2,504). 반대로 추정구의 아파트 가격으로 소득 수준을 1억 원으로 추정할 수 있다.

다음으로 그 지역의 아파트 가격이 적정한지를 검토해보자. 자세한 것은 뒤에서 다루어지니 여기에서는 간단하게 설명하고자 한다. 강남구 연봉 71.2, 아파트 가격 1,834이다. 이 식으로 예측하면 1,737로 약 1억 원 정도가 과대평가되었다고 할 수 있다. 중랑구 가격은 614이나 648로 예측되어 3,400만 원 저평가되었다고 할 수 있다. 이와 같이 회

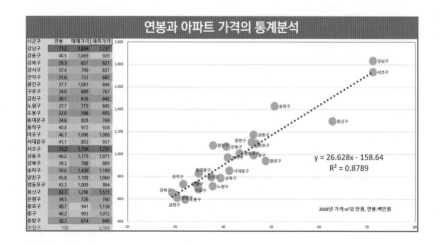

| 시군구 | 연봉 | 매매가격 | 예측가격 |
|---|---|---|---|
| 강남구 | 71.2 | 1,834 | 1,737 |
| 강동구 | 40.5 | 1,069 | 920 |
| 강북구 | 29.3 | 657 | 621 |
| 강서구 | 37.4 | 799 | 837 |
| 관악구 | 31.6 | 733 | 682 |
| 광진구 | 37.7 | 1,081 | 846 |
| 구로구 | 34.8 | 689 | 767 |
| 금천구 | 30.1 | 638 | 642 |
| 노원구 | 37.7 | 715 | 845 |
| 도봉구 | 32.0 | 598 | 693 |
| 동대문구 | 34.8 | 828 | 769 |
| 동작구 | 40.8 | 972 | 928 |
| 마포구 | 46.7 | 1,096 | 1,086 |
| 서대문구 | 41.1 | 853 | 937 |
| 서초구 | 71.2 | 1,734 | 1,737 |
| 성동구 | 46.2 | 1,175 | 1,071 |
| 성북구 | 39.3 | 788 | 889 |
| 송파구 | 50.6 | 1,430 | 1,189 |
| 양천구 | 45.8 | 1,109 | 1,060 |
| 영등포구 | 43.3 | 1,009 | 994 |
| 용산구 | 62.7 | 1,296 | 1,511 |
| 은평구 | 34.5 | 726 | 760 |
| 종로구 | 48.7 | 941 | 1,138 |
| 중구 | 46.2 | 993 | 1,072 |
| 중랑구 | 30.3 | 614 | 649 |
| 추정구 | 100 | | 2,504 |

연봉과 아파트 가격의 통계분석

y = 26.628x - 158.64
R² = 0.8789

2018년 가격: ㎡당 만원, 연봉: 백만원

귀분석을 통해 주택 가격을 예측하고 평가할 수 있다.

　이러한 간단한 회귀분석은 통계 프로그램을 사용하지 않고 엑셀로도 간단하게 분석할 수 있다. 특히 기초통계량, 즉 변수들의 평균, 표준편차, 그리고 상관관계도 분석할 수 있다.[1] 상관관계는 변수 간의 연관성을 알아보기에 유용하다. 예를 들면, 주택 가격과 대출이자 관계나 주택 가격과 연봉 등 관심 있는 변수들을 확인해볼 수 있다. 주의할 점은 상관관계가 높다고 인과관계가 있다는 것을 의미하지는 않는다.

## 4. 과거의 시간을 따라가면 내일이 보인다

　회귀분석은 주로 공간분석으로 동일한 시간에 다른 지역이나 다른 요소를 변수로 사용한다. 시계열분석은 시간의 흐름에 따라 변화하는 변수들을 분석하는 것이다. 시계열분석은 통상 추세에 따라 변동하는 것을 제거하기 위해 차분을 통한 단위군을 검정하는 절차가 있는데, 이 과정에서 정보가 왜곡되거나 분실되어 예측하기에 어려움이 있다. 주로 유의한 영향을 주는지를 확인하는 데 이용한다. 그래서 앞의 통계 프로그램으로 분석해야 정확하나, 독자들이 손쉽게 활용할 수 있는 엑셀 그래프로 분석한다.

　다음 자료는 2007~2019년까지 시간에 따른 서울과 수도권의 공급량에 따른 월별 아파트 가격 변동량을 나타내고 있다.

---

1) 엑셀로 분석하기 추천 도서 《빅테이터와 통계학》, 홍종선, 2021

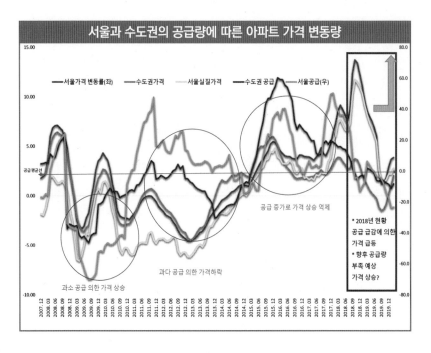

서울과 수도권의 공급량에 따른 아파트 가격 변동량

그래프의 좌측 첫 번째 원은 세계금융위기 이후 공급량의 부족으로 가격이 상승하는 것을 보여주고 있고, 두 번째 원은 2011년과 2012년 의 과다 공급에 의한 하락을 보여주고 있다. 세 번째 원은 가격이 상승 하면서 공급도 증가해 가격이 하락하는 모양을 보여준다. 주택 가격이 공급량에 의해 결정된다는 원리를 잘 보여주고 있다. 그런데 문제는 우 측의 구역이다. 2018년 공급 부족으로 가격이 상승하다가 문 정부의 부동산 수요억제 정책으로 가격이 하락하고 주택 공급은 적정선 이하 로 많이 감소하는 모습을 보인다.

2019년 말 시점에서 2020년 이후 주택 가격을 예측해보자. 이 시점 에서는 공급 부족으로 2020년 이후에는 주택 가격이 상승할 것으로 예상한다. 실제로 2020~2021년 30% 크게 상승했다.

이렇게 부동산 가격을 움직이는 변수들의 움직임을 분석해 장래에 주택 가격이 상승할 것인지, 하락할 것인지를 예측할 수 있다. 적정한 변수의 선정과 신뢰성 있는 데이터를 구해 잘 활용하는 것이 중요하다.

그러면 또 다른 미래를 예측해보자. 2022년 12월 현재, 세계는 인플레이션으로 물가의 고통과 금리 인상으로 인한 대출이자 부담을 안고 있다. 주택의 공급이 중요하지만, 부동산을 둘러싸고 있는 환경인 경제 여건이나 금융도 중요하다. 금리의 작동 원리를 이해하고 향후 추세를 전망할 수 있다면 주택 가격을 예측하는 데 도움이 될 것이다. 특히 이 자율이 부동산에 직접적인 영향을 준다. 그러나 미리 말해두지만, 부동산 때문에 금리를 올리거나 내리지는 않는다. 부동산은 이자에 반영될 많은 경제변수 중 하나일 뿐이다.

한국은행이나 미국 연방은행의 기준금리 결정은 금리 준칙이라 불리는 규칙에 따른다. 일반적으로 테일러 준칙에 따라 기준금리를 결정한다. 기준금리에 따라 은행 콜금리, 국채이율, 은행의 예금, 대출 금리가 정해진다.

테일러 공식은 몇 가지가 있으나 가장 많이 사용되는 공식은 다음과 같다. 물가 상승률과 GDP를 목표 물가 상승률과 잠재 GDP를 빼서 계산한다. 목표 물가는 한국은행에서 2016년 전은 3%, 이후는 2%로 정했다. 잠재성장률은 많은 기관이 발표하는데 약간 차이가 있다. 여기서는 IMF에서 발표한 것을 기준으로 했는데, 2011년 이전 4.3%, 2016년 이전 3.5%, 2019년 이전은 2.6%, 이후는 1.8%로 예상했다. 물가와 성장률의 비중(a, b)은 통상적으로 50%씩 배분했다.

$$명목기준금리 = 실질금리 + 물가 상승률 + α(물가 - 목표 물가)$$
$$= β(실질 GDP - 잠재 GDP)$$

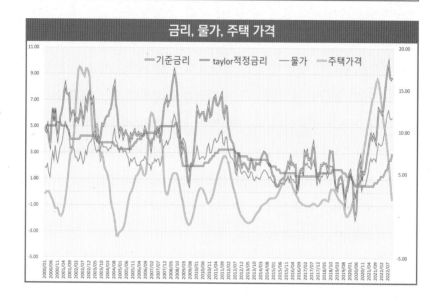

테일러 공식으로 2000년부터 2022년 10월까지 월별 자료를 이용해 위와 같이 자료를 만들었다. 일단은 물가와 적정금리는 같은 움직임을 보여주고 있다. 그러나 기준금리는 큰 추세는 따라가지만, 반응 속도나 폭은 작다. 적정금리는 경제 성장률보다는 물가에 많은 영향을 받는다고 볼 수 있다. 적정금리와 주택 가격은 유사한 추이로 움직이고 있다. 그러나 금리가 약간 후행하고 있다. 즉, 주택 가격이 오른 다음에 조금 시차를 두고 금리가 오른다는 의미다.

우리는 금리가 내려서 주택 가격이 오르고, 반대로 금리가 올라서 주택 가격이 내려간다고 믿고 있다. 사실 금리는 경험적으로 경기에 후행한다. 경기가 나쁘면 금리를 내리고, 경기가 좋으면 금리를 올린다.

2001년과 2010년 큰 경기 불황 이후를 제외하고는 주택 가격이 오르다가 금리가 오르면 내려갔다. 인플레이션과 금리가 낮은 상태에서는 주택 가격 상승률도 낮았다. 2022년 말 상황도 인플레이션이 너무 높아 수요를 줄이기 위해 경기를 진정시키는 것이었다.

기준금리를 적정금리에 맞추어 올리거나 내려야 하는데 그 차이가 크게 나면 자산 시장에 영향을 준다. 격차가 작을 때인 2010년 이후에는 주택 가격 상승률이 미미했으나 기준금리를 올려야 할 상황에 올리지 않은 2020년 이후 최근까지는 격차가 커질수록 주택 가격은 크게 올랐다. 즉, 물가는 급격하게 상승하고 적정금리도 높아져서 기준금리를 바로 올려야 했는데 상당히 늦은 감이 있다.

## 5. 주택 가격 폭락과 부채위기의 공포 분위기

최근 주택 가격 폭락과 부채위기를 염려하는 목소리가 높다. 국제기구인 국책연구소, 민간연구소, 여러 언론기관이 앞다투어 부동산의 공포를 발표하고 있다.

우리는 1997년 IMF, 2008년 세계금융위기 등 몇 차례 위기를 경험했다. 국민은행 주택통계자료에 의하면, 2007~2008년의 주택 가격 하락은 총 24개월 중 6개월만 있었고, 가격은 3% 정도 상승했다. 2년 뒤인 2010년부터 서울은 하락하고 지방은 상승했다. 그래서 IMF, 금융위기 2년 후 가격 하락기의 주택 매매 가격과 전세 가격의 변동을 분석했다.

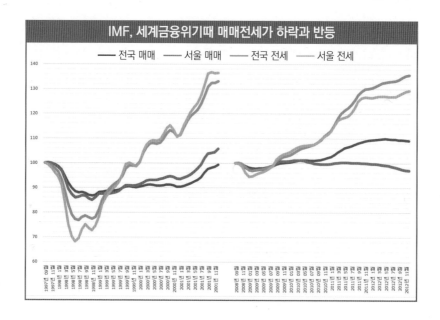

IMF, 세계금융위기때 매매전세가 하락과 반등

첫 번째는 1997년 11월부터 1998년 12월까지 하락기다. 14개월 기간의 누적 하락률은 서울 19.7%, 전국 16.2%다. 전세는 29.8%, 24.7% 하락했다. 그러나 14개월 하락 후 다음 해인 1999년에 매매 가격은 50% 이상 회복해 3년 만에 완전히 회복했고, 그 후 8년간 연속 상승률 누계가 100% 이상이다. 전세는 다음 해에 바로 완전히 회복했고, 그 후 8년간 연속으로 누계 80% 이상 상승했다. 덧붙여 전세 가격 하락 폭이 약 30%로 컸고, 매매나 전세는 짧으면 1년, 길면 3년 만에 완전히 회복했다.

2010년 초부터 2013년 말까지 지방의 매매 가격은 30% 이상, 전세 가격은 약 40% 상승했다. 그러나 서울은 3년 동안 매매 가격 누계가 9% 하락했고, 전세 가격은 오히려 30% 이상 상승했다. 다음 해에 미미한 회복을 했으나 3년 동안만 완전히 회복했고 2014년부터 8년간 누계는 서울 62%, 지방 14%다. 서울의 3년만 완전히 회복되었다. 급격한 하락은 빨리 회복한다. 늦어도 1~3년 안에 회복이 되고, 그 후에는 장기적으로 큰 상승세를 이어가는 것을 알 수 있다.

2022년 12월 주택 가격 폭락과 부채 위기의 공포 분위기에 우리는 본능적으로 집을 팔고 도망가는 것보다는 1~3년을 견디는 것이 유리하다는 것을 알았다. 따라서 추가 대출이나 상환유예로 대출의 위기를 극복해야 한다. 2008년 금융위기를 거치면서 세계는 몇 가지 교훈을 얻었다. 주택 파생상품은 위험하다. 그리고 부실 채권을 처분하면 안된다.

금융위기 때 주택 가격이 하락하고 상환 및 이자의 연체가 발생하더라도 금융기관은 압류하거나 경매 처분하면 안 된다는 것이다. 압류나 경매는 경제 위기를 심화시키고 금융기관의 부실을 확대하기 때문이다. 정부도 부채위기가 오더라도 금융기관에 압류 금지, 원금 상환유예, 이자 연체 지연 등의 정책을 낼 것이다. 그러니 하락기에는 주택을 팔기보다는 추가 대출을 받든가, 아니면 연체하더라도 버티고 회복된 2~3년 뒤에 파는 것이 유리하다.

경제 위기는 지난번과 다르지 않다. 그러나 사람들은 이번에는 다르다고 생각한다. 경제는 오르막과 내리막이 반복되는 사이클이다. 그러면서 장기적으로 어떤 추세를 향해 간다. 우리는 추세를 보고 투자나 매각을 결정해야 한다. 빅터 프랭클(Viktor Frankl)은 "자극과 반응 사이에는 공간이 있다. 그 공간에는 우리의 반응을 선택하는 자유와 힘이 있다. 우리의 반응에 우리의 성장과 행복이 달려 있다"라고 했다.

## 6. 전문가들이 사용하는 수익용 부동산 수익률 예측 프로그램
### (할인 현금 흐름표)

상업용 부동산(수익용 부동산)은, 오피스(사무실), 매장, 공장, 임대주택 등 직접 사용이 아니라 임대료를 수입으로 수익을 창출하기 위한 부동산이다. 상업용 부동산은 장기적으로 투자가 이루어지고 자산의 가치 상승에 따른 수익을 고려한다. 상업용 부동산에 투자하기 위해 미래의 수익을 추정하는 수단이 부동산 할인 현금 흐름표다.

부동산 할인 현금 흐름표는 부동산의 운영 기간에 수입과 지출을 예상하고 투자액은 매입비용과 대출이나 보증금을 제외하고 자기자본으로 정하고, 공실률, 지출이자, 세금 등을 감안해 수익률을 산출한 표다. 마지막에는 장기간 운영되므로 인플레이션과 같은 할인율을 적용해 수익률을 산출한 총괄표다. 부동산 할인 현금 흐름표(DCF)로 대상 부동산 투자의 미래를 예측하는 것이다.

할인 현금 흐름표(DCF)는 부동산에서 상당히 중요한 부분이다. 대학에서 부동산 투자나 금융에서 필수이고 부동산 공부하는 이들에게 꼭 필요한 스킬이다. 외국계 부동산 회사가 한국에서 직원을 채용하면서 내건 자격조건이 영어 능통자가 아니라 '할인 현금 흐름표(DCF)를 다룰 줄 아느냐'였다.

할인 현금 흐름표(DCF)만 알아도 부동산 교과서 바이블이라고 불리는 윌리엄 브루거만(William B. Brueggeman)과 제프리 피셔(Jeffrey D.

Fisher)의《부동산 금융과 투자》의 80%는 이해한 것이다. 흔히 우스갯소리로 진짜 부동산 공부한 사람인지, 아닌지는 이 책이 책장에 꽂혀 있느냐로 알 수 있다고 한다. 또 현장에서도 할인 현금 흐름표(DCF), 구체적으로 IRR, NPV가 뭔지 물어보면 된다. 아무튼, 할인 현금 흐름표(DCF)는 부동산을 이해하고 부동산 투자의 미래 예측에 매우 중요하다.

## 현금흐름할인표 예시

### 현금흐름할인표(DCF)  (단위 : 천원)

| | | |
|---|---|---|
| 임대료 변동들 | 2.0% | |
| 경비 변동들 | 1.0% | |
| 공실들 | 1.0% | |
| 이자율 | 5.0% | |
| 요구수익율 | 10.0% | |

분양가 1.5억
대출 50%
보증금1천만원/월세 1백만원
매각가(3억원)
보유기간 5년

| DEFINED VARIABLES(통제 변수) | | | | ECONOMIC VALUES, CALCULATED BY MODEL(자산부채) | | |
|---|---|---|---|---|---|---|
| 대출비율(LTV) | 50.0% | | | 대출금액 | 70,000 | 50% |
| 취득세 등록세 추가세 | 4.6% | 6,440 | | 자기자본 | 66,440 | |
| 양도세 | 18.0% | 36%-14,900 | | 보증금 | 10,000 | |
| 소득세 | 15.0% | | | 자산합계 | 146,440 취등록세 포함 | |
| 비용(위탁, 운영, 중개료) | 1.0% | 중개료 이주비 | | 건물가액 | 90,000 | 50년 |
| 임대소득(월) | 1,000 | 자산세 400 | | 매입 가액 | 140,000 | |
| 운영경비(년) | 2,000 | 부가세 | | 매도 가액 | 300,000 | |
| 보증금 | 10,000 | 2005년 | | | | |

| DECISION ANALYSIS FACTORS( 예측 결과) 종속변수 | | | | ANALYSIS OF REVERSION ON SALE (매도 현금흐름) | | |
|---|---|---|---|---|---|---|
| | | | | 매각가 | 300,000 | 장부가격 146,440 |
| NPV | ₩70,664 | 23% | | 매도비용 | 3,000 | 양도소득 156,560 |
| IRR (Loan 0) | 28.69% | 30.74% | | 대출.보증금잔액 | 80,000 | 양도세(18%) 28,181 |
| | | | | BTCF | 217,000 | ATCF 188,819 |
| Cap rate | 7.6% | 3.6% | | | | |

| PROFORMA CASH FLOW (현금흐름) | 0 | 2,005 | 2,006 | 2,007 | 2,008 | 2,009 |
|---|---|---|---|---|---|---|
| 순임대소득 | na | 12,000 | 12,240 | 12,485 | 12,734 | 12,989 |
| 공실들 | na | -120 | -122 | -125 | -127 | -130 |
| 유효소득 | na | 11,880 | 12,118 | 12,360 | 12,607 | 12,859 |
| 운영경비(재산세,4대보험,부가세,임대중개료) | na | -2,000 | -2,020 | -2,040 | -2,061 | -2,081 |
| 순운영소득(NOI) | na | 9,880 | 10,098 | 10,320 | 10,547 | 10,778 |
| 이자 | na | -3,500 | -3,500 | -3,500 | -3,500 | -3,500 |
| 소득세 | na | -1,482 | -1,515 | -1,548 | -1,582 | -1,617 |
| ATCF | na | 4,898 | 5,083 | 5,272 | 5,465 | 5,661 |
| ATCF(Terminal) | -66,440 | 4,898 | 5,083 | 5,272 | 5,465 | 194,481 |

| PROFORMA INCOME Tax(세금) | | | | | | |
|---|---|---|---|---|---|---|
| 순영업소득 | na | 9,880 | 10,098 | 10,320 | 10,547 | 10,778 |
| 이자(공제 없음) | na | 0 | 0 | 0 | 0 | 0 |
| 감가상각비(공제없음) | na | 0 | 0 | 0 | 0 | 0 |
| 과세표준 (기본소득에 추가분) | na | 9,880 | 10,098 | 10,320 | 10,547 | 10,778 |
| 종합소득세(년46백만원: 15%적용) | na | 1,482 | 1,515 | 1,548 | 1,582 | 1,617 |

| MORTGAGE LOAN AMORTIZATION SCHEDULE(대출금) | | | | | | |
|---|---|---|---|---|---|---|
| 대출금 | | 70,000 | 70,000 | 70,000 | 70,000 | 70,000 |
| 원리금지급액 | | -3,500 | -3,500 | -3,500 | -3,500 | -3,500 |
| 이자 | 0 | 0 | -3,500 | -3,500 | -3,500 | -3,500 |
| 원금 상환액 | | | 0 | 0 | 0 | 0 |
| 대출잔액 | | 70,000 | 70,000 | 70,000 | 70,000 | 70,000 |

# 5년 후 주택 가격을
# 예측해보다

주택 가격을 예측하기에 앞서 몇 가지 사전에 검토할 사항이 있다.

첫째, 부동산 가격은 홀로 움직이지 않는다. 즉, 다른 변수들의 영향을 받아 가격이 변동한다.

둘째, 영향을 주는 변수는 장기적으로 추세가 유사하고, 예측 가능한 변수가 유용하다.

셋째, 장기적 시계열분석보다는 단기분석이 유용할 수 있다. 환경이 수시로 변하기 때문이다.

넷째, 엄밀한 통계분석보다는 지수에 의한 추세분석 예측이 유용할 수 있다.

다섯째, 과거의 상승기나 하락기를 분석할 필요가 있다.

지수와 상승률을 통계지표로 삼는데, 지수는 기준점을 100으로 해서 누적해가는 방법으로, 예를 들면 주택 가격에서 서울 평균 아파트 가격이 2019년 5억 원, 2020년 9억 원, 2021년 12억 원이라면 2019

년을 기준으로 100이면 2020년은 180, 2021년은 240이다. 연간 증감률은 해당 연도/전년도 2020년 80%, 2021년 33%다. 그래서 단기적 변화나 변수의 민감도를 정확히 보기 위해서는 증감률을 사용한다.

반면에 지수는 장기적 추세를 볼 때 유용하다. 주택은 주식과 달리 단기 보유하기보다 최소 3년 이상, 일반적으로 10년 이상을 보유한다. 매일매일 오르내리는 것에 민감할 필요는 없다. 그래서 장기적으로 추이를 비교하는 것이 주택통계에는 유용하다.

여기서 여러 가지 예측을 제시하려고 한다. 수요와 공급, 국민소득으로 5년 후 미래의 주택 가격을 예측하는 것이다. 데이터도 중요하고 통계 방법도 중요하다.

## I. 수요·공급에 의한 예측

과거 연구는 수요와 공급을 분리해서 분석했다. 공급은 주로 인허가 물량이나 준공 호수를 보았고, 수요는 다양한 변수를 이용했다. 그러나 필자의 연구에서는 가구수 한 가지로 특정했다. 공급이 살 집이라면 한집에 사는 가족, 즉 가구수로 정했다. 가구수가 늘어나는 만큼 주택이 공급되어야 한다는 원칙이다. 가구수가 늘어나면 더 공급해야 한다. 예를 들면, 2020년 수도권의 가구수가 33만이 증가했다. 그러나 완공된 주택은 25만이었다. 8만 가구의 살 집이 부족했다. 그래서 가격은 18%, 다음 해에 20% 올랐다. 참고로 2017년은 17만 가구 증가, 28만 호가 준공되었다.

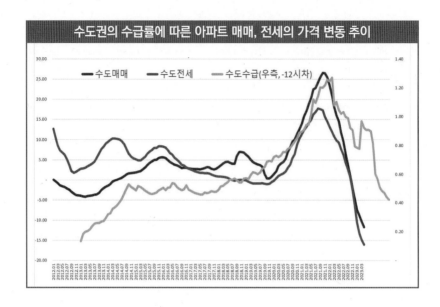

수도권의 수급률에 따른 아파트 매매, 전세의 가격 변동 추이

그래프는 연간 증가 가구수를 12개월 후 주택 준공수로 나눈 비율을 주택 가격 추이와 비교했는데, 상당한 상관관계(91%)의 추세를 보여주었다. 즉, 가구/공급 비율을 알면 12개월 후의 주택 가격을 예측할 수 있다. 자세한 내용은 뒤에서 다룰 예정이다.

## 2. 국민소득을 기준으로 예측

다음 자료는 10년 전에 작성한 것으로 국민소득을 기준으로 주택 가격을 예측한 결과다. 전국은 11%, 서울 아파트 28%를 예측했다. 실제로 전국 13%, 서울 33% 상승해 어느 정도 예측이 적중했다. 소득을 기준으로 예측하는 것이 안정성과 정확도가 있어 보였다.

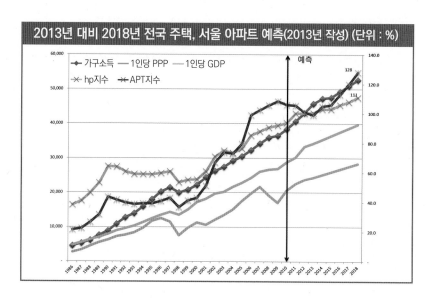

2013년 대비 2018년 전국 주택, 서울 아파트 예측(2013년 작성) (단위 : %)

이제부터는 2022년 말을 기준으로 5년 후인 2027년까지 주택 가격을 예측해본다. 지난 2013년 분석에서도 상당한 신뢰를 준 단순한 지수에 의한 예측이다.

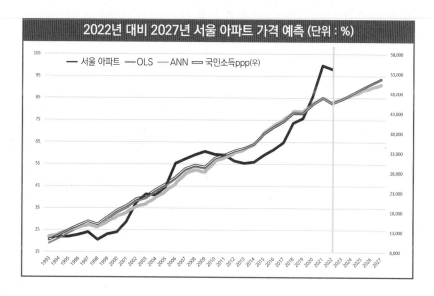

2022년 대비 2027년 서울 아파트 가격 예측 (단위 : %)

앞의 자료를 보면 2022년 보라색(인공신경망 83)과 빨간색(실제 98) 차이가 15% 이상 오버슈팅, 즉 과다 상승한 것으로 보인다.

따라서 2023년 이후 국민소득이 상승할 것으로 IMF에서 전망은 했지만, 앞으로 5년 이상은 과다 상승 부분을 조정할 것으로 예상한다. 예상되는 시나리오는 2023년 10% 이상 하락하거나, 단시간에 하락보다는 정체를 5년 이상 유지하는 것이다. 확률적으로는 일시 하락 후 정체될 가능성이 크다고 예측한다.

이는 부동산 요인뿐만 아니라 정부 정책과 세계 경제 상황과도 맞물려 있다. 특히 다가구주택, 세금 및 대출 규제 완화 등도 변수가 될 수 있고, 정부의 공급량 축소, 통화량 운영, 이자율 조정 등과도 관련되어 있다. 코로나, 무역 전쟁으로 인한 공급 축소, 우크라이나와 러시아 전쟁으로 인한 원유가격 인상 등으로 인한 인플레이션이 최대의 관건이 될 것으로 예상한다. 세계금융위기 이후 통화 완화 정책으로 저금리 기조가 유지되고 통화량 증가로 유동자금이 풍부해져서 주식과 부동산 등 자산의 가격 상승은 불 보듯이 뻔한 일이었다. 통화량 회수를 통해 거품을 방지하려고 했으나 코로나 팬데믹이 발생하면서 인플레이션이 일어날 수밖에 없는 상황이 만들어졌다고 본다. 결국은 경기 과열, 특히 통화량의 조절과 과도한 자산 가격의 조정이 필요하다.

## 3. 분기점 분석

실질적으로 주택 가격에 영향을 주는 변수인 수급 비율, 이자율, 전세율을 2004년 7월을 분기점으로 나누어 분석한 결과, 이전에는 이자와 수급률이 유의미한 영향을 주었는데, 이후에는 전세율과 수급 비율이 유의한 영향을 주었다. 즉, 기간에 따라 영향을 주는 변수나 영향의 강도가 달라질 수 있다. 이를테면, 2020년 가격 상승은 수요·공급이 큰 영향을 주었다면, 2022년 가격 하락은 인플레이션이 가장 큰 영향을 주고 있다. 그때마다 다르고, 시간이 지나면 사랑이 변하듯이 주택 가격의 요인도 변한다.

경제나 부동산은 장기추세가 있지만, 과정에는 오르고 내리는 사이클이 있다. 그래도 부동산은 사이클보다 장기추세를 보기를 권한다. 불확정한 미래를 정확하게 예측하기는 어렵다. 장기적으로는 멀리 관망하면서 요동치는 눈앞의 현실도 직시해야 한다. 미래를 확신하지 말고 유연하게 바라보는 자세가 필요하다.

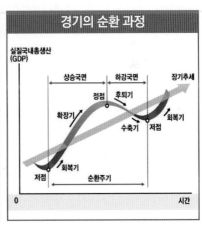

| 분기점 통계분석 결과 | | | | |
|---|---|---|---|---|
| Break: 2004M07 | | | | |
| Variable | Coefficient | Std. Error | t-Statistic | Prob. |
| 2001M01 - 2004M06 -- 42 obs | | | | |
| JSM | 0.187234 | 0.090240 | 2.074845 | 0.0390 |
| INT | -3.834734 | 0.759291 | -5.050416 | 0.0000 |
| CFM | 8.853344 | 1.126552 | 7.858798 | 0.0000 |
| C | 17.44372 | 6.093388 | 2.862730 | 0.0046 |
| 2004M07 - 2022M06 -- 216 obs | | | | |
| JSM | 0.920959 | 0.051016 | 18.05249 | 0.0000 |
| INT | -0.377138 | 0.170309 | -2.214431 | 0.0277 |
| CFM | -2.434093 | 0.145906 | -16.68262 | 0.0000 |
| C | 5.131552 | 0.865078 | 5.931896 | 0.0000 |
| R-squared | 0.771276 | Mean dependent var | | 3.051232 |
| Adjusted R-squared | 0.764572 | S.D. dependent var | | 6.794813 |
| S.E. of regression | 3.294805 | Akaike info criterion | | 5.253088 |
| Sum squared resid | 2713.936 | Schwarz criterion | | 5.363257 |
| Log likelihood | -669.6484 | Hannan-Quinn criter. | | 5.297388 |
| F-statistic | 120.4316 | Durbin-Watson stat | | 0.118789 |
| Prob(F-statistic) | 0.000000 | | | |

# 예측에는 모든 것이 동일하다면 하는 가정이 있다

2013년에 부동산 붕괴를 예언했던 《선대인, 미친 부동산을 말하다》에서는 "빚을 내 무리하게 집을 산 상당수의 가계는 하우스 푸어로 전락했다. 지금은 거품이 꺼지는 시기로 2016년에 완전히 거품이 붕괴한다"라고 경고했으나, 결과는 다들 너무나 잘 알고 있다. 증권전문가인 저자의 가계 부채에 대한 경고는 이해하지만, 증권과 부동산은 달라도 너무 다르다는 점을 말해주고 싶다.

주식을 사려는 사람과 집을 사려는 사람은 다르다. 많은 부동산 인플루언서들은 집을 사려는 사람을 증권 사려는 사람과 같다고 보는 것 같다. 하지만 주식은 없어도 살 수 있지만 자가, 전세, 월세든 살 집은 있어야 한다. 집을 사려는 사람은 대부분 무주택자, 즉 전세 살거나 월세 사는 사람이다. 다음은 이사할 사람으로 직장, 학교, 편리, 더 좋은 집, 넓은 평수 등이 사유다. 다음은 임대를 통한 수입을 얻고자 하는 사람이거나 언젠가는 사야 하는 집을 더 오르기 전에 사 놓자는 사람이다.

마지막으로, 주식 투자자처럼 차액을 노리는 사람이다.

　주택은 주식처럼 1시간, 1일, 1달, 1년 만에 팔 수 있는 것이 아니다. 최소한 2년 이상은 보유해야 한다. 재산세 50%를 감면받으려면 15년을 보유해야 한다. 양도세는 1년 미만 70%, 2년 미만 60%, 보유 2년을 경과해도 2~3주택자는 40~60%의 양도세를 내야 한다. 하락한다고 팔고 오른다고 산다면 세금으로 다 날린다. 주식을 살 때 거래세 0.3%는 주택 취득세 3%와 같다. 주식은 보유나 매도할 때 지금까지는 세금이 없다. 완전히 다른 시스템이다. 하락한 주식을 팔면 잔고만 줄지만, 집은 길거리에 나앉아야 한다. 매도대금으로 대출을 상환하면 이자는 안 내지만 더 많은 금액의 월세를 내야 한다.

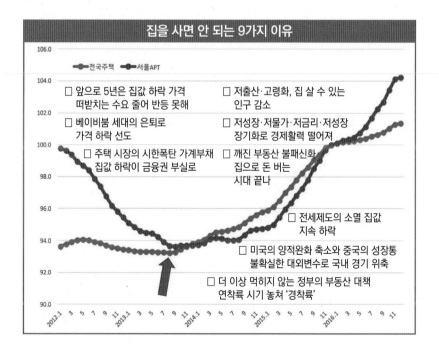

집을 사면 안 되는 9가지 이유

- 전국주택　- 서울APT

□ 앞으로 5년은 집값 하락 가격 떠받치는 수요 줄어 반등 못해

□ 저출산·고령화, 집 살 수 있는 인구 감소

□ 베이비붐 세대의 은퇴로 가격 하락 선도

□ 저성장·저물가·저금리·저성장 장기화로 경제활력 떨어져

□ 주택 시장의 시한폭탄 가계부채 집값 하락이 금융권 부실로

□ 깨진 부동산 불패신화 집으로 돈 버는 시대 끝나

□ 전세제도의 소멸 집값 지속 하락

□ 미국의 양적완화 축소와 중국의 성장통 불확실한 대외변수로 국내 경기 위축

□ 더 이상 먹히지 않는 정부의 부동산 대책 연착륙 시기 놓쳐 '경착륙'

2013년 10월 25일의 ○○신문기사의 내용이다. 서울 아파트 가격이 2008~2015년까지 7년간 장기 침체로 이어졌다. 2013년 말을 기점으로 하향 추세를 멈추고 지반을 다지고 있는 시점에 신문 기사는 9가지 논리로 부동산 불패 신화는 끝났다고 선언했다. 이러한 논리도 지금 와서 보면 그다지 설득력이 있어 보이지는 않는다. 이러한 보도는 2022년 12월 현재와도 유사하다.

다른 예를 들어보자. 최근 전문가들의 주택 가격 예측이다. 2022년 6월 22일 어느 신문 보도다. 제목이 "하반기 집값 정말 폭락하나요?"로, 전문가 20명에 물었다. 2022년 6월을 기점으로 주택 가격이 하락하기 시작했음에도 불구하고 많은 전문가가 상승을 예상했다. 매매, 전세 총 40개 중에서 6개(3명)만이 하락을 전망하고, 19개(10명)는 상승을 전망하고, 나머지는 보합을 예상했다.

예측은 누구나 할 수 있다. 그러나 맞는지, 틀리는지는 모른다. 적절한 지식이나 정보를 가지고 편견 없이 정확한 예측은 어렵다. 2022년 말, 하락 시점에서 많은 전문가들은 공포의 폭락을 예상하면서 과거의 특정 지역의 가격 변동과 증권 시장에서 증거를 찾는다. 과거 특정 지역을 일반화하기는 어려울뿐더러 지금 상황과는 다르다.

좀 생뚱맞기는 하지만, 필자는 미식축구를 좋아하고 자주 즐겨 본다. 박력 넘치고, 다양한 전술 등으로 지루할 틈이 없는 경기다. 팀이나 선수의 경기 기록이 많다. 그래서 경기에 관련한 데이터가 많고 승부 맞히기 사이트도 많다.

미국의 선거 결과를 잘 맞히기로 유명한 파이브 서틴 에잇(Five Thity Eight) 여론조사 분석회사의 스포츠 결과를 알아맞히기 사이트가 있다. 매년 1만 명 정도 참가하는데 32개 팀, 연 팀당 17경기의 승패만을 확률 예측해 점수를 매겨 순위를 공개한다.

한국에 있는 내가 2021년 예측 정확의 순위에서 상위 10% 내에 들었다. 과거의 경기 데이터를 패턴화해 경기를 예측했기 때문에 우수한 예측이 가능했다. 그러나 승패의 정확률은 70%를 넘기기가 어렵다. 다들 많이 틀린다. 스포츠는 늘 상대가 있고, 날씨 같은 환경과 선수의 컨디션 같은 감정적 요인이 많기 때문이다.

지구는 정확하게 움직이기 때문에 물리적 예측도 정확할 수밖에 없다. 그러나 인간이 개입하는 사회적 예측은 늘 틀리기 마련이다. 통계에서 요인분석이나 결과 예측 시 '모든 것이 동일하다면(Ceteris Paribus)'이라는 가정이 있다. 그러나 현실은 모든 변수가 움직이고 있는 세계다. '다른 변수나 조건이 변하지 않는다면'은 경제학에서는 유용할지 몰라도 현실에서는 성립할 수 없는 가정이다. 그렇다고 예측하지 말라, 혹은 믿지 말라는 의미는 아니다. 우리는 이러한 가정이나 데이터의 오류, 분석의 영향을 주는 요소가 정확한지를 파악해 오차를 인정하고 결과를 판단해야 한다.

앞서 언급한 파이브 서틴 에잇의 설립자이자 《신호와 소음》의 저자인 네이트 실버(Nate Silver)는 미래 예측의 패러다임을 바꾼 핵심적 통찰을 소개한다. 그는 "미래 예측은 마술 같은 방식으로 이루어지지 않는 것이 아니라 정보나 경험을 통해 도출해낸 공동의 결론, 상식 등을 이용해 신중하게 예측하고, 그 결론의 불완전성을 인정하더라도 추가 정보를 모아야 한다. 그 사람 다음에 진실을 담은 신호인지 의미 없는 소음인지 구별하고, 이를 바탕으로 예측의 진위를 평가해야 한다"라고 말한다. 또한 "예측할 수 없는 것이 존재함을 인정하는 겸손함과 예측할 수 있는 것을 예측하는 용기, 그리고 그 차이를 아는 지혜가 필요하다"라고 말한다.

앤드류 로 교수와 네이트 실버는 2008년 세계금융위기에 대해 통찰을 보여주었다. 효율적 시장 가설의 대안으로 적응적 시장 가설을 주장하는 앤드류 로 교수는 금융위기의 시발점은 2007년 8월 7일 헤지펀드 시장의 폭락으로 보고 있다. 마진콜(포지션 청산)에 의한 헤지펀드의 다량 매각으로 시장이 흔들리기 시작하면서부터라는 것이다. '조그마한 변동에 예민해지고 시장이 큰 폭으로 하락하면 반등하리라'는 퀀트 알고리즘보다 동물의 본성인 공포에 의한 매도로 시장의 하락을 키웠다는 주장이다. 통계적으로 8월의 폭락은 확률적으로 25시그마로 우주의 역사 137억 년보다 긴 시간에 일어날 수 있는 확률이라고 한다. 참고로 지구는 46억 년 전, 호모 사피엔스는 20만 년 정도다.

네이트 실버는 금융위기 이전 주택대출의 위험 평가가 다른 주택대출이나 다른 대출이나 경제와는 상관관계가 없다고 했는데, 이는 위험을 200배나 낮게 평가했다는 주장이다. 필자의 논문인 〈부동산 시장과 거시경제와 연관성 연구〉에서는 포트폴리오 이론은 무용지물이라고 주장했다. 왜냐하면, 경기가 급격하게 하락하면 다른 모든 지표도 곤두박질치기 때문이다. 증거로 주식, 주택, 채권의 상관계수를 그래프로 그

렸는데, 평소에 주식과 채권이 반대로 움직이다가 금융위기 때는 동조화하기 때문이다. 당시에는 이 현상을 이론적으로 실버는 설명하지 못했지만, 이제는 설명할 수 있다. 인간은 상승할 때는 거품이라는 데이터보다 탐욕이 앞서고, 하락 때는 곧 회복된다는 데이터보다는 공포가 앞선다.

# 우연, 감정, 소문도
# 가격 요소다

수치화된 데이터로 원인을 분석하고 미래를 예측하는 데는 한계가 있다. 통계에서 실제치와 예측 결과가 맞지 않은 것을 오차 또는 잔차라고 한다. 즉, 에러다. 모두를 변수로 이용할 수도 없고, 계량화할 수 없는 부분도 있다. 그런 원인은 통계보다 사람에게 있다. 모든 사람의 심리를 평균화해서 하나로 볼 수 없기 때문이다. 우리는 통계의 한계와 사람에 대해 좀 더 들여다볼 필요가 있다.

세상은 우연으로 만들어졌고, 우연의 연속이 운명을 결정하는 경우가 많다. 하이에크(Friedrich Hayek)는 그런 주장을 뒷받침하기 위해 "내가 가진 재능이 우연히 사회에서 높은 가치를 쳐주는 재능인 것은 나의 노력의 결과가 아니며 도덕적 문제도 아니다. 단지 행운의 결과일 뿐이다"라고 말한다. 마이클 샌델(Michael Sandel)도 "우리가 설령 죽도록 노력한다고 해도 우리는 결코 자수성가 존재나 자기충족 존재가 아님을 깨달아야 한다. 사회가 우리 재능에 준 보상은 우리의 행운 덕이지, 우리 업적 덕이 아님을 아는 것이 필요하다"라고 말한다.

《돈의 심리학》의 모건 하우절은 그러한 우연과 행운, 리스크에 대해 솔직하게 말하고 있다. '어디까지가 행운이고, 어디부터가 리스크일까?', '사람에 따라 왜 이런 차이가 있을까?'

경제학자가 발견한 사실에 따르면, 사람들의 투자 결정은 본인 세대의 경험, 특히 성인기 초기의 경험에 크게 좌우된다고 한다. 투자자 각자의 위험 선호도는 개인의 경험에 좌우되는 것으로 보인다. 지능 교육이 아니었다. 순전히 "언제, 어디서 태어났느냐 하는 우연에 좌우될 뿐이다"라고 말한다.

사실 경제적 성공에서 행운이 아무런 역할도 하지 않는다고 생각하는 사람은 없다. 그러나 행운을 수치화하는 것은 어렵고, 또 누군가의 성공이 행운 덕분이라 암시하는 것은 무례한 일이기 때문에 우리는 은연중에 성공의 한 요인으로 행운을 무시하는 태도를 보이곤 한다고 주장했다.

감정이나 심리에 대해서는 행동 경제학자들의 많은 연구가 있다. 행동 경제학은 인간의 사고와 행동이 합리적이지 않은 경우가 많으며, 시장의 기능도 항상 완벽하게 작동하지 않는다고 본다. 그보다 더 근본적인 문제가 있다. 본능이다. 우리 조상은 초원에서 사자가 인근에 있다는 조그마한 움직임도 예민하게 반응해서 숨거나 도망쳤다. 1997년, 2008년, 2022년 현재, 경제에서 공포는 과거 본능과 같은 것이다. 몇년 전부터 자산 시장은 탐욕의 시장이었다.

《금융 시장으로 간 진화론》에서 로 교수는 시장은 유진 파머(Eugene Fama)의 효율적 시장이 아니고, 또한 인간은 합리적이지 않다고 주장했다. 인간은 늘 합리적인 존재가 아니라 동물적 충동에 지배를 당하는데, 동물적인 공포와 탐욕, 기쁨과 고통은 경제적 선택에서 핵심적인 요인이라고 한다. 예를 들면, 자연에서 야수를 마주쳤을 때와 경제적으로 큰 손실은 같은 반응을 일으키는 것이다. 인간이 이상한 행동을 하면 이는 합리적인 판단이 아니라 생물학적인 본능일 수 있다는 주장이다.

《딜리셔스(인류의 진화를 이끈 미식의 과학)》의 저자 롭 던(Rob Dunn)과 모니카 산체스(Monica Sanchez)는 음식에서 진화론을 끄집어내어, 포유류의 뇌에는 공포 또는 쾌락으로 이끄는 향이 내장된 것으로 본다. 가령 몇 가지 포식자 냄새는 생쥐의 공포를 촉발한다. 단 한 번도 고양이를 접한 적이 없는 새끼 생쥐에게도 공포심을 유발한다고 한다. 그래서 인간은 해상 동물에서 진화해 육상동물이 되었으나, 바다의 짠맛을 아직도 버리지 못하고 있다는 주장이 설득력이 있다.

내러티브, 서사에 관해 이야기해보자. 내러티브는 사전에서 특정 사회나 역사적 시기 등을 설명 또는 정당화하는 서술을 할 때 사용되는 이야기나 표현이다. 이야기란 감정적 동조를 촉발하고, 일상 대화를 통해 쉽게 전달되어 전염될 수 있다. 그래서 인간은 이야기하기를 좋아한다. 이야기를 통해 상상하고 배우며 공감한다. 우리는 살면서 많은 매체(책, 영화, TV)를 통해 다양한 메시지를 전달받게 된다.

어떤 사람이 자기 생각을 표현하면 전달체를 통해 독자가 이해하게 된다. 효과적인 메시지는 이야기 형식을 가질 때 사람들에게 가장 몰입감 있게 전달된다. 내러티브는 문학, 예술에 국한되는 것이 아니라 경제에도 상당한 파급효과를 주고 있다.

2013년 노벨 경제학상 수상자인 로버트 쉴러(Robert Shiller) 교수는 최근 부동산, 주식, 가상화폐 등 일부 자산에 거품이 끼어 있다며 "집값이 이렇게 높은 적이 없었다"라고 경고했다. 여기서는 쉴러 교수의 내러티브에 관한 이야기를 들어보자.

주택의 공급 부족이나 수요 증가로 집값이 상승하면 그럴 만한 경제적 원인이 있다. 1997~2005년 사이 물가를 반영한 미국의 집값은 실질적으로 75%나 상승했지만, 주거 소비자물가지수는 8%밖에 오르지 않았다. 이러한 집값 상승은 주택 수요가 상승했기 때문이 아니다. 주요 경제 사건에서 대중의 '믿음'이 어떤 역할을 하는지, 대중 내러티브에 대한 이해와 해석을 추가한다면 미래를 전망하는 데 도움이 될 수 있다고 주장하고 있다.

# 예측은 신의 계시나
# 인간의 자유 의지가 아니다

현대 사회는 진리나 사실이 불변이 아니고, 객관적이고 사실적인 진실은 없다고 한다. 정치, 사회, 문학, 예술은 물론 과학도 상대적이라는 것이다. 즉, 다양한 관점에서 바라볼 수 있다는 이야기다. 만유인력의 법칙이 절대 진리가 아니고, 시간이나 관찰자에 따라 다르다는 상대성 원리나 양자역학이 등장했다.

필자의 얕은 지식으로 남녀 간의 사랑에 비유하자면 만유인력은 두 사람이 얼마나 가까이 있느냐에 따라 사랑의 정도가 결정된다. 상대성 이론은 거리보다 얼마 동안 같이 있었나에 따라 사랑의 정도가 결정된다. 양자역학은 주변에 영향을 주는 사람들에 의해 사랑이 확률로 결정된다. 물리법칙도 바라보는 관점에 따라 진리가 결정된다.

이런 해석을 내놓는 이유는 예측이라는 것이 관점에 따라 다를 수 있다는 점이다. 부동산 투자를 결정할 때 접근성이 양호한 입지를 선호한다. 거리가 중요하다. 한편으로 투자 타이밍이 중요하다. 즉, 시간이 중요하다. 또 다른 관점은 내가 처한 주변 환경이다. 경제 환경이나 나에게 영향을 주는 인물 등이다. 그러한 움직임이 성공 확률을 계산해준다. 즉, 다양한 관점이 있다.

생각해보면 환경은 정말 중요하다. 겨울에 거리에서 비키니를 입는 것과 여름 해수욕장에서 비키니를 입는 것은 전혀 다른 상황이다. 부동산의 투자와 예측은 절대적인 법칙이나 남이 성공한 사례가 나의 성공을 보장해주지 않는다. 모든 사람의 상황이 같을 수는 없다. 백만장자와 소액 투자가는 같을 수 없다. 또한 5년 전과 지금의 주변 상황이 같을 수 없다.

우리는 우주를 보고 땅을 딛고 살고 있다. 빗대면 우주의 법칙에 따라 생명을 유지하고 있는 물체지만, 몸은 감정과 주변의 환경에 의해서 좌우되는 생명체다. 인간은 감정에 의해서 제멋대로 행동하는 감정의 동물이라는 이야기다. 그래서 단순하게 설명하자면, 우리는 물리학과 생물학이 공존하는 세상에 산다고 할 수 있다. 그래서 과거의 경제학을 물리학적으로, 그러니까 어떤 법칙에 따라서 움직임을 설명하려고 애를 쓰다 보니, 예측이 안 맞고 무슨 예측을 이렇게 하나 하지만, 그것은 경제는 규칙에 따라서만 움직이는 것이 아니라, 감정에 의해서도 움직이기 때문이다.

경제에서 감정이라는 것은 쉽게 말하면, 탐욕과 공포다. 기회가 되면 돈을 벌려고 하는 탐욕이 있는 것이고, 또 지금 같이 경제 불황이 온다면 공포가 생긴다. 사실 정상적인 법칙으로는 그렇게 해서는 하지 않을 행동을 한다. 그것은 인간이 진화론적 관점에서 옛날 원시 시대부터 동물한테 먹히지 않게 하려고 터득한 본능이다.

예측 가능하다는 것은 우리가 데이터로 미래를 예상할 수 있다는 의미다. 그래서 수치화해서 이것을 계량화해 패턴을 발견하고, 규칙화해 예측할 수 있으며, 과거에 결과가 나왔던 원인을 찾을 수가 있다. 그래서 예측 가능하다는 것은 어떤 규칙이 일정하게 반복될 때 가능한 것인데, 사실상은 어떤 상황들이 그때의 상황과 똑같을 수는 없다. 일정하게 패턴대로 움직이는 것, 말하자면 겨울이 지나면 봄이 오는 계절의 변화처럼 그런 패턴을 방정식으로 만들어 예측하는데, 그것이 상황에 따라 다를 수 있다. 우리가 자주 하는 이야기로, '과거의 수익이 미래의 수익을 말하지는 않는다'라는 경고문처럼, 우리는 늘 같은 상황이 될 수는 없다. 이러한 모든 것을 고려해 향후를 예측하는 것은 어렵다. 그래서 가능성을 단일 추정보다는 확률로 계산하는 것이 유용하다.

이제 이런 관점에서 우리는 물리학과 생물학을 같이 고려해야 한다. 우리는 우리가 가지고 있는 원리의 어떠한 규칙성도 발견해야 한다. 또한, 인간이 가지고 있는 감정까지도 포함해야 한다. 감정도 중요하지만, 우리는 주변 사람의 영향을 많이 받는다. 주변에서 누가 이렇게 이야기하면 금방 생각이 변하고 휩쓸리는 게 인간이다.

또 유전자적인 요인도 있다. 유전자적인 DNA에 따라서 사람들의 생각과 행동도 바뀐다. 생물학의 관점에서 진화라는 것은 결국은 적자생존, 즉 환경에 적응하는 동물들만 살아남는다. 그러니까 인간이 살아가는 과정은 환경에서 살아남기 위해서이고, 생존이라는 것은 번식을 통해서 이어지기 때문에 결국, 생존과 번식의 투쟁이다. 우리가 말하는 부동산의 투자와 같은 개념이라고 생각한다. 그렇다고 물리학적인 관점만을 강조하거나 생물학적 관점에서만 부동산을 바라볼 수는 없다. 서로 보완하면서 최고의 선택을 해야 한다.

부동산 투자는 본능, 예감, 경험, 내 마음이 가는 대로 하는 것이 아니다. 법칙이나 공식보다 원리를 이해하는 게 중요하다. 부동산의 원리를 알면 부동산을 예측할 수 있다. 또한 데이터를 이용해 분석하고 활용해야 한다. 데이터가 중요한 이유는 과거나 현재를 가지고 미래를 볼 수 있는 예측력을 갖게 해주기 때문이다. 예측은 신의 계시에서 인간의 자유 의지를 넘어 이제는 데이터의 분석으로 만들어진다.

다시 강조하지만, 예측하기 위해 규칙적인 물리학 법칙뿐만 아니라 다양한 인간의 속성을 반영하는 생물학적인 감정과 주변 환경까지도 고려해야 한다.

# 제 2 장

# 주택의 수요와 공급

# 2020년 가격 폭등의
# 진짜 이유

우선 2010년부터 주택 가격 추이를 살펴보자.

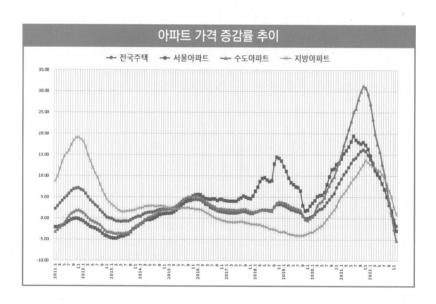

아파트 가격 증감률 추이

위는 국민은행 자료로, 전년 대비 증감률을 그래프로 담은 월별 추이
자료다. 우선 2008년 세계금융위기 여파로 하락이나 정체되었던 주택

가격이 수도권과 서울은 2011년 말에 약한 반등을 시도했으나 2014년 7월까지 하락했다. 지방은 2012년에 급반등했으나 그 후에 정체와 소폭 하락 추세를 지속했다.

그 후 서울은 2018~2019년 9월까지 급반등했고, 그 후 잠시 주춤하다가 2020년 초부터 다른 지역과 함께 급반등했다. 수도권은 상승률 2%를 2020년까지 유지하다가 그 후 급반등한 추이를 보여준다. 지방도 2020년부터 회복을 시작하고 2021년 초부터 상승해 2022년 6월까지 상승했다. 특히 수도권의 안정적인 가격이 2020년부터 급등했다. 서울도 문 정부 임기 시작과 더불어 한 차례 급등했다. 여기서 의문을 가질 수밖에 없다. 왜 안정세를 유지하던 수도권 집값이 10년 만에 급등했을까?

문 정부에서 특히 수도권 집값이 폭등했다. 서울 56%, 수도권 46%다. 통계 논란도 많았다. 한국감정원과 국민은행 매매지수가 크게 다르다. 서울의 경우 국민은행의 지표는 56% 올랐는데, 한국감정원은 21% 올랐다고 한다. 실거래 가격은 80% 올랐다. 이는 실제로 거래되는 주요 개별아파트를 들여다보면 적어도 100% 이상 올랐다. 서울은 물론이고 남양주, 성남의 개별 아파트의 아파트 가격은 2배로 올랐다.

문 정부의 많은 대책에도 불구하고 올랐다. 그 이유도 대강 알고 있다. 공급이 부족했다고 한다. 정말 그런가? 주택 가격에 영향을 주는 요인은 수요와 공급, 금융, 경제 환경, 정부 정책 등 너무나 많다. 수요 요인은 그 종류가 많다. 두루뭉술하게 말하자면 인구, 소득, 소비, 금융, 교통, 통화량 정부 지원, 세금 등 모두가 수요 요인이다. 공급 요인은 주택 공급으로, 기존주택 재고량이나 신규주택 공급량, 건설비 등이다.

수요와 공급을 한 가지로 단순화시켜보자. 단순화한 주택 수요는 한 집에 모여 사는 인구, 즉 가구다. 가족이 독립해 가구를 구성하면 별도로 살 집이 필요하다. 가구수는 결혼, 이혼, 대학 입학, 직장 취업, 직장 이동으로 인한 별거 등 매년 많은 사유로 늘어난다. 가구가 형성되면 자가, 전세, 월세 등으로의 독립된 공간이 필요하다. 단독주택, 아파트, 연립주택, 다세대주택, 다가구주택, 생활형주택이든 필요하다. 주택 공급은 올해 입주할 수 있는 주택수, 즉 완공된 주택수로 단순화할 수 있다. 그래서 1가구가 증가하면 1주택이 필요하다는 가정에서 주택의 수요와 공급의 원칙이 설정된다.

다들 2020년의 주택 가격 급등은 수요만 억제하고 공급은 안 늘려서 생긴 문제라고 생각한다. 정말 그럴까? 국토교통부의 주택 공급량과 통계청의 가구수로 확인해보자. 우선 가격이 급등한 수도권의 현황을 가격, 준공, 가구수 그래프로 보자.

2017년부터는 25만 가구 이상을 공급했는데, 2018년에는 30만 호 이상으로 초과공급 했다. 2019년부터는 약 25만 가구 전후를 유지하고 있다. 그런데 가구수는 2011~2019년 초까지 꾸준히 증가한다. 이는 1인 가구 증가에 힘입은 바가 크다. 다시 2020~2021년 초까지 급증한다. 이때 가격도 급등한다. 가격은 2013년부터 2015년 말까지 한 번 상승하고 2019년에 하락했다가 2020년부터 급하게 상승하기 시작한다. 그래프를 요약해보면 공급은 평년만큼 공급량을 유지했으나 가

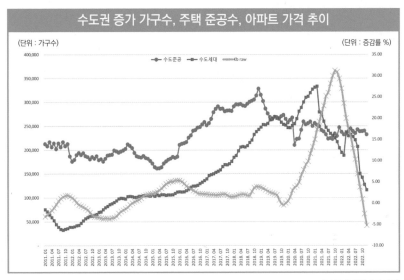

(단위 : 가구수)　　　　　　　　　　　　　　　　　　　　　　(단위 : 증감률 %)

◆ 수도준공　◆ 수도세대　━ Kb raw

(2022년 멸실 공가 추정)

구수가 꾸준히 증가하다가 2020년 급증하면서 가격도 급등했다. 그러니 공급보다 수요 요인인 가구수 증가가 원인이라는 것을 알 수 있다. 물론 수요가 증가하는데 공급을 늘리지 않은 잘못은 있다.

　2020~2021년 주택 가격에 무슨 일이 일어난 것일까? 수도권 주택 가격이 38%나 올랐다. 지금까지 이런 일은 없었다. 수도권에 2019년 말 5억 원 하던 아파트 평균가격이 불과 2년 사이에 8억 원으로 되어 3억 원이 올랐다. 서울 아파트는 8억 원에서 13억 원으로 5억 원이 올랐다. 2022년 도시근로자 가구당 평균 월소득이 483만 원이다. 도시 가구의 10년간 연봉이 올랐다. 아무런 노력도 하지 않고 추가 투자나 리스크를 감수하지도 않고도 크게 집값이 올랐다. 이렇게 올랐는데 묻지마 투자, 영끌이 주택 구입을 안 하는 것이 이상할 정도다. 그러면 오른 원인을 표로 상세하게 분석해보자.

수도권과 비수도권(지방)으로 나눠서 분석하기로 한다. 인구나 주택을 분석할 경우, 서울 경기를 구별해 분석하기보다는 동일 생활권은 묶어서 분석하는 것이 원칙이다. 왜냐하면 동일 생활권에서는 교통이 연결되어 출퇴근이나 이동이 자유롭기 때문이다. 그래서 수도권은 서울, 인천, 경기를 동일 생활권으로 같은 구역으로 취급한다. 외국도 메트로폴리탄(수도광역권)을 동일생활권으로 간주해 주택 가격이나 수요, 공급 등을 묶어서 통계 발표한다. 서울시 주간인구의 30% 이상이 외부 전입이다.

준공량에서 멸실되거나 3개월 이상 공가는 제외한다. 특히 재건축이나 재개발의 경우, 기존에 없어지는 주택을 준공호수에 포함하나 순증가에서는 제외해야 한다. 지방은 사람이 살지 않은 폐가를 포함해 장기적으로 살지 않는 공가도 제외해야 한다. 제외되어야 할 주택 수가 준공량의 30%에 가깝다.

우선 앞의 수도권 준공량을 보면 2018년의 약 33만 호 공급을 제외하고 평년은 25만 호대로 비슷하다. 그러나 가구수 증가를 보자. 2016년, 2017년 15만 호대 가구가 갑자기 2020년, 2021년 30만 호대로 2배로 급증했다. 주택 수급 비율(준공호수/ 증가 가구수)이 150%는 유지해야 정상인데, 문 정부 때는 4년간 내내 기준 이하로 맴돌았다. 특히 2020년에는 76%까지 급감했다. 홍수 때 갑자기 불어나는 강물처럼 가구수가 급증해 주택 공급에 대비할 시간도 없어 살 집이 부족했다. 수급이 무너지고 홍수에 제방이 터진 것처럼 가격 상승의 물결이 마을로 쏟아져 들어왔다. 팩트에 내러티브가 더해져 구매를 촉진하고 가격은 상승했다.

## 연도별 수도권 가구, 준공량 수급 비율, 멸실, 공가

| 수도권 | 증가 세대수 | 연준공량 | 연멸실호수 | 실공급량 | 멸실률 | 순준공/세대 | 주택/가구 | 가격증감률 |
|---|---|---|---|---|---|---|---|---|
| 2011 | 38,593 | 187,284 | 37,501 | 149,783 | 20% | 3.88 | 1.29 | 0.40% |
| 2012 | 65,406 | 199,261 | 36,634 | 162,627 | 18% | 2.49 | 1.3 | -3.90% |
| 2013 | 98,537 | 178,586 | 40,230 | 138,356 | 23% | 1.4 | 0.92 | -1.70% |
| 2014 | 103,511 | 186,251 | 40,710 | 145,541 | 22% | 1.41 | 1.27 | 1.80% |
| 2015 | 111,790 | 203,719 | 47,973 | 155,746 | 24% | 1.39 | 1.06 | 5.60% |
| 2016 | 135,680 | 258,500 | 68,598 | 189,902 | 27% | 1.4 | 1.23 | 2.90% |
| 2017 | 175,734 | 281,522 | 69,808 | 211,714 | 25% | 1.2 | 1.06 | 2.80% |
| 2018 | 242,905 | 328,525 | 62,414 | 266,111 | 19% | 1.1 | 1.33 | 6.80% |
| 2019 | 251,883 | 264,946 | 72,953 | 191,993 | 28% | 0.76 | 1.06 | 0.90% |
| 2020 | 327,145 | 250,140 | 68,627 | 181,513 | 27% | 0.55 | 0.61 | 12.50% |
| 2021 | 204,338 | 247,220 | 77,899 | 169,321 | 32% | 0.83 | 0.53 | 25.40% |
| 2022 | 115,973 | 228,916 | 70,000* | 158,916 | - | 1.37 | - | -4.70% |
| 평균 | 159,593 | 235,087 | 56,668 | 178,419 | 24% | 1.49 | 1.06 | 4.90% |

## 연도별 지방권 가구, 준공량 수급 비율, 멸실, 공가

| 지방권 | 증가가구수 | 준공량 | 실제 공급량 | 가구/준공 | 멸실+공가 |
|---|---|---|---|---|---|
| 2016 | 135,680 | 256,275 | 178,378 | 0.76 | 31% |
| 2017 | 163,108 | 287,687 | 217,136 | 0.75 | 23% |
| 2018 | 167,191 | 298,364 | 250,081 | 0.67 | 24% |
| 2019 | 186,636 | 253,138 | 192,256 | 0.97 | 27% |
| 2020 | 284,497 | 220,939 | 162,796 | 1.75 | 35% |
| 2021 | 175,449 | 184,174 | 177,951 | 0.99 | 28% |

2020년에 가구수가 갑자기 2배로 늘었는데, 공급은 예년 정도로 유지해 결국에는 수요가 공급을 크게 앞질러 가격이 상승했다고 해석할 수밖에 없다. 반대로 2022년은 가구가 32만에서 12만 이하로 급감하고 준공량은 유지되어 5만 가구 이상이 공급 초과가 일어나 가격은 하락할 수밖에 없다. 지방도 정도의 차이일 뿐, 2020년에 가구수가 급증했고, 공급도 매우 감소해 가격 상승을 불렀다.

가구수가 급증한 원인은 여러 가지 요인에서 찾아볼 수 있다. 우선 주요 요인은 1인 가구의 증가, 수도권의 집중 등을 들 수 있다. 2020년부터 자연 인구(출생자-사망자)는 줄어들기 시작했으나 가구수는 계속해서 증가하고 있다. 세부적으로는 늦은 결혼으로 독립, 이혼으로 인한 가구 분리, 장수로 인한 독거노인 가구 증가, 직장 이전으로 인한 가구 분화 등 사회적 변화에 의한 1인 가구가 많이 증가했다. 또 다른 주요

수도권, 지방권 가격과 수급률(12개월 지연) 추이

요인은 수도권 집중이다. 일자리가 수도권에 몰려 있고, 특히 고액 연봉의 첨단 산업들이 수도권에 쏠림으로써 구매력 있는 가구의 증가로 수도권 주택 공급 부족과 아파트 가격 급등이 심화되었다. 1인 가구와 수도권 집중의 문제는 뒤에서 상세하게 기술할 것이다.

주택 수요와 공급, 그리고 가격은 표로 확인되었지만, 장기간 그래프로 확인해보자. 2013년부터 그래프 추이를 보면 놀라울 정도 같이 움직이고 있다.

수도권 주택 가격은 지난해 동월 대비 증감률이고, 주택 수급률은 연간 가구증가 수를 연간 주택 준공량으로 나눈 비율이다. 이러한 그래프를 본 적이 있는가? 과거의 분석은 소득이나 경제변수가 많았고 인구나 인허가 데이터를 각각 분석했지만, 수급 비율로 이용해 가격과 거의 일치하는 그래프를 보여주지 못했다. 이 그래프는 상승기, 정체기, 다시 급상승기, 그리고 현재 하락기를 잘 보여주고 있다.

수요공급 비율이 130%보다 낮으면 공급 부족으로 주택 가격이 상승할 수 있다. 그런데 수급 비율이 가격에 영향을 주는 것에는 12개월의 시차가 있다. 즉, 12개월 전 공급 부족이 현재 가격에 영향을 주어 가격이 상승한다. 설명되지 못한 2019년 하락과 2020년 상승은 공급계획과 임대차 3법이 요인이라고 할 수 있다.

2019년의 실제 가격 상승률과 통계가 제시한 결과치의 간격이 크다. 이유는 2018년 9월, 2019년 5월에 수요억제 정책을 펴던 정부가 대규모 주택 공급과 신도시 계획을 발표하면서 시장이 크게 반응하기 시작했다. 지표상으로는 수급 비율이 악화해 가격이 상승해야 하나, 정부의 공급 발표로 시장이 공급이 이루어지는 것으로 착각해 가격이 하락한 것이다. 그러나 6개월도 되지 않아 실현 가능성이 약하다고 판단한 시장은 다시 상승한다. 엎친 데 덮친 격으로 임대주택의 공급을 어렵게 하는 임대차 3법이 입법화되자 가격은 예측치를 초과해 상승했다.

74페이지 자료는 주택 가격과 수요 공급의 추이를 나타내고 있는데, 의미하는 바가 크다. 우선 가격과 수급이 유사하게 움직이고 있다. 그것을 그래프뿐만 아니라 상관계수 0.91이 증명하고 있다(1이면 일치). 또한 수급률(가구/준공)을 12개월 선행 시차로 설정하면, 즉 현재의 수급률로 12개월의 주택 가격을 상당히 정확하게 예측할 수 있다는 의미다. 향후 집값을 예측하자면 2022년 1월부터 하락 추세인 수도권 주택 가격은 11월부터 본격적으로 하락한다고 예측할 수 있다. 실제는 전월 대비는 7월부터 하락(증감률 0 이하)이나 연간 증감률은 11월부터 마이너스를 시작한다는 의미다.

점쟁이처럼 예측하다니. 굉장하지 아니한가? 그러나 예측은 늘 틀리기 마련이다. 왜? 그러한 예측에는 가정이 늘 숨어 있기 때문이다. 가정은 다른 요인이 변동하지 않는다는 조건이다.[2] 즉 이자율이나 고용률이 변동되면 달라질 수 있다. 즉 다른 조건들이 종전처럼 일정하다면 수급률을 감안해 주택 가격이 다시 상승한다는 의미다. 최근 가구수 감소와 공급량 일시 과잉 후 감소로 주택 가격과 수급 비율이 동시에 하락하고 있다. 이것이 2020~2021년 수도권 주택 가격의 상승에 대한 평가

---

2) Ceteris Paribus : 다른 모든 조건이 동일하다면, 세상의 많은 원인이 연결되어 있고, 예기치 않은 충격도 있기 때문에 예측 정확성보다는 발생 요인, 영향을 주는 변수 정도를 이해해야 함.

다. 우리가 알던 공급의 부족을 넘어서 가구수의 폭발적 증가와 정책적 오류가 합쳐져서 만들어진 결과라고 할 수 있다. 다른 요인보다 수요와 공급이 가격을 결정한다는 원리를 보여주고 있다. 알프레드 마샬(Alfred Marshall)의 수요 공급 원리가 단순하지만 정확하게 적용된다는 것을 보여주고 있다.

# 얼마가 공급되어야
# 적정한가?

가구 주택 수요를 분석 및 예측하기 위해 과거에는 연구를 할 때, 맨큐-와일 모형(Mankiw-Well 모형)을 주로 사용해왔다. MW 모형은 주택수요가 가구 구성원의 연령구조에 기인한다고 가정해서 기존의 주택소비 자료를 활용해 주택 수요의 연령구조를 산출하고, 이에 향후 연령별 인구구조의 예측치를 결합해 미래 주택 수요 면적을 예측하는 모형이다. 그러나 연령이 면적을 결정한다는 논리나 같은 면적으로 주택수로 변환하고, 밀집 정도, 예를 들면 서울의 12억 원과 지방의 1억 원의 주택 가격을 동일한 수요로 가정하는 등 복잡하기만 하지, 미래의 필요한 주택 수요를 예측하기에는 상당한 오류를 가지고 있는 모형이다.

한 발 더 들어가보자. 통계 수치의 문제다. 앞서 가구와 세대라는 의미부터 살펴보자. 통계적 구분으로 세대는 주민등록상 가구수를 의미하고, 가구수는 조사요원이 매년 표본 20%로 전체 가구수를 추정한 수치다. 통계청의 정의로 가구는 1인 또는 2인 이상이 모여서 취사, 취침

등 생계를 같이하는 생활 단위를 말한다. 혈연이 모여 사는 가족과는 구별이 된다.

그래서 세대와 가구를 구별할 필요가 있지만, 현실적으로, 가구 통계는 연간은 추정이고 5년마다 전수조사하므로 일반적인 분석자료에서 활용하기는 불편하다. 그래서 매월 즉시 발표되는 세대수로 분석한다. 그러나 가구수 통계는 주요 정책 자료에 많이 활용된다. 특히 주택 보유율 산정 시 주택수와 함께 이용된다. 주택수는 준공호수와 구별되는 수치로, 이 또한 통계 센서스로 매년 총주택수를 추정한다. 더 확실하게 정의하면 가구는 일반 가구로 외국인 가구와 집단 가구를 제외한 가구를 말한다. 즉, 6인 이상 비혈연 가구, 기숙사, 요양원 등 집단시설 가구는 제외한다. 또한 다가구주택은 호 단위를 주택수에 포함한다. 다가구주택 호수가 포함되면 총주택수는 10~20% 증가한다.

하지만 여기에도 문제가 있다. 진정한 거주자인가 하는 문제다. 분가해서 주소지만 옮기고 실제로 거주하지 않는 경우와 실제로 이사했으면서 주민등록 이전을 하지 않은 경우다. 이 숫자를 잡아내어 분석할 필요가 있다. 수도권 연도별 분석은 첫째로 세대수와 준공호수로 세대수/가구수 비율을 산출하고, 둘째로 멸실공가를 제외하고 셋째는 센서스의 가구수와 주택수로 수급비율을 산출해 비교한다.

주택 가격과 상관관계를 보면 준공량이나 주택수보다는 세대수나 가구수가 높다. 즉, 가격 상승은 가구수가 증가와 관련이 있다고 말할 수 있다. 표에서 특히 2018년부터 2021년까지 세대수가 크게 증가했고

## 가구수와 세대수에 의한 주택 수급 분석

| 수도권 | kb가격 | 전세 | 세대수 | 준공량 | F/C 비율 | F/C 공멸 | F/C 센서 | 공가 | 멸실 | 공멸율 | 센서가구 | 센서서주택 | 세대/가구 | 준공/주택 |
|---|---|---|---|---|---|---|---|---|---|---|---|---|---|---|
| 2005 | 7.2% | 7.5% | 278,293 | 206,838 | 1.35 | 1.71 | 1.21 | 4,137 | 40,228 | 21% | 166 | 137 | 179% | 121% |
| 2006 | 24.6% | 11.7% | 297,430 | 193,951 | 1.53 | 1.79 | 1.58 | 3,879 | 23,761 | 14% | 185 | 117 | 115% | 148% |
| 2007 | 4.0% | 2.1% | 212,698 | 215,168 | 0.99 | 1.23 | 0.88 | 4,303 | 37,500 | 19% | 181 | 206 | 94% | 68% |
| 2008 | 2.9% | -0.4% | 171,068 | 180,547 | 0.95 | 1.22 | 1.02 | 3,611 | 36,633 | 22% | 175 | 171 | 61% | 75% |
| 2009 | 0.7% | 5.6% | 106,271 | 171,042 | 0.62 | 0.83 | 0.23 | 3,421 | 40,229 | 26% | 85 | 378 | 361% | 41% |
| 2010 | -2.9% | 7.2% | 308,064 | 180,705 | 1.70 | 2.01 | 0.77 | 3,614 | 23,762 | 15% | 129 | 167 | 30% | 100% |
| 2011 | 0.4% | 13.9% | 38,593 | 207,629 | 0.19 | 0.23 | 0.77 | 4,153 | 37,501 | 20% | 133 | 173 | 49% | 104% |
| 2012 | -3.9% | 2.5% | 65,406 | 221,425 | 0.30 | 0.36 | 1.09 | 4,429 | 36,634 | 19% | 137 | 127 | 72% | 121% |
| 2013 | -1.7% | 9.0% | 98,537 | 197,141 | 0.50 | 0.64 | 0.79 | 3,943 | 40,230 | 22% | 142 | 180 | 73% | 91% |
| 2014 | 1.8% | 5.4% | 103,511 | 208,407 | 0.50 | 0.63 | 0.95 | 4,168 | 40,710 | 22% | 147 | 155 | 76% | 112% |
| 2015 | 5.6% | 8.3% | 111,790 | 226,759 | 0.49 | 0.64 | 0.81 | 4,535 | 47,973 | 23% | 117 | 145 | 116% | 145% |
| 2016 | 2.9% | 2.9% | 135,680 | 284,368 | 0.48 | 0.65 | 0.94 | 5,687 | 68,598 | 26% | 165 | 174 | 107% | 133% |
| 2017 | 2.8% | 1.0% | 175,734 | 307,885 | 0.57 | 0.76 | 0.75 | 6,158 | 69,808 | 25% | 190 | 253 | 128% | 112% |
| 2018 | 6.8% | 0.0% | 242,905 | 352,206 | 0.69 | 0.86 | 0.94 | 7,044 | 62,414 | 20% | 239 | 253 | 106% | 112% |
| 2019 | 0.9% | -0.5% | 251,883 | 282,860 | 0.89 | 1.23 | 1.63 | 5,657 | 72,953 | 28% | 303 | 186 | 108% | 81% |
| 2020 | 12.5% | 10.2% | 327,145 | 260,128 | 1.26 | 1.76 | 1.87 | 5,203 | 68,627 | 28% | 293 | 157 | 70% | 100% |
| 2021 | 25.4% | 14.4% | 204,338 | 257,290 | 0.79 | 1.17 |  | 5,146 | 77,899 | 32% |  |  |  | 111% |
| 2022 | -4.7% | -6.3% | 115,973 | 232,227 | 0.50 | 0.79 |  | 4,645 | 80,000 | 36% |  |  |  |  |
| 평균 | 4.6% | 5.1% | 174,531 | 234,102 | 76% | 99% | 101% | 4,682 | 50,896 | 23% | 174 | 186 | 109% | 104% |
| 상관관계 | 100% | 57% | 50% | 13% | 41% | 44% | 69% | 13% | 11% | 1% | 61% | -29% | 1% | 27% |

가격도 크게 상승했다. 그러나 주택 공급을 보면 2019년부터 가구가 증가함에도 줄어들고 있다. 이는 수급 비율을 보아야 한다. 수요가 증가하면 공급을 늘려야 하는데, 반대로 수요억제 정책이 공급억제로 변질한 것이다. 더구나 실제적인 가구와 주택수가 말해준다. 상관관계에서도 69%로 가장 높았다. 센서스에서 주택 가격 정점인 2020~2021년의 가구 증가는 30만이나 주택 공급은 절반 수준으로, 수급 비율이 크게 약화되어 주택 가격이 급등한 것으로 해석할 수 있다.

여기서 특별하게 언급하고 싶은 부분은 현재 수도권은 매년 24만 가구 공급이 필요하다는 것이다. 멸실과 공가를 감안한 공급량이다. 그러나 인구 감소와 세대수 감소를 감안해 공급을 축소해야 한다. 또한 세대수 증가는 실제보다 주택 가격 상승 시에는 크고, 하락 시에는 작다. 이는 주택 가격이 상승하는 선행지표로 보아야 한다. 가격 상승 조짐이 보이면 청약예금 가입을 위한 분가, 청약 조건을 위한 거주지 이전, 특별청약, 증여 등의 사유로 가구수가 증가한다. 그래서 시계열 통계 분석에서는 세대수에 의한 분석이 유용할 수 있다.

그렇다고 무작정 공급을 늘리면 주택 가격은 안정이 될까?

윤 정부는 공급 부족으로 주택 가격이 급등했다고 진단하고, 대안으로 향후 5년 주택 공급계획을 발표했다. 과거 5년간 공급보다 많은 전국 270만 호, 수도권 158만 호, 지방 128만 호를 공급한다는 계획이다. 8·16 주택 공급 대책에는 연도별 공급계획과 공공개발(신도시 포함) 재건축, 재개발, 기타 등 계획이 포함되어 있다. 이 정도로 공급 부족을 해소하고 충분할까? 아니면 과잉공급으로 미분양이 발생해 주택 시장을 불안하게 할까? 그러면 수요와 공급의 데이터를 이용해 적정공급의 여부를 분석해보자.

| 국토교통부 2022년 8월 16일 공급 대책 (단위 : 만 호) | | | | | | |
|---|---|---|---|---|---|---|
| 구분 | | 지역별 | | | | |
| | | 수도권 | | 비수도권 | | |
| | | | 서울 | | 광역·자치시 | 8개 도 |
| 과거 실적 ('18~'22) | 257 | 129 | 32 | 128 | 48 | 80 |
| 향후 공급 ('23~'27) | 270 | 158(+29) | 50(+18) | 112(△17) | 52(+4) | 60(△20) |
| 공공택지 (*국공유지) | 88 | 62 | 5 | 26 | 16 | 10 |
| 정비사업 등 | 52 | 37 | 24 | 15 | 13 | 2 |
| 기타 민간 아파트 | 66 | 23 | 5 | 43 | 17 | 26 |
| 기타 민간 非 아파트 | 64 | 36 | 15 | 28 | 5 | 23 |

출처 : 국토교통부 2022년 8월 16일 대책

계획공급량은 윤 정부에서 5년간 270만 호, 매년 5만 호 이상 공급한다고 발표했다. 수도권에 158만 호, 지방에 112만 호다. 공공택지 개발, 재건축 등 정비사업, 민간 분양 등이 있다. 수요의 가구수는 통계청 장래 가구 추계(2020년 기준 전국)로 추정했는데, 종전 2017년 가구 추계가 크게 빗나가 최근 다시 추정했다. 전국 가구수 추계는 평균 1.2% 증가하는 것으로 했다. 물론 인구 추계는 감소하는 것으로 추계했다.

통계청 가구 추계에서는 최근 출생보다 사망자가 많은 등 인구 감소 추세를 반영해 가구 증가를 2026년부터 20만 이하로 추산하고 있다. 즉 2020년 같은 급증은 없고 점차 감소하는 추정을 내놓고 있다. 다음의 실제와 예상 가구수를 비교하면 뚜렷한 감소세를 보여주고 있다.

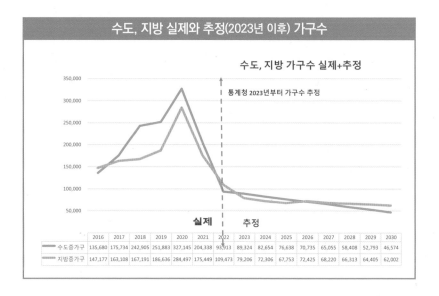

가구 추정 그래프에 따르면, 수도권 가구수는 점차 감소해 2023년에는 10만 가구 이하가 될 수 있다. 따라서 당연히 수용을 예상해 주택 공급도 줄여야 한다. 그렇지 않으면 공급 과잉으로 미분양 사태가 일어나고, 주택 가격은 하락할 것이다.

정말 그렇다면 적정공급량이 얼마인지를 검토해볼 필요가 있다. 우선 수도권을 분석해보자. 과거와 같이 전년도 평균으로 산정하기에는 수요의 핵심인 인구와 가구의 변동이 너무 크다. 과거의 최고 30만, 아니면 20만대로 하기에는 가구수의 감소가 예상되는 상황에서는 어렵다.

그리고 여기서 인용 자료인 준공수는 재건축 아파트에서 멸실 부분은 차감하지 않고 그대로 공급량으로 계산되어 있고, 지방의 많은 공가와 빈집도 차감되지 않았다. 그래서 준공량, 가구수의 추정자료로 적정공급량[3]을 산정했다. 즉 증가한 세대수만큼 주택 공급이 필요하다는 가정에서 증가한 가구수에 공가, 멸실, 미완공량을 감안해 가구수의 130%를 적정공급률로 설정했다. 이를테면 만약 금년에 10만 가구수가 증가하면, 멸실과 공가 3만 호를 감안해 준공량은 13만 호가 적정하다.

적정공급 비율 = 증가 가구수 + 공가, 멸실 30% = 130%

---

3) 멸실은 특히 아파트 재건축 시 기존 아파트 철거에서 크게 발생한다. 공가는 6개월 이상 빈집(통계청) 전국 평균이고, 인허가 신청량의 85% 정도가 준공되는 것으로 추산한다.

# 앞으로는 미분양을 걱정해야 한다

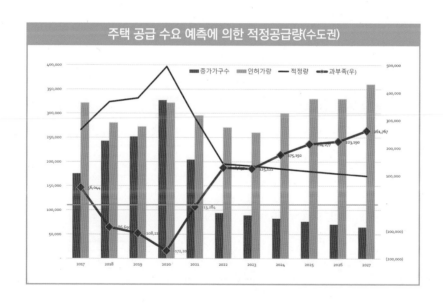

주택 공급 수요 예측에 의한 적정공급량(수도권)

2022년 8·16 공급대책을 적정공급량(130%)에 적용해 검토한 결과, 2023~2027년 계획공급량의 증가와 가구수 감소로 인해 과잉공급이 우려되고 있다. 수도권은 2023년 초과공급이 시작, 2027년에는 27만 호 이상의 초과공급이 예상된다. 지방은 2027년에 26만 호 초과공급이 예상된다.

정부의 계획대로 공급되고, 통계청 추정 가구수로 증가한다면, 그 비율로 적정공급량을 그래프로 나타낼 수 있다. 2020년에는 적정공급량에 5만 호가 부족해 가격이 급등했지만, 2024년에는 5만 호가 과잉공급이 될 수 있음을 보여주고 있다. 그런데 2022년 말 수도권 가구의 감소로 벌써 5만 가구의 초과공급이 발생했다. 그래서 윤 정부는 과거의 공급량보다는 적정공급량에 따라 공급을 조절할 필요가 있다. 즉, 가구수의 감소를 감안해 공급을 축소해야 한다. 무조건 많이 짓는 것이 능사가 아니다. 장기적인 전략과 공급의 적정량 선정을 통한 균형 있는 수요와 공급의 조절이 중요하다.

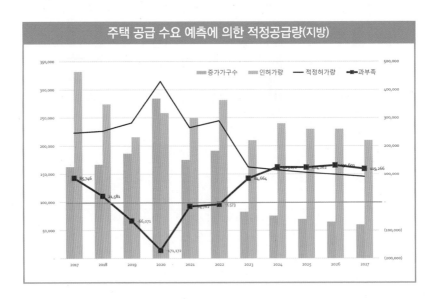

문 정부 때 주택 가격이 급등한 이유는 가구수의 급격한 증가와 이에 따른 주택 공급보다는 공급 감소로 수급 비율을 악화시켰다는 것이 일반적 여론이다. 가구수 증가의 130%를 적용한 적정공급량에 적용해 검토한 결과, 계획공급량의 증가와 가구수 감소로 인해 과잉공급이 우려되고 있다. 수도권은 2023년에 초과공급이 시작되어 2027년에는 27만 호 이상의 초과공급이 예상되고, 지방도 마찬가지로 2027년에 17만 호 초과공급이 예상된다. 과거의 공급을 기준으로 수요가 없는 곳에 공급량을 늘리기보다는 주택이 필요한 곳에 적정량의 공급이 필요하다. 추정 인구, 가구 감소를 고려해 연도별 공급을 점차 줄이는 계획 조정이 필요하다.

또한, 수요와 공급의 조정뿐만 아니라 최근 물가 상승과 금리 인상, 에너지 가격의 상승 등 외부 요인의 충격으로 LTV, DTI 같은 부동산 대출을 조정할 수 있는 통화정책 등도 부동산 시장의 안정을 위해 필요한 정책이다. 그런데 금융정책, 재정정책, 통화정책은 부동산만을 위한 정책이 아니다. 이에 FRB 전 의장 벤 샬롬 버냉키(Ben Shalom Bernankey)는 "부동산 시장 버블은 Fed의 저금리 때문에 생긴 것이 아니고, 또한 부동산 시장 버블을 방지하는 최선의 대응은 통화정책이 아니라, 금융 당국의 부동산 시장에 대한 규제와 감독 정책이다"라고 반박한다.

분석의 시사점으로 주택 공급은 세대수 증가에도 유념할 필요가 있다. 특히 가구 증가의 80% 이상이 1인 가구 증가로 원인과 대책이 필요하다. 또한, 산업구조와 고용의 변화로 인해 수도권 인구 집중으로 주택 시장의 상승 압력에 대한 지방 활성화 대책도 필요하다. 이 부분에 관해서는 다음 장에서 서술할 예정이다.

주택 공급 대안으로 수도권 공공택지 확보가 어려운 현실을 고려할 때, 정비사업(재건축, 재개발)을 통한 공급 계획은 수요가 많은 곳에 공급할 수 있다. 택지 확보 불필요, 공공 투자 최소, 공공임대주택 확보, 도시환경 개선, 거주 질 향상 등에 유용할 것으로 보여 적극적인 정책 실행이 요구된다. 아울러 1인 가구 급증에 대응하기 위해 소형주택, 다가구주택은 물론, 오피스텔 등 주택 대안 공급도 필요하다. 가능하다면, 대학교 기숙사 건립, 지방의 대규모 공장 및 공단의 기숙사나 가족의 거주가 가능한 사원주택도 주택 공급의 대안이 될 수 있다.

# 가구수 감소, 공급이 과다하면
# 주택 가격은 하락한다

예측은 어렵다. 그러나 모두 궁금해하고 꼭 짚어달라고 한다. 앞서 언급했듯이 변수나 데이터가 정확하더라도 통계적인 예측은 정확할 수가 없다. 복잡하고, 변동이 심하며, 애매하고, 불확실한 경제 상황에서 예측은 틀릴 수밖에 없다. 그래도 예측을 해야 한다. 대책을 세우거나 요인을 파악하는 데 필요하기 때문이다. 통계 분석은 과거의 자료를 이용해 가장 오차가 적은 방정식을 만들어 과거의 실제값과 방정식에서 산출된 결과차(예측값)를 비교해 정확도를 추정하고 유의미한 변수인지를 판단한다. 통계 분석은 과거의 데이터로 과거의 주택 가격에 영향을 미친 요인을 찾는 작업이라고 할 수 있다. 따라서 미래의 데이터도 없고, 미래의 다른 변수에 영향을 받을 수도 있는 상황에서 예측은 무의미할 수도 있다. 그러나 미래는 과거와 연결되어 있고, 미래도 과거 경로에 의존할 수밖에 없기에 활용된다.

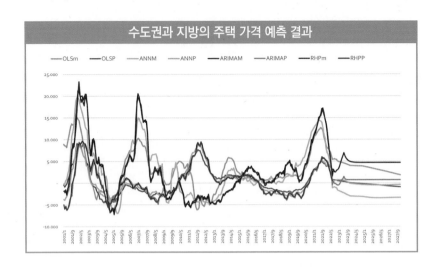

위의 자료는 2001~2022년까지 월 단위 주택 가격 증감률, 전세 증감률, 대출 이자율, 수요 공급 수급률의 자료를 이용해 시계열 통계 분석을 한 것이다. 일단 과거의 데이터로 분석해 산출된 방정식으로 다른 변수는 일정하다는 조건으로 수급 비율의 요인인 공급 계획량과 가구 수 추정 데이터로 미래의 주택 가격을 예측했다.

수요량으로 회귀분석, 인공신경망으로 예측, 조건은 추정 수급률(계획 인허가 / 추정 증가 가구)을 이용했다. 다른 변수는 20년간 평균(이자율 5%, 전세상승률 수도권 5%, 지방 3.5%)을 고정했다. 결과는 ARIMA(1,1,12) 1시차 과거치, 1차분, 12시차 이동평균이 ARIMA 자동모형으로 산출했다. 예측치는 단기 예측에 유용하며, 장기적으로는 자기 과거치를 활용할 수 없어서 일정 기간 후에는 예측치가 고정되는 단점이 있다.

2027년 말 예측에서 인공신경망은 수도권 주택 가격 상승률을 -3.4%로 가장 낮게 예측했고, 회귀분석 1.8%, ARIMA 4.7%로 예측되었다.

특히 인공신경망 분석에서는 공급 과잉으로 인한 주택 가격 하락을 예측했다. 지방은 인공신경망 -0.4%, 회귀분석 -0.9%, ARIMA 0.7% 보합을 예측했다. 통계 분석의 정확도를 말해주는 설명력은 인공신경망 수도권 분석 92.7%, 회귀분석 50.5%, 인공신경망 지방 93.8%, 회귀분석은 73.8%로 인공신경망이 굉장히 높았다. 주택 가격은 자기 과거값에 의존하는 경향이 강하고 연간 평균으로 높게 나타나는 면도 있다. 또한, 일부 변수의 값을 과거의 평균으로 고정했기 때문에 상황에 따라 달라질 수 있다.

# 수급만큼 중요한 통화량

우리나라 경제 현황을 대략 살펴보면 2021년 말 기준으로 국민총생산 2,071조 원, 광역통화 3,720조 원, 주식 시가총액 2,600조 원, 채권 2,225조 원, 은행 예금 2,410조 원, 은행대출금 2,100조 원, 그리고 주택 시가총액 6,534조 원이다. 통화량이 예금과 대출을 거쳐 채권과 주식 시장을 돌아 총생산량을 산출한다. 이러한 거대한 금융 메커니즘이 경제를 잘 돌아가게 하기도 하고 불황의 늪으로 밀어 넣기도 한다. 특히 3대 투자 시장이라 불리는 채권, 주식, 부동산 시장은 이러한 금융 변수들에 의해 많은 영향을 받는다. 실물 시장도 마찬가지로 영향을 받을 수밖에 없다.

4대 경제학설은 자유방임의 오스트리아 학파, 통화 중심의 시카고 학파, 정부 역할을 강조하는 케인스 학파, 국가통제의 막스 학파로, 오늘날은 신고전학파인 통화주의와 정부 개입의 신케인스주의로 크게 대립되고 있다. 학파의 가장 큰 차이는 인플레이션의 원인과 처방에 대한 이견이다. 경기 변동이나 인플레이션의 원인이라는 케인스주의는 수요·공급의 불균형이고, 통화주의는 통화량, 경기변동을 주택 가격변동이라는 관점이다. 즉, 케인스주의자들은 수요 증가의 결과로 인플레이션이 발생한다고 주장하고, 밀턴 프리드먼(Milton Friedman)을 비롯한 신통화주의자들은 통화량이 생산량보다 빠른 속도로 증가해 인플레이션이 일어난다고 주장한다. 이는 2022년의 인플레이션 상황을 잘 대변하고 있다.

주택 가격의 상승과 하락은 주택의 공급과 수요의 불일치, 혹은 유동자금이 풍부하거나 부족한 것이 원인이다. 즉, 일정 기간의 준공량과 가구수의 비율이 균형을 이루지 못한 경우이거나, 주택담보대출의 높은 LTV, 낮은 금리로 인해 주택 구매를 위한 자금 조달이 쉬워 주택 가격이 상승할 수 있다. 통화량은 본원통화, 현금통화, 은행예금, 수익증권 등으로 구성되는데, 은행예금이 신용창조에 의한 은행의 대출 등을 통해 광의통화량의 증가를 가져온다. 주택 가격 상승 시 은행대출이 확대됨에 따라 통화량도 증가한다.

따라서 통화량과 수급률이 주택 가격 상승에 주는 영향을 각각 분석했다. 2011년부터 2022년 6월까지 한국은행의 M2(광의통화)와 주택 수급률(연 가구 증가/연 준공량)을 이용해 주택 가격에 미치는 영향을 분석했다. 통화량과 수급을 살펴보면 다음과 같다. 통화량의 연간 평균 증가율은 7.1%였으나, 2020년 5월 이후 10%대로 증가했다. 수급률도 적정공급 비율인 1.36 이상이나 2020년 12월에는 0.76까지 하락했다. 통화량은 1개월 전, 수급 비율은 12개월 전에 가장 강하고 유의하게 영향이 미치는 것으로 확인되었다. 분석의 정확도인 설명력은 각각 80%, 84%로 높았다. 2022년 말 인플레이션으로 통화량 증가율이 5%, 수급률도 가구수 감소로 0.51로 떨어지고, 실질주택 가격 상승률도 -6%로 급락했다.

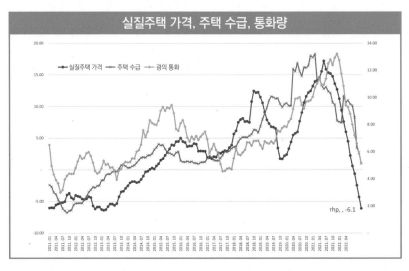

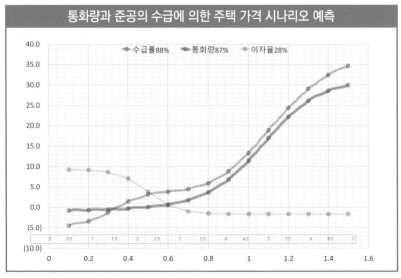

예를 들면 아래 글자(보라색) 0.8이면 수급률은 80%로, 주택 가격은 6% 상승하고, 또한 통화량 증감률 8%로 가격은 4% 증가한다. 만약 이자율(글자 황색)이 3.5%이면 주택 가격은 -1.0%, 즉 1% 하락한다.

통화량(M2)과 수급비율(가구/주택)에 의한 시나리오별로 가격을 인공신경망으로 예측하면 다음과 같다. 현재의 통화량이 10%이면 주택 가격은 12% 상승하고, 수급비율이 100%이면 주택 가격은 14% 상승하고, 이자율이 3% 이상이면 하락할 것으로 인공신경망은 예측한다. 정책상 주택 가격의 적정 상승률을 4%로 목표로 하면, 통화량 증가율은 5%로 유지해야 하고, 수급율은 130%를 유지해야 한다. 정확도는 88%로 아주 높았으나, 이자율은 28%로 낮았다.

94p 자료는 부동산 가격 변동이 주택 수요와 공급, 그리고 통화량에 의해 매우 민감하다는 것을 보여주고 있다. 따라서 적정한 수급율과 통화량을 유지하는 것이 주택 가격의 안정에 필수적이다.

부동산도 경제변수처럼 수급과 통화량에 의해 설명할 수 있다. 2020~2021년 주택 가격이 크게 상승한 것은 수급의 불균형, 코로나와 글로벌 공급망의 불안으로 인한 양적 완화로 통화량이 심하게 증가한 것을 주요 원인으로 추정할 수 있다. 그러나 이러한 변수의 연관성은 장기간에 연속되는 것이라기보다 단기간에 연결이 유지되는 것으로도 유추할 수 있다. 이는 주변 환경의 변화에 따라 움직이므로, 이에 대한 원인과 대책도 달라질 수밖에 없다.

# 주택 시장은
# 어떻게 작동하나?

　필자의 최근 연구 논문 〈주택 수급률이 주택 가격에 미치는 효과〉에서 '그랜저 인과관계 분석은 수도권의 매매 가격은 이자와 수급에 직접적이고 지속적인 영향을 받는 것'으로 분석되었다. 그리고 수급은 이자와 전세에 영향을 받는다. 낮은 이자율과 전세의 변동은 수급에 영향을 주고, 이는 다시 가격에 영향을 주는 것으로 추측된다. 즉, 전세가 직접적으로 주택 가격에 영향을 주지 않는다. 최근의 가격 급등과 연결해 확대해 해석하자면, 세대수가 증가해 전세가 부족해 전세가격이 상승하고 낮은 금리로 자금 조달해 주택을 구입하는 것이 유리하다고 판단한 구매자가 증가하면서 주택 가격이 상승했다고 주장할 수도 있다. 지방은 매매가 모두에게 영향을 주었고 전세와 영향을 주고받았다.

　D-W(Dipasquale-Wheaton) 모형의 자산가격결정 모형은 가격과 임대료, 그리고 공급시장의 균형을 잘 설명한다. 그러나 인구, 가구, 소득, 거주비용 등의 수요 부분이 없다.

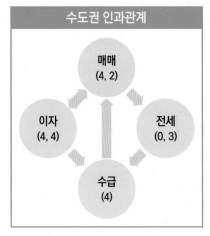

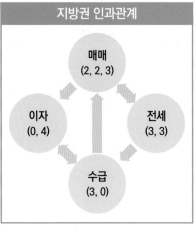

공급은 정책이나 자본 시장에 의해 조절이 가능한 요소이며, 공사비용이 주택건설의 결정 변수는 아니다. 현실적으로 주택 시장에서는 임대료에 의해 가격이 결정되기보다 주택 가격이 임대료를 선도하고, 더구나 전세는 주거비용의 관점에서 이자율에 의해 결정된다고 할 수 있다. 현재의 관점에서 많은 한계점이 드러나고 있다. 그래서 이 연구에서는 '공급 → 가격 → 임대 → 수요' 순으로 연결되고, 외생 변수는 자본환원율이 아니라 시장의 이자율로 구성되고, 면적이 아니라 직접 주택 수를 산출하는 모델을 제시한다.

'1가구가 증가하면 1주택이 필요하다'라는 가정에서 주택의 수요와 공급의 원칙이 설정된다. 따라서 주택 수급률은 일정 기간 내에 늘어나는 가구수에 대비해 공급되는 주택수의 비율이다. 주택 가격은 일반 가격이론처럼 수요와 공급에 따른 수급률이 결정된다. 앞의 연구 결과처럼 우리나라에서 전세는 주택 가격과 이자율의 영향을 받는다. 최근에는 금리의 발원지인 물가의 영향을 크게 받는다. 이는 자금 조달과 비용 때문에 금융 시장에 영향을 받는 것으로 볼 수 있다. 임대료가 상승하면 수익 증가로 임대주택 수요가 증가하고, 또한 소득 증가로 소유 수요가 늘어난다. 수요가 늘어나면 공급을 해야 하는데 구매를 위해 금융 조달과 조달 비용도 고려한다. 다시 주택 공급이 수요를 초과하면 가격은 하락하고 반대로 공급보다 수요가 크면 가격은 상승한다.

기존의 D-W의 자산가격결정모형을 수정해 다음과 같이 만들었다. 이 모형이 우리나라의 주택 시장을 잘 설명할 수 있다고 생각한다. D-W모형에 수요를 추가하고 가격과 임대의 순서를 바꾸었다.

요소들에 영향을 주는 변수 중 통화량은 설명이 필요한데, 통화량이 증가하면 시중의 유동자금이 풍부해지고 이자율도 감소해 주택 구입이 쉬워진다. 통화량 증가는 한국은행의 발권이나 채권 매입보다 시중은행의 대출 증가, 특히 주택담보대출에 크게 영향을 받는다. 따라서 수요가 주택 공급으로 이어지기 위해서는 구매력의 보강을 위해 통화량 증가가 주요한 변수다.

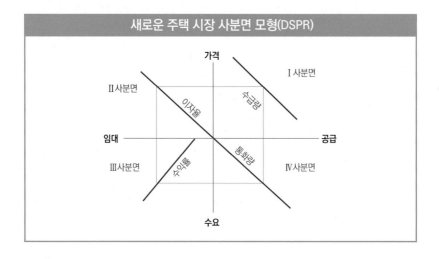

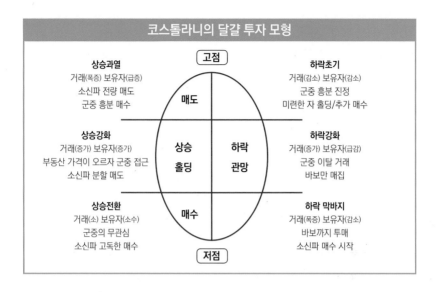

**코스톨라니의 달걀 투자 모형**

[고점]

**상승과열**
거래(폭증) 보유자(급증)
소신파 전량 매도
군중 흥분 매수

**하락초기**
거래(감소) 보유자(감소)
군중 흥분 진정
미련한 자 홀딩/추가 매수

**매도**

**상승강화**
거래(증가) 보유자(증가)
부동산 가격이 오르자 군중 접근
소신파 분할 매도

**하락강화**
거래(증가) 보유자(급감)
군중 이탈 거래
바보만 매집

**상승 홀딩**  **하락 관망**

**상승전환**
거래(소) 보유자(소수)
군중의 무관심
소신파 고독한 매수

**하락 막바지**
거래(폭증) 보유자(감소)
바보까지 투매
소신파 매수 시작

**매수**

[저점]

주식 투자에서 고전으로 불리는《돈, 뜨겁게 사랑하고 차갑게 다루어라》의 앙드레 코스톨라니(André Kostolany)의 달걀 투자 모형이 유명하다. 이 달걀 투자 모형을 부동산에도 적용할 수 있다. 지금 부동산은 어디쯤 와 있을까?

2015년부터 매수기로 보면 2020년 상승과열을 거쳐 하락관망 정도가 아닐까. 아니면 막바지? 그러나 상승전환 국면까지 오래 걸릴 수 있다. 경기순환기간을 대개 10년으로 보면, 2~3년 상승하고 나머지는 쉬어간다. 그러니 앞으로 7~8년은 정체, 즉 약간 하락하거나 약간 상승하는 분위기로 간다는 의미다.

일반적으로 상품 시장에서는 수요가 많아지면 가격이 올라가고, 반대로 공급이 증가하면 가격이 낮아진다. 하지만 공급량은 반응에 일정한 시간이 필요하기에 실제 균형 가격은 시간 차이로 지연되어 이루어진다.

거미집 이론은 수요의 반응에 비해 공급 반응이 지체되어 일어나는 현상을 말한다. 주택을 짓는 데는 상당한 시간이 걸려 공급량 변화 속도가 느리다. 이러한 시차로 부동산 가격의 변동이 발생하기도 한다. 또한 가격 상승이 수요를 발생시킨다. 흔히 가수요라고 불리는 투기세력이나 요즘의 젊은 세대의 갭 투자 등이 있다. 또한 전세 세입자의 소유를 자극해 수요가 증가하고 미래 가격 상승에 대비해 선매수로 수요를 자극한다.

《금융 시장으로 간 진화론》에서는 '효율적 시장이란, 합리적인 이윤 추구의 목적을 가진 다수의 거래자가 서로 경쟁하며, 중요한 정보가 모든 참여자에게 공개된 시장'을 뜻한다. 효율적 시장에서는 평균적으로 가격에 영향을 미치는 새로운 정보가 즉각적으로 시장 가격에 반영된다. 유진 파마(Eugene Fama)는 시장이 효율화되는 것은 자연의 법칙 때문이 아니라 시장 안에서 이윤을 추구하는 참여자들 때문이라고 한다. 적응적 시장 가설은 효율적 시장 가설과 현실 간의 괴리를 상당 부분 설명해주고 있다.

각각의 경제 주체들이 합리적 반응을 한다면, 실업률을 낮추고 물가를 높이는 정부 정책은 효과가 없을 것이다. 정부가 재정을 지출하거나 금리를 내려 실업률을 낮추려고 하면 기업가들은 정부 정책이 곧 물가를 상승시킬 것으로 예측하고, 고물가에 맞춘 새로운 균형점에서 투자 의사를 결정하게 될 것이다. 또 고물가가 불러올 비용 상승에 대비해 정부의 각종 실업 대책이 나와도 기업은 고용을 늘리지 않을 것이다. 이것이 루카스 비판(The Lucas Critique)이다.

가격이 공급을 조절한다는 알프레드 마샬, 참여자들이 미리 대응한다는 루카스, 모든 정보가 바로 반영된다는 유진 파마, 복잡한 환경 속에서 생존을 위한 행동 패턴으로 결정한다는 앤드류 로의 적응적 시장 가설 등은 주택 가격 결정은 단순한 요인 변동에만 있지 않고, 형성하고 적응하는 시장 참여자와 환경에 달렸다고 할 수 있다. 쉽게 말하면, 이자율 상승으로 주택 가격이 내리면 주택건설업자는 공급을 줄이고, 수요자는 주택을 구입하지 않고 임차하며, 분가를 계획했던 사람들도 연기한다. 2022년 수도권 가구 증가가 2021년 20만 가구에서 12만 가구로 확 줄었다. 이처럼 부동산 가격은 물리법칙같이 움직이지 않는다. 또한, 물가나 이자도 지금처럼 유지되기는 어렵다. 인플레이션이 꺾이면 이자율도 당연히 내려간다.

이러한 원리가 우리에게 주는 교훈은 무엇일까? 원리를 이해하지 못하면 우왕좌왕할 수밖에 없다. 누군가가 근거 없는 강한 의견(독사 : doxa)을 내놓으면 휩싸이게 된다. 그러지 않기 위해서는 전체를 보는 안목이 필요하다. 우리는 주택 가격이 오르거나 내리면 수요 요인이 증가했는지, 주택 공급이 감소했는지를 보아야 한다. 주변을 쌓고 있는 다양한 여건을 고려해야 주택 시장을 더 빨리 이해할 수 있고, 앞으로 어떻게 될지를 전망할 수도 있다.

특히 최근 몇 년간 법칙이나 경험보다 인간 본능에 의해 좌우되는 탐욕과 공포의 롤러코스터를 탄 기분을 느끼면서 부동산은 넓은 시야와 긴 호흡이 필요하다고 생각하게 만든다. 가격은 수요와 공급에 따라 결정되지 않는다. 원가, 효용이라든가, 미래의 가치, 환경에 의해 좌우되기도 한다. 그리고 부동산 투자자는 나쁘다는 윤리 의식, 남들이 돈 벌면 나도 뛰어들 수밖에 없는 심리상태, 인간 진화론적 관점에서 탐욕과 공포 같은 본능들도 부동산 가격에 작용한다.

제 **3** 장

# 강남 아파트는 왜 비싼가?

강남은 강남구, 서초구, 송파구의 3개 구를 말한다. 하늘 높은 줄 모르고 치솟는 아파트 가격 때문에 부동산 뉴스에서 가장 자주 등장하는 핫플레이스다. 서울의 강북구와 비교해도 3배 이상, 강원도 태백시 아파트와 비교하면 시·군·구 아파트 평균 가격이 10배 이상 차이가 난다. 건물로 놓고 보면 녹물이 나오고, 주차장도 부족한 강남 아파트가 이렇게 비싼 이유가 도대체 뭘까? 많은 이들이 궁금해하지만, 전문가들도 쉽게 설명을 못 한다. 그러나 데이터는 명확하게 그 차이를 설명해 준다. 미다스 손이 모든 것을 황금으로 바꾼다면, 데이터는 많은 측정하기 어려운 사회 현상을 숫자로 바꾸어 분석해 결과를 내놓는다.

우리는 시공간의 제약을 받고 산다. 과거로 되돌아가거나, 미래를 넘어갈 수는 없다. 거리가 먼 곳을 단숨에 갈 수도 없다. 시간은 과거의 궤적으로 현재나 미래를 분석하는데 이를 '시계열 분석'이라고 한다. 앞의 주택의 수요 공급 분석에 활용했다.

같은 시간대의 여러 장소의 특징을 비교해 분석하는 것을 '횡단면 분석'이라고 한다. 전국의 230개 시·군·구의 주택 가격을 인구, 소득, 소비데이터로 비교해 주택 가격의 요인을 분석할 수 있다.

그 분석 결과를 확인하기에 앞서서 도시의 공간구조부터 살펴보자. 정보통신시대를 맞이하면서 교통과 통신의 발달로 지리적 위치는 중요하지 않다는 탈공간화로, 입지의 중요성이 감소할 것으로 예상했지만 결과는 반대로 나타났다. 주택은 직주분리보다 직주근접의 편리성과 정보공유가 강조되고, 그러면서 주거지가 소득 수준과 신분을 대표하는 기준으로 자리 잡았다. 또한, 사무실, 공장은 인프라, 우수 노동력,

지식과 정보 공유, 인맥 구축, 산업연계 등으로 날이 갈수록 집중이 심화되고 있다. 소비자와 기업 간의 연결 거리, 비용이나 매출에 집중하는 고전적 입지이론이 지역의 집적경제와 도시의 핵심 군집화로 새로운 입지이론으로 바뀌는 흐름이 나타나고 있다.

이러한 현상은 도시에서도 나타난다. 주거지도 과거의 위성도시나 베드타운 형태가 아닌, 산업과 인근에 자리하고 압축도시 형태로 기능을 통합하는 방식으로 도심 개발이 진행되고 있다. 도시 경쟁력은 생산성과 관련된 문제로 성장 기반이 없는 도시는 기업체 유치를 통한 일자리 확대가 생존에 필수 요건이다. 통상적으로 교역이 불가한 지역산업이 전체 일자리의 2/3를 차지한다. 경제적 지대를 받을 수 있는 첨단산업이 지역 산업의 일자리를 여러 개 만들고 소득 증가와 생활수준 향상을 가져와 도시는 성장한다.

이러한 도시는 높은 학력 수준과 소득으로 인구가 유입되고, 저학력의 임금 증가로 지역경제의 선순환이 이루어지고, 도시의 교통, 인프라, 편의시설, 교육 등 주거환경의 확충으로 다른 도시와의 격차는 갈수록 벌어진다. 살기 좋고 많은 사람이 선호하는 매력적인 도시는 주택 가격의 상승도 높아 다른 지역과 주택 가격 차이가 발생한다. 주택이나 기업의 입지란, 단순하게 물리적 위치가 아니라 생물적 관계, 즉 우리를 둘러싸고 있는 환경으로, 주변의 소득, 학력, 일자리 등이 좋은 곳이 최적의 입지가 되고 주택 가격도 상승한다.

# 교통·통신의 발달로 물리적 위치나 공간은 중요하지 않다

전통적 입지이론은 토지 비옥도, 거리, 수송비, 인건비, 매출액 등 공간 중심으로 발전해왔다. 그러나 교통, 정보통신의 발달로 더는 공간이 중요하지 않게 되었다. 정보통신의 발달로 인력 축소나 재택 근무로 사무실은 줄어들고, 전자상거래 활성화로 매장이 감소하고 자동화와 해외 이주로 공장 또한 줄어들며, 교통 발달로 직장·주거 분리가 가능해져 주거의 위치 중요성이 감소해 노동 인구는 교외로 이동한다. 따라서 도시의 사무실, 상가, 인구가 감소해 주택 가격은 하락할 것으로 예상했다.

그러나 예상과 달리 날이 갈수록 주거지와 인구는 대도시에 집중되었고 사무실, 상가, 공장은 특정 지역에 집중되고 있으며, 지방 중소도시는 상대적으로 쇠퇴해 부동산 가격은 차별화되고 있다. 기술의 발달로 인한 이동과 접근성의 확대로 경제활동의 패러다임이 변화했다. 특히 정보통신의 혁신적인 기술의 발전으로 같은 업종이 한 지역으로 모여 외부효과로 나타나는 집적경제와 연관 산업이 집중되는 군집화가 나타나고 있다. 정보와 지식 공유, 우수 노동력과 기술의 집중화, 인프라의 집중 등으로 소득, 학력, 수명, 주택 가격까지 지역 불평등이 심화하고 있다.

| 탈공간화와 예상과 다른 결과 | |
|---|---|
| 주택 | • 주택 발달로 직주 분리, 노동 인구 감소<br>• 주거지의 위치 중요성 감소, 교외로 이동<br>• **차별화 – 소득은 경력보다 주소지가 중요, 압축도시로 직주 통합** |
| 사무실 | • 인터넷으로 업무 – 재택 근무<br>• 정보통신으로 사무 대체 – 인력 감소<br>• **집적, 공유, 혁신, 지식 기반, 우수 인재** |
| 매장 | • 전자상거래 활성화, 교통 발달<br>• 무점포, 상가 쇠퇴화, 교외 대규모 매장<br>• **편중화 – 소창업, 택배 활성화, 음식점, 체험 매장 증가** |
| 공장 | • 공장 자동화, 생산시설 글로벌화<br>• 노동자, 공장수 감소, 해외 공장 이주<br>• **집적경제, 클러스터, 상호교류, 인프라** |
| 도시 | • 주택, 사무실, 매장 감소<br>• 지방 분산, 주택 낙후로 슬럼화<br>• **집중화 – 일자리 많은 도시(고용, 인구, 주택, 소비)** |

엔리코 모레티(Enrico Moretti)는《직업의 지리학》에서 왜 도시에 모이는지, 왜 좋은 학교에 가는지, 왜 좋은 동네에 살아야 하는지, 왜 이웃, 동료가 중요한지를 설명하고 있다.

"많은 사람은 이메일, 휴대전화, 인터넷 때문에 창의적 과정에 대한 물리적 근접성의 중요성이 낮아졌다고 생각한다. 하지만 실제로는 그 반대가 진실이다. 장소는 그 어느 때보다 더 중요하다. 그것은 지식 전파가 그 어느 때보다 중요하기 때문이라 한다. 혁신적 기업들은 다른 혁신적 기업들 가까이 자리 잡을 동기가 생긴다. 좋은 동료를 가까이 두는 것이 필자의 창의성에 영향을 미치는 것과 같은 방식으로, 좋은 이웃들(심지어 경쟁자들)을 갖는 것은 기업과 근로자의 창의성을 높인다. 가까이 뭉침으로써 혁신가들은 서로의 창의적 정신을 드높이며 더 성공적으로 된다. 이러한 효과는 시간이 흐르면서 점점 더 그 중요성이 높아져왔다."

주택은 더 차별화되고 있다. 즉, 소득에 의해 거주지가 결정되어 사는 곳이 그 사람의 신분을 대신하게 되었다. 그뿐만 아니라, 고용 지원자의 경력이나 학력보다 거주지가 고용이나 연봉에 더 중요한 영향을 미친다고 한다. 주택도 공기 좋고 교통이 혼잡하지 않은 곳이 아니라 매연, 질병, 범죄, 교통이 혼잡한 곳으로 집중되고 있다. 이제 기업도 국내에 한정된 판매나 생산이 아니라 글로벌화되었고, 경쟁 대상은 국내가 아니라 세계적 기업이다. 입지는 지역 균형보다 선택과 집중이 필요하게 되었다.

사무실도 집적, 공유, 혁신의 지식기반경제 중심이 되는 대도시로 인재가 몰리고 있다. 공장도 집적경제, 클러스터, 상호교류, 인프라 공유 등의 이익에 따라 한곳으로 집중되고 있다. 따라서 일자리 많은 도시로 인구가 유입되고 가구가 늘어 주택 공급이 필요하면 주택의 증가와 더불어 음식점이나 소비 매장이 증가하고 도시는 점점 발전하게 된다.

주택은 거주의 목적뿐만 아니라 사회적 위치, 성공 여부, 능력 등을 나타내기 위한 위치재[4] 상품(positional goods)이다. 위치재는 기능이나 이용보다는 사회 가치를 중시하는 상품으로, 명품 브랜드, 명문 학교, 고급 주택 등이 있다. 위치재는 희소성이 중요하고, 아무나 살 수 없어야 상대적으로 가치가 높아진다. 일반 상품은 그 가치가 우리의 삶에 직접 필요해서, 위치재 상품은 다른 사람들이 살 수 없기에 그 가치가 나타난다.

위치재 상품은 사치품 또는 과시 상품 등과 연결되며, 소비자의 사회적 위치를 나타낸다. 위치재는 소속집단의 소유 가치가 증가함에 따라 만족도도 증가한다. 즉, 고급 아파트는 고가이고 희소하며 다른 주택과 차별화되기 때문에 특별한 집단에 소속감을 느끼고 자신의 부와 지위를 과시하는 상품이 되었다. 입지가 좋은 학군, 좋은 주거지는 동서를 불문하고 위신(prestige)을 추구하는 인간 욕망을 충족시켜준다(이방주).

강남 아파트와 같은 고급 주택지역은 명품처럼 위치재로 자리를 잡았다. 지식과 공유가 중시되면서 숙련된 인재나 교육 수준이 높은 사람이 소득이 높은 지역에 밀집하면서 그러한 추세가 더 확산된다.

---

4) 위치재 : 희소하거나 다른 사람들이 대체재보다 선호하기 때문에 가치가 생기는 재화. 예를 들어 높은 사회적 지위, 명성, 매우 좋은 식당의 예약, 비싼 자동차 등이다.

# 소비심리와 욕구가
# 강남 아파트에 미치는 영향

명품 소비심리는 다음의 이론으로 설명하고자 한다.

파노폴리 효과(Panoplie Effect)는 사람들이 특정 제품을 소비함으로써 같은 제품을 소비하는 소비자와 같은 집단이나 같은 부류라고 착각 또는 믿음을 갖게 되는 현상이다.

베블런 효과(Veblen Effect)는 선호가 제품의 효용성 및 가치가 아닌 제품의 가격에 따라 선호도가 올라가는 것을 말한다. 즉, 가격이 높아지면 높아질수록 그 제품을 사고 싶어 한다는 것이다. 비싼 제품의 구매가 사는 사람의 능력을 상징하게 되어 사람들의 과시욕을 자극한다. 비쌀수록 가치가 커지는 '과시적 소비'다. 이러한 심리적인 문제가 경제나 부동산에 반영되기 시작한 것은 베블런(Thorstein Bunde Veblen)이 시초다. 과시 소비는 명품 구입을 통해 자신의 지위를 나타내고, 자신의 중요함을 과시하고, 자신이 얼마나 성공적인 사람인지를 보여주려 한다. 소비의 목적은 단지 자신의 기본적 필요를 충족시키는 것 이상으로 욕구나 만족 같은 심리적 요소가 추가된 것이다.

매슬로우의 욕구단계이론(Maslow's hierarchy of needs)에서 인간욕구는 기본욕구(생리적 욕구, 안전의 욕구)에서부터 상위욕구(애정·소속 욕구, 존중의 욕구, 자아실현 욕구)까지 5단계로 이루어진다고 한다. 인간은 사회적인 존재이므로 어디에 소속되거나 자신이 다른 집단에 의해서 받아들여지기를 원해서 비슷한 수준의 이웃과 친교를 나누고 싶어 하는 애정·소속 욕구가 있다. 다음 단계는 외적으로 타인으로부터 주의를 받고, 인정받으며, 집단 내에서 어떤 지위를 확보해 타인에게 과시하고자 하는 욕구다. 위치재인 주택은 거주의 목적뿐만 아니라 소유자의 사회적 위치, 성공 여부, 능력 등을 나타내기 위한 상품이 된다.

이 욕구이론을 주택에 대입해 설명해보면 1단계는 생리적 요구로, 집은 비를 피하고 밥 먹는 장소로, 가장 기초적인 그야말로 거처다. 2단계는 가족의 안전을 지켜주는 울타리로서의 주택이다. 생산활동을 하면서 외부로부터 보호하고 차단해서 가족이라는 소규모 공동체를 지속해가는 장소다. 3단계는 이웃과 함께 살아가는 공동체로, 가족보다 확장된 사회의 구성원으로 지역에서 이웃과 협조하거나 경쟁하면서 사는 집단 구성원으로서 독립된 주택이다. 4단계는 좋은 집은 자신의 높은 지위로 인식하고, 비싼 집에 살면서 성공을 외부에 과시하고자 하는 욕구다. 5단계는 자아실현의 단계로, 집을 남에게 과시하기보다는 자신의 성공 만족이나 발전하기 위한 장소로 원하는 욕구다. 사회적 위치, 성공, 능력 등을 나타내기 위한 것이 된다.

주택은 거주뿐만 아니라 사회적 위치, 성공 유무, 능력을 표시하는 위치재다. 기능보다 사회가치를 중시하는 위치재(명품 브랜드, 명문학교, 고

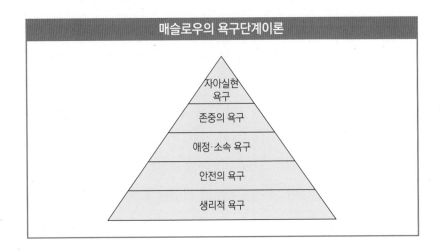

**매슬로우의 욕구단계이론**

- 자아실현 욕구
- 존중의 욕구
- 애정·소속 욕구
- 안전의 욕구
- 생리적 욕구

급주택) 상품은 사치 또는 과시 상품 등과 연결되고, 소비자의 사회적 위치를 과시한다. 위치재는 희소성이 중요하고, 아무나 살 수 없어야 상대적으로 가치가 상승한다. 비싸고 희귀하고 구하기 어려울수록 자신도 같은 서열에 속해 명성을 유지한다. 강남 아파트는 고가이고 희소하므로 다른 주택과 차별화되어 비쌀 수밖에 없다. 강남 아파트는 특별한 집단에 소속감을 느끼고 자신의 부와 지위를 과시하는 상품이자 상징이다. 이러한 위치재로 심리적 요구의 만족을 위해 기꺼이 비용을 감수하겠다면 주택 가격에 영향을 줄 수 있고 높은 가격이 유지될 수 있다.

정리하자면, 현대사회에서 강남은 대한민국 경제, 교통, 문화 등 모든 인프라의 중심이 되었으며, 능력 있는 많은 인재가 몰리게 되었다. 그 안에서 서로가 본인의 성공을 과시하는 경쟁이 일어나며, 더욱더 비싼 명품들이 본인들의 서열을 증명하는 수단이 되었다. 강남에 산다는 것 자체가 부와 성공의 상징이 되었고, 고가 아파트일수록 아무나 가질 수 없다는 차별성으로 인해 인간은 심리적 욕구의 만족을 위해 기꺼이 비용을 감수해 주택 가격에 영향을 주었으며, 이로 인해 높은 가격이 유지될 수 있다. 이처럼 부동산은 위치재로서 사회 가치와 입지상품으로 소속감, 타인 과시, 자기만족의 소비심리로 주택 가격에 영향을 준다.

부동산은 물리학 같은 규칙성도 중요하지만, 인간의 감정 반응도 중요하다는 것을 다시 생각하게 한다. 집값이 수요 공급이나 만족 또는 효용의 문제보다 인간의 심리나 본능을 관찰해야 한다는 의미다.

어느 신문 기사에서 강남 3구에 집중되는 현상에 대해 이야기했다. 2016년 1인당 총생산은 비강남권의 2.4배, 서울 일자리 10개 중 3개, 회사 10곳 중 2곳은 강남 3구(강남, 서초, 송파)에 있는 것으로 나타났다. 정부의 교통망 확충이 강남 3구에 몰리면서 기업들이 이곳에 집중적으로 포진했기 때문이다. 강남 3구의 일자리가 급증한 것은 기업이 많아져서다. 강남 3구의 종사자 수가 서울 전체에서 차지하는 비중도 2002년 26.6%에서 2017년 28.2%로 커졌고, 사업체 수 비중도 17.1%에서 20.1%로 뛰었다. 서울 근로자 10명 중 3명, 사업체 10곳 중 2곳은 강남에 있다는 이야기다.

매출 기준 500대 대기업의 본사가 강남 3구에 집중되었다. 대기업 주력 업종이 제조업에서 정보통신기술(ICT)로 빠르게 바뀌고 있는데, 비중이 32.3%나 된다. 강남 3구 업무지구와 연결된 판교 테크노밸리까지 포함하면 수도권 비중은 31.1%로 조사되었다. 대기업이 모이자 중소기업들도 따라왔다.

# 강남 아파트,
# 그들만의 리그가 아니다

　이제부터 강남 아파트 가격이 정상적이고 실체가 있는지, 그리고 원인이 무엇인지를 데이터로 분석해보자. 듣기 불편할 수도 있지만, 결론부터 말하자면 통계 분석에서는 강남 아파트의 가격은 거품이 아니라고 할 수 있다. 서울 아파트 가격이 도봉구와 비교하면 강남구가 3배나높다. 소득, 고용, 학력도 3배 높았다. 아파트에 대한 가치 기준을 소득, 학력, 고용에 비중을 둔다면 아파트 가격은 합리적이라고 할 수 있다.

　통계를 통해 소득이 집값에 영향을 받는지 확인해보자. 서울시 25개 구별 아파트 평균가격과 지역 거주자의 연봉을 비교해 분석했다. 자료는 최근 국민은행 주택통계와 국세청 2020년 소득세 중 근로소득세 자료다. 참고로 15세 이상 4,400만 명 중 학생, 주부, 65세 이상을 제외하면 경제활동 인구는 2,700만 명이고, 취업해서 근로세 납부 대상자는 1,800만 명이다. 고용률은 59%, 실업률 3.7%다. 평균 매매 가격기준으로 연봉과 상관관계는 95%로 상당히 높은 관련이 있다. 상관관계가 높은 순으로 첫째는 연봉으로 급여가 오르면 주택 가격이 오른다는 의미다. 또한, 정식 통계 분석인 회귀분석으로 설명력은 90%로 상당히 높게 나타나 소득이 주택 가격에 절대적으로 영향을 미친다고 할 수 있다. 소득이 높은 지역은 주택 가격이 높다는 상식이 통계적으로도 의미가 있다는 것이 확인되었다. 강남구와 도봉구를 비교해보면 소득은 약 2.5배 높고, 주택 가격은 3배 이상이다.

둘째는 학력 수준으로, 4년제 대학교 졸업자 이상이다. 가구주뿐만 아니라 일반 가구원을 포함한 데이터로 분석해도 같은 결과가 나왔다. 주택 가격과 상관관계는 88%로 상당히 높게 나타났다. 물론 소득이나 학력이 높은 상관관계가 있는 것으로 추정된다. 즉, 고졸 취업자보다는 대졸 취업자가 급여가 높은 것이 일반적이다. 그래서 학력이 높으면 소득도 높고 주택 가격도 높다고 할 수 있다. 그러나 다른 관점에서 커뮤니티나 이웃이라는 범주에서 볼 수 있다. 사람들은 비슷한 사람들끼리 어울리기를 원한다. 그래서 같은 지역 내에서 교류하거나 정보를 주고받는다. 과시보다는 이웃과의 관계가 중요할 수 있다. 서초구와 금천구의 학력을 비교해보면 대졸은 약 3배 높고, 주택 가격은 2.5배 이상이다.

셋째는 근로자수인데, 이는 해당 지역에 근무하는 근로자수로, 거주지 기준이 아니다. 즉, 그 지역에 일자리가 얼마나 많은지를 보는 것이다. 직주근접의 개념으로 직장이 가까운 곳에 거주지를 선택하는 경향이 많다. 주택은 배산임수나 산 좋고 물 좋은 곳이 아니라 일자리와 가깝고, 교통이 편리한 곳이 최고다. 강북구, 도봉구, 중랑구, 은평구는 근로자가 10만 명 미만으로 일자리가 적다. 그러나 가치가 다른, 이를테면, 맑은 공기, 낮은 범죄율, 여유로운 환경이라면 이 아파트 가격의 차이는 불합리하다고 할 수 있다. 그러나 가격은 현실을 반영하므로, 즉 내가 기꺼이 지불하려는 가치이기에 상관관계가 높은 입지 요소가 가격의 중요한 요인이다.

| 서울시 | 주택 가격 | 지역연봉 | 근로자 | 대졸 이상 |
|---|---|---|---|---|
| 강남구 | 2,276 | 81 | 96 | 76% |
| 서초구 | 2,048 | 80 | 50 | 79% |
| 송파구 | 1,722 | 56 | 44 | 64% |
| 용산구 | 1,666 | 70 | 44 | 58% |
| 성동구 | 1,615 | 52 | 24 | 52% |
| 광진구 | 1,410 | 41 | 9 | 54% |
| 양천구 | 1,383 | 49 | 9 | 55% |
| 마포구 | 1,378 | 51 | 26 | 62% |
| 영등포구 | 1,294 | 47 | 57 | 56% |
| 동작구 | 1,252 | 44 | 9 | 62% |
| 강동구 | 1,215 | 44 | 12 | 50% |
| 중구 | 1,194 | 49 | 52 | 47% |
| 종로구 | 1,139 | 52 | 38 | 56% |
| 강서구 | 1,092 | 39 | 29 | 51% |
| 서대문구 | 1,081 | 45 | 9 | 54% |
| 동대문구 | 1,045 | 38 | 10 | 46% |
| 노원구 | 966 | 40 | 9 | 51% |
| 성북구 | 961 | 42 | 9 | 50% |
| 관악구 | 944 | 34 | 8 | 58% |
| 은평구 | 929 | 37 | 7 | 46% |
| 구로구 | 853 | 37 | 20 | 48% |
| 금천구 | 841 | 32 | 23 | 37% |
| 도봉구 | 839 | 34 | 5 | 41% |
| 중랑구 | 838 | 33 | 6 | 34% |
| 강북구 | 819 | 31 | 4 | 35% |
| 상관관계 | 100% | 94% | 75% | 85% |
| 단위 | ㎡당 만 원 | 100만 원 | 만 명 | % |

지난해 네이처 논문에 저소득 아이도 고득층 동네에서 자라면 성인이 되어 소득이 20% 상승한다는 연구 결과가 있다. 또한,《데이터는 어떻게 인생의 무기가 되는가》의 저자 세스 다비도위츠(Seth Stephens-Davidowitz)는 '아이를 키우기에 좋은 동네를 만드는 요인은 무엇인가?'에 대해 주민 중 대졸 이상인 사람의 비율과 양친이 있는 가정의 비율로, 모두 그 동네에 사는 성인들과 관련이 있다고 한다. 대졸 이상의 학력을 가진 성인들은 대체로 똑똑하고 유능하다. 양친이 있는 가정에서 함께 사는 아이들은 대체로 가정생활을 잘한다.

　　이러한 결과는 아이들이 보고 자라는 성인들이 그 아이들의 삶의 성공에 지대한 영향을 끼칠 수도 있음을 뜻한다. 라즈 체티(Raj Chetty) 연구에 따르면, 동네(이웃) 성인들은 그 아이들에게 아주 유리하게 작용한다고 한다. 실제로 좋은 성인 역할모델은 좋은 학교나 경제적 번영보다 아이들에게 더 큰 영향을 끼치는 것 같다.

　　조금은 엉뚱한 이야기이지만 정치적 성향을 보면 강남 3구는 보수정당을 일관되게 지지해왔고, 지지율도 높다. 작년 2020 대선 투표에서 서울의 경우, 보수당 지지율과 아파트 가격의 상관관계는 94%로 상당히 높았다. 보수당의 득표율이 높을수록 아파트 가격이 높았다.

　　서울의 25개 구의 주택 가격과 득표율로 상관계수나 회귀분석을 했다. 놀랍게도 상관관계 92%, 회귀분석에서는 91% 설명력이 나타났다. 이는 통계적으로 거의 일치한다고 볼 수 있을 정도다. 앞서 소득, 학력, 일자리 등에서 보인 결과만큼이나 높게 나왔다. 선거의 결과는 집값만 봐도 알 수 있다는 말이다. 강남구와 서초구가 30%대 높은 득표 차이를 보였다. 구체적으로 강남구에서 보수 후보가 66%, 진보 후보가

30%를 득표해 득표 차이가 36%다. 단위 매매 가격은 강남구는 $m^2$당 약 2,400만 원으로 33평이면 24억 원 정도다. 강북구는 진보당 후보가 8% 차이로 승리한 곳이고, 33평 아파트 가격은 약 9억 원 정도다. 이러한 방식으로 서울의 25개 구의 아파트 가격과 대통령선거의 구별 득표 차이를 분석하면 다음과 같은 결과가 나왔다.

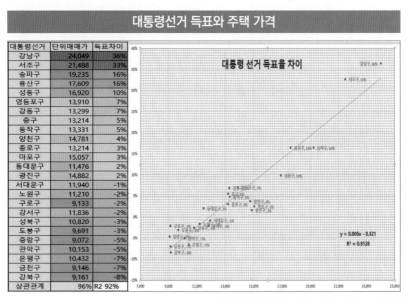

| 대통령선거 | 단위매매가 | 득표차이 |
| --- | --- | --- |
| 강남구 | 24,049 | 36% |
| 서초구 | 21,488 | 33% |
| 송파구 | 19,235 | 16% |
| 용산구 | 17,609 | 16% |
| 성동구 | 16,920 | 10% |
| 영등포구 | 13,910 | 7% |
| 강동구 | 13,299 | 7% |
| 중구 | 13,214 | 5% |
| 동작구 | 13,331 | 5% |
| 양천구 | 14,781 | 4% |
| 종로구 | 13,214 | 3% |
| 마포구 | 15,057 | 3% |
| 동대문구 | 11,476 | 2% |
| 광진구 | 14,882 | 2% |
| 서대문구 | 11,940 | -1% |
| 노원구 | 11,210 | -2% |
| 구로구 | 9,133 | -2% |
| 강서구 | 11,836 | -2% |
| 성북구 | 10,820 | -3% |
| 도봉구 | 9,691 | -3% |
| 중랑구 | 9,072 | -5% |
| 관악구 | 10,153 | -5% |
| 은평구 | 10,432 | -7% |
| 금천구 | 9,146 | -7% |
| 강북구 | 9,161 | -8% |
| 상관관계 | 96% | R2 92% |

Data : (대통령선거 득표율) 중앙선거관리위원회 > 선거통계시스템 > 개표현황

좀 더 자세히 보면 강남, 서초구는 추세선 위에 위치하는데, 회귀분석의 예측값보다 높게 나왔다. 강남구는 33%, 서초구는 26%로 각각 3%, 7%가 예상치보다 보수당에 쏠렸다고 해석할 수 있다. 반대로 같은 방식으로 분석해보면 성동구는 4%, 광진구는 7% 정도가 진보당으로 쏠렸다고 해석할 수 있다. 별도로 구로구와 금천구는 집값이 거의 같은데, 득표 차이는 -2%와 -7%로 5%의 오차가 발생했다. 부동산 정책에 대한 강남구와 서초구의 반발이 컸다는 의미로도 해석된다. 광진구, 마포

구, 양천구와 성동구는 예측보다 진보를 더 지지했다. 물론 주택 가격이 절대적인 것은 아니지만, 선거 결과의 데이터를 가지고 상대적으로 비교해서 그러하다는 것으로, 민심의 전체적인 흐름은 파악할 수 있다.

120페이지 자료는 신용기관에서 서울의 주요 아파트의 가격과 소득, 소비, 담보대출을 작성한 것으로 일부를 발췌했다. 구분 1. 재건축 대상 아파트(대부분 오랫동안 거주), 2. 재건축 완료 아파트(손 바뀜이 많음) 3. 신축 고층아파트(모두 신규 입주자) 거주자의 연봉이나 대출을 비교하면 확연한 차이가 보인다.

1. 재건축 대상 아파트는 소득, 소비, 부채도 적었다. 입주자는 현재의 가격으로 사지 않았다.
2. 재건축한 지 얼마 안 되는 아파트는 기존 입주자가 승계해 비교적 소득이나 대출은 적다. 왜냐하면 건축비 일부만을 부담했기 때문이다. 그러나 신규로 매입해 입주한 거주자는 소득, 연봉, 부채가 높을 수 있다.
3. 신축 아파트의 경우, 기존주택 매각 후에 구입할 수도 있지만 많은 추가자금이 소요되기 때문에 고소득자나 거액의 담보대출이 필요한 것으로 보인다.

정리하면, 아파트 가격이 현재 소득으로 결정되지 않는 것을 의미한다. 그러나 소득이 높으면 소비나 부채도 높다고 해석할 수 있다.

| 서울 주요 아파트의 가격과 소득, 소비, 담보대출(단위 : 만 원) | | | | | |
|---|---|---|---|---|---|
| 지역 아파트 | 구분 | ㎡당 | 연소득 | 카드소비 | 담보대출 |
| 반포주공1단지 | 1 | 2,521 | 8,300 | 454 | 30,118 |
| 반포아크로리버파크* | 2 | 2,074 | 10,855 | 625 | 85,390 |
| 대치래미안팰리스(1)* | 2 | 1,973 | 12,886 | 859 | 56,189 |
| 반포래미안퍼스티지* | 2 | 1,810 | 17,532 | 1,029 | 65,751 |
| 삼성동 아이파크 | 3 | 1,798 | 34,087 | 889 | 92,104 |
| 압구정동구현대(6차7차) | 1 | 1,753 | 16,394 | 964 | 53,582 |
| 대치우성(개포우성1) | 1 | 1,753 | 16,394 | 964 | 53,582 |
| 잠실5단지 | 1 | 1,603 | 8,438 | 469 | 31,528 |
| 한남더힐 | 3 | 1,533 | 67,387 | 1,153 | 116,986 |
| 래미안첼리투스* | 2 | 1,508 | 14,172 | 824 | 66,751 |
| 잠실엘스* | 2 | 1,471 | 11,398 | 643 | 35,936 |
| 대치은마 | 1 | 1,464 | 10,586 | 557 | 34,184 |
| 성수한화갤러리아포레 | 3 | 1,438 | 52,966 | 933 | 120,000 |
| 아시아선수촌아파트 | 1 | 1,375 | 14,600 | 811 | 48,848 |
| 도곡타워팰리스(1차) | 3 | 1,101 | 27,331 | 1,065 | 70,117 |
| 부산해운대아이파크 | 1 | 510 | 10,759 | 779 | 55,321 |
| 평균 | | 1,605 | 20,880 | 814 | 63,524 |
| 아파트 가격과 상관관계 | | 100% | -13% | -27% | -9% |
| 분양과 상관관계 | | -5% | 75% | 56% | 81% |

자료: ** 신용정보

## 통계분석 직접 해보기

지역 주택 가격 통계분석을 SPSS, EVIEWS, STATA 등 패키지로 직접
하기는 쉽지 않다. 그래서 간단한 통계분석 팁을 2가지 소개한다.

첫째는 엑셀에서 회귀분석하는 방법이다. '실행도구 데이터에서 → 데이터분석 → 회귀분석'으로 가서 Y축은 종속변수(주택 가격)를 드래그하거나 B1:b15로 입력하고, 독립변수(연봉, 고용, 학력) C1:E15를 입력하고 이름표를 체크하고 확인을 누르면, 결과가 표시된다.

둘째는 챗봇에 질문하는 것이다. 앞서 아파트 가격 엑셀표를 전체(B1:E15) 마우스로 복사해 구글 바드(BARD) 프롬프트에 붙여 넣기 하고 아래와 같이 질문을 입력한다(챗GTP, Bing 채팅도 가능).

| 요인 | 계수 | p-value |
| --- | --- | --- |
| 지역연봉 | 10.67 | 0.000 |
| 근로자 수 | 0.06 | 0.000 |
| 대졸 이상 인구 비율 | 0.01 | 0.000 |
| 절편 | 125.00 | 0.000 |

⊞ Sheets로 내보내기

**Q** 주택 가격을 종속변수로 회귀분석하라. 그리고 결정계수도 산출하라.

**A** 주택 가격을 종속변수로 회귀분석한 결과, 결정계수는 0.893으로 나타났다. 이는 주택 가격을 결정하는 요인으로 지역 연봉, 근로자 수, 대졸 이상 인구 비율이 89.3%를 차지한다는 것을 의미한다. 따라서 주택 가격을 예측하기 위해서는 이 3가지 요인을 고려해야 할 것이다. 다음은 회귀분석 결과에 대한 요약표다.

결정계수($R^2$)는 0에서 1 사이의 값을 가지며, 값이 클수록 모델의 설명력이 높다는 것을 의미한다. 이 회귀분석의 결정계수가 0.893으로 높게 나타난 것은 주택 가격을 결정하는 요인으로 지역 연봉, 근로자 수, 대졸 이상 인구 비율을 충분히 설명하고 있다는 것을 의미한다. 그러나 회귀분석은 100% 정확하지 않다는 것을 유의해야 한다. 예를 들어, 주택 가격을 결정하는 요인에는 지역 연봉, 근로자 수, 대졸 이상 인구 비율 외에도 다른 요인들이 존재할 수 있다. 또한, 회귀분석은 과거의 데이터를 기반으로 예측을 수행하기 때문에 미래의 주택 가격을 정확하게 예측하지 못할 수 있다.

이상은 챗봇의 친절한 답변이다. 챗봇은 통계분석을 파이썬 코딩으로 제시하기도 한다. 통계 프로그램이 아니라 딥러닝으로 분석하는 것 같다. 아무튼, 몇 시간 소요되던 분석을 단 몇 초 만에 인공지능으로 해결해준다. 독자 여러분도 직접 해보기를 권한다.

## 서울 실거래가 분석

다음은 서울시 아파트 실거래 가격 구청별 자료다. 2006년부터 최근까지 130만 건을 SPSS 통계 프로그램으로 분석해 구청별 월별 제곱미터당 평균가격을 엑셀로 그래프를 작성했다. 실거래 가격은 한국부동산원이나 국민은행 주택 지수보다 3~6개월 선행한다. 실거래 가격은 2022년 1월이 최고점이나 주택 지수는 2022년 7월이다. 서울 실거래

2006~2023년 9월

가격은 2022년 10월부터 반등을 시작했다. 일부 구는 아직도 하락 중이나 많은 구는 반등했고, 강남구는 종전 최고가를 초과했다.

# 소득, 고용, 학력만으로
# 지역 주택 가격을 알 수 있다

　필자의 논문 〈지역별 주택 가격의 격차에 관한 연구〉에서 229개 전국 시·군·구에서 소득, 고용, 학력, 그리고 수능 성적, 재정 자립도, 소비, 금융 등에서 유사한 결과가 나왔다. 결국은 가격과 여러 요소가 결합해 집단적 사고를 거쳐 합리적인 결과를 만든다고 할 수 있다. 이러한 결과로 다른 지역의 아파트 가격을 예측할 수 있다. 즉, 그 지역의 연봉이나 학력 수준, 고용자 수를 알면, 그 지역 아파트 가격을 유추할 수 있다는 것이다. 그것도 아주 높은 설명력으로 말이다.

　우리나라의 소득자료는 개인 정보이고, 지역 간 차별을 조장한다는 고정관념에 공개를 꺼리고 있다. 설문조사나 표본조사로 일부 발표되기는 했으나 특히 설문조사의 경우 세금이나 신상, 체면 때문에 노출을 꺼리거나 왜곡하는 사람이 많아 실제와 상당히 거리가 있다. 최근 국세청 소득세 과표 자료, 국민연금 납부 기준액, 신용평가기관 등의 정확한 소득자료로 통계 활용이 커지고 있다.

산업에 따라 주택은 움직인다. 이 개념은 중요하다. 산업에 따라 지역 경제, 국가 경제의 성공이 좌우된다. 뒤에 산이 있고 앞에 강이 있어야 좋다는 풍수지리도 현대적으로 해석하자면, 옛날에는 주요 산업이 농업이기에 퇴적층이 발달한 강 인근이 농사짓기 좋은 곳이라는 의미가 될 수 있다. 뒤에 산이 있으면 당시 에너지인 땔감을 구하기 좋고, 수렵도 가능했기 때문이다.

| 주택입지 요인 서울시와 강원도 비교 | | | | | | | | | | |
|---|---|---|---|---|---|---|---|---|---|---|
| 시군구 | APT | 인구 | 소득 | 일자리 | 대졸 | 교통 | 소비 | 연금 | 공원 | 상가 | 수능 |
| 서울 평균 | 1,372 | 398,302 | 41 | 225 | 32 | 39 | 4,713 | 4,454 | 48 | 14,210 | 13 |
| 강원 평균 | 238 | 86,146 | 32 | 22 | 13 | 11 | 2,136 | 3,710 | 249 | 6,528 | 5 |
| 비교 평균 | 576% | 462% | 127% | 1046% | 238% | 339% | 221% | 120% | 19% | 218% | 266% |
| 상관 전국 | 100% | 76% | 79% | 77% | 95% | 81% | 64% | 83% | -64% | 70% | 86% |
| 상관 서울 | 100% | 22% | 93% | 75% | 91% | -41% | 27% | 90% | 14% | 70% | 81% |
| 상관 강원 | 100% | 57% | -24% | 53% | 52% | 42% | 47% | -16% | -45% | 60% | 58% |

과거 전통산업은 제조업 중심의 굴뚝산업이라 공장이나 공장 노동자가 중심이었으나, 현재는 4차 산업혁명 시대이자 지식정보산업 시대이기에 전문직과 첨단 산업 업종이 밀집한 곳으로 사무실과 대기업이 몰린다. 이러한 곳의 대표적인 곳이 서울의 강남으로, 이곳에 인구와 노동력이 집중하고 있다. 따라서 고임금의 자산가들이 거주할 주택도 강남으로 집중되어 주택 가격이 높게 형성되었다고 해석할 수 있다.

가격 요인들을 서울과 대조군으로 강원도 시·군·구를 비교하고 아파트 가격과 상관관계를 분석했다. 시·군·구 공원을 포함한 전체면적이고, 일자리도 전체 고용자 수다. 대졸은 4년제 대학 졸업자의 인구 비율이고, 수능은 1~2등급 비율이며, 연금은 평균 연간 수령이고, 소득은 원천징수 기준 소득이다. 그리고 교통은 대중교통 이용률로 전체 인구 중 출퇴근, 등하교 때 이용하는 비율이다.

다음은 서울과 춘천의 비교다. 집값은 6배 차이, 일자리가 10배 이상이다. 소득과 노후 연금은 비슷했고 공원은 아무래도 강원도가 많았다. 일자리, 교통, 학교가 격차가 크고, 소득은 격차가 크지 않아서 아파트 가격 격차 요인은 일자리와 교통이라고 할 수 있다.

상관관계 분석에서는 전국과 서울은 학력, 수능, 연금, 소득 순으로 상관관계가 매우 높았다. 공원은 반대로 면적이 넓을수록 가격이 낮아졌으나 서울은 조금 반대 현상을 보여주었다.

반면에 춘천은 아파트 가격과 요인들의 상관관계는 상가, 수능, 인구, 일자리, 학력은 비교적 높은 편이나 소득과 연금은 약한 반대를 보여주었다. 상관관계는 서울과 지방은 차이가 있다고 할 수 있다.

다음 분산형 그래프가 시각적으로 이러한 분석을 잘 보여주고 있다.

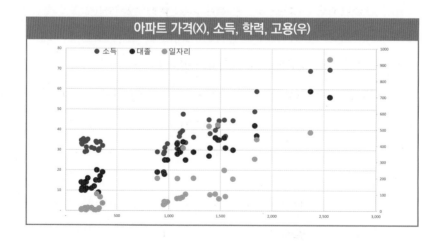

# 강북과 강남 아파트
# 격차 원인과 불패론

강남이 1970년대에 개발을 시작해 그 후로 계속 서울의 최고의 주거지로 자리 잡았고, 가격이 급등해 다른 지역과 큰 격차가 나기 시작한 것은 IMF 이후 2002년부터다. 강남의 입지적 조건이 좋다는 것은 다 알지만, 2000년 이전까지는 큰 차이가 없었다.

대표적인 강북, 강남 아파트를 비교해보았다. 그래프는 용적률, 평수, 층수가 유사한 강남의 대치동 은마 아파트와 강북 상계동 주공 아파트를 1988~2021년 연 단위로 비교했다. 1988년 대비 가격은 은마가 30배, 상계 주공이 13배 올랐다.

35년 전에는 은마 아파트가 7,500만 원, 상계동 주공 아파트는 6,000만 원이었는데, 2021년 말에는 각각 26억 원과 5억 원이 되었다. 최근 상계동 주공 아파트는 재건축 안전 진단을 통과해 10억 원 가까이 급등했다. 은마 아파트는 2002년 5억 원에서 2007년 10억 원으로

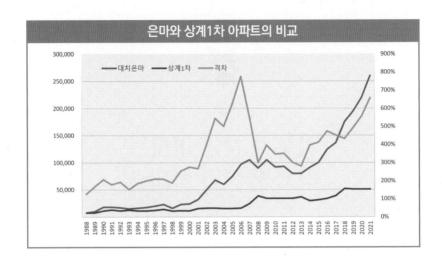

은마와 상계1차 아파트의 비교

2배 급등했으나 금융위기 후 2015년까지 10억 원 이하를 유지하다가 2019년에 20억 원으로 급등했고, 2021년에는 26억 원까지 또다시 상승했다.

은마 아파트와 상계동 주공 아파트의 격차는 1988년에 126%의 차이에서 출발해 2000년까지는 가격 차이가 200%대를 유지하다가 2002년부터 격차 400%로 벌어지기 시작해 최고가 2007년 770%까지 벌어졌다. 세계금융위기 이후 하락해 300%로 유지하다가 2019년부터 500% 이상으로 격차가 나타나고 있다.

이러한 초격차의 원인은 무엇일까? 원인 분석에 앞서 아파트의 역사부터 살펴보자. 최고층 기준 6단계로 나누어보았다. 1970년대 5층 주공 아파트 시대, 1980년대 12층 민영 아파트 시대, 1990년대 20층 아파트 대중화 시대, 2000년대 35층 고층 아파트 시대, 2010년대 35층 재건축, 2020년대 50층 고급화 시대다.

강남이 최고의 입지로 자리매김한 이유는 많지만, 그중 대표적인 것은 아파트와 대기업, 명문고라고 생각한다. 특히 아파트가 한국에 적합한 주거시설로 주목받기 시작하자 강남에 많은 아파트가 건축되었고, 그 모양부터 진화하기 시작했다. 높이는 높아지고 내부는 3베이, 인테리어 등이 추가되고, 아울러 주변의 편의시설 등이 고급화되었다. 최근 구반포 재건축 아파트의 단지시설은 세계 최고로 불릴 정도다. 우리나라 아파트는 이제 구반포 재건축 단지 이전과 이후로 구분할 정도다.

이러한 아파트의 차별화가 강남 아파트 초격차를 만든 이유 중 하나다. 2002년 IMF로 주택 공급이 많이 감소하고, 강남의 신규 공급이 거의 중단된 상태에서 차별화는 시작되었다. 공급 부족으로 가격 상승은 물론, 재건축에 대한 투자 매력과 새로운 고급 아파트에 대한 기대가 합치면서 강남 아파트의 가격은 상승했고, 재건축 아파트로 입주가 시작되면서 초격차가 형성되었다고 말할 수 있다.

또한, 삼성, 현대 같은 대기업 본사의 강남 이전도 원인이지만, 무엇보다 정보통신 시대가 본격으로 열리면서 반도체, 인터넷 사업, 게임 산업 등 고부가 가치 첨단 산업이 세계적으로 경쟁력을 가지면서 강남 성장의 기반이 되었다. 세계 시장에 공급하는 산업의 공장이 판교, 용인, 이천, 기흥 등에 위치해 배후지역으로 강남이 성장할 수밖에 없었다. 다시 말하자면 첨단 산업의 배후로 강남이 발전하게 되었고, 거주지로 강남 아파트가 다른 어느 곳보다 매력 있게 되었다. 그래서 강남 아파트가 초격차의 아파트가 되었다.

**코스피, 삼성전자, 서울시, 반포동 아파트 실거래 가격 지수화 비교**

아파트와 주식을 비교해보자. 코스피, 삼성전자, 서울시, 반포동 아파트 실거래 가격을 지수화했다. 2015년 12월부터 2023년 3월까지(그래프에서 2개월 단위로 표기)의 월간 자료다. 수익률은 기간에 따라 달라짐을 유념할 필요가 있다. 삼성전자는 2.5만 원에 시작해 최고 8.2만 원, 최근 6.5만 원이다. 기간 수익률은 삼성전자, 반포동 아파트가 151%로 같다. 코스피는 41%, 서울시는 102%다. 결국 주식 블루칩에 투자하나, 강남 아파트에 투자하나 수익은 같다는 결과다. 코스피보다는 아파트가 2배 이상 수익이 높았다. 즉, 주식보다는 부동산 투자가 유리했다.

2022년 장기적 비교도 유사한 결과다. 강남의 34평 아파트가 2000년 초의 4억 원(2022년 말 28억 원)보다 7배 상승했고(임대료 감안 9배), 삼성전자는 2000년 초 7,400원(2022년 말 6만 원)의 8.5배다. 상관관계는 코스피와 서울 평균 66%, 삼성전자와 반포동 아파트 80%다. 그래프상으로 삼성전자가 약간 선도하는 것처럼 보이기도 한다. 그리고 순투자 수익률은 세금이나 임대수입(자가 기회이익)을 고려해야 한다.

그러면 앞으로 이러한 강남의 최고 위치가 계속 지속될 수 있을까? 최근 용산구가 대통령 집무실 이전, 주한 미군 부지 개발 가능성, 한강 개발 등으로 부상하고 있다. 그러나 강남을 대체하기보다 상호보완할 것으로 보인다.

강남의 장점을 살펴보면 다음과 같다.

첫째, 대기업의 입주가 많고 갈수록 늘어나고 있다. 한국의 최대 기업인 삼성전자, 현대자동차, 포스코, 한국전력 등이 고용과 소득, 인재 등을 제공하고 있다. 많은 대기업과 성공한 기업들이 강남으로 몰려들고 있다. 또한, 첨단 산업들이 인근에 있어 이 역시 고급인력과 고소득, 고급 주택을 지속해서 필요로 하고 있다.

둘째, 수도권 확장이 남쪽으로 진행되고 있다. 행정수도가 세종에 있고, 반도체 공장은 기흥, 화성, 평택, 그리고 이천에 있고, ICT 정보통신 산업 등이 판교에 다수 포진하고 있다. 그래서 서울에서 가장 접근하기 좋은 곳은 강남이다.

셋째, 지방 연결이다. 지방으로 바로 연결되는 고속도로가 강남을 관통해 물류와 사람의 이동을 쉽게 하고 있다. 서울 내부의 도로의 혼잡을 피할 수 있고 줄일 수 있는 곳이 강남이다.

넷째, 계획된 도로와 잘 정비된 시설로 도시 기능 확장이 가능하다. 특히 노후화된 아파트가 도시를 슬럼화하는 일반적인 과정이 강남에서는 일어나지 않는다 점이다. 수익성 있는 재건축이 가능해 오히려 도시 환경을 개선하고, 공급을 늘린다. 즉, 재건축을 통해 주택 가치가 상승하면서 주거환경이 향상되어 도시 기능이 되살아난다. 그래서 도시가 쇠퇴하지 않고 오히려 회춘한다.

다섯째, 동물계에서처럼 최상위 계층은 번창할 수밖에 없다. 일반적으로 성공하거나 돈을 벌면 최고의 지역으로 이사하게 된다. 그러나 강남은 최고의 지역으로 전출할 사람은 없고 전입할 사람뿐이다. 우물처럼 부와 사람을 모이게 해서 가두는 역할만 하는 강남이라 아무리 공급해도 수요는 늘 부족하다. 그래서 강남의 아파트 가격은 공급이 결정하는 것이 아니라 가격이 수요를 결정할 수밖에 없는 구조다.

이러한 점들이 강남을 쇠퇴시키기보다는 성장시키기에 강남 불패는 지속할 수밖에 없다.

# 넓은 땅을 두고 비싼 집에
# 비좁게 살아야 하나?

　아직 전세나 월세로 살고 있는데 집값이 오르면 박탈감을 느낄 수밖에 없다. 하지만 집값은 죄가 없다. 단지 내가 집이 없을 뿐이다. 아직 집을 사야 할 필요성이 없거나, 주택 가격이 너무 비싸 살 돈이 부족하다거나, 집보다는 사업 투자가 우선이라고 생각하는 사람도 있다. 개인적으로 관심을 가지고 인터넷 검색도 하고, 다른 사람들과 집값에 대해 정보도 교환했으나 집값이 너무 올랐고, 앞으로 떨어질 수도 있다는 판단에 유보할 수도 있다. 그러나 정도의 차이가 있을 뿐 집을 가지지 못한 사람들에게는 집값이 오른다는 것은 우울한 소식이다.

　똑같이 집을 샀는데 친구는 강남 아파트를 사고, 나는 강북의 연립주택을 샀다. 그런데 몇 년 지나고 보니 강남 아파트 가격은 크게 올랐고 나는 그대로다. 그래도 집 없는 사람보다 낫다고 스스로 위안하지만, 불만이 이만저만이 아니다. 왜 우리는 집 때문에 울고 웃어야 하나. 비와 추위를 피하고 잠자고 밥 먹는 거처가 이제는 우리의 인생과 수준을 좌우한다.

강남의 비싼 집을 가진 사람도 나름대로 불만이 있다. 집값이 올랐다고 현금이 나오는 것도 아니다. 주식처럼 일부 현금으로 찾아 소비할 수도 없다. 그렇다고 주식처럼 팔면 그만이 아니다. 집을 팔면 어딘가에 살 집을 다시 사들여야 한다. 또 다른 걱정은 비싼 집이라 보유세가 한 달 치 월급보다 많다는 것이다. 팔고, 사는 데 양도세, 취득세도 엄청나다. 비용이 많이 들어 사고파는 게 엄두가 나지 않는다고 한다. 마지막으로 걱정을 하나 더 추가하면 자식들과 이웃에 같이 살고 싶은데 전세도 어렵다고 하소연한다. 그래도 나중에 유산으로 자식에게 상속되지 않느냐고 하지만, 장수화로 아들이 60~70대 이상이 되어야 물려줄 것 같다는 푸념이다.

젊은 세대들의 불만이 가장 많다. 높아진 주택 가격을 생각하면 쥐꼬리만 한 월급을 모아서 집 사는 것은 높은 장벽이다. 그러니 현재를 즐기자며 고급 자동차를 구입하거나, 특별한 물건을 구입하면서 소확행을 누리는 현상도 나타나고 있다. 결혼도 결혼할 상대보다 집 걱정이 먼저다. 결혼이 늦어지고, 출산율이 감소하는 원인이다. 과거 주택 가격이 1억 원이라면 적은 돈으로 생각할지 모르지만, 지금의 가치로 환산하면 10억 원이다. 인플레이션이 중요한 원인이지만 전반적으로 소득이 많이 올랐고, 아파트 품질도 크게 향상되었다.

그래도 나는 주택을 구입하기를 권한다. 과거보다는 자금 조달하기도 훨씬 나아졌다. 2000년 이전에는 주택담보대출이 일반인에게는 어려웠다. 필자가 은행에 근무할 때 기억으로 3,000만 원이 대출한도이고, 이것조차 은행거래가 있거나 친분이 있는 사람에게만 대출이 가능했다. 지금은 주택의 자본화 시대라고 한다. 집의 반은 은행 소유라는 이야기도 있다. 은행 입장에서는 소극적 주택 투자다. 은행이 부실을 방지하고 상환을 보장하는 것은 신용이나 실적이 아니라 부동산 담보다. 은행도 여러분을 기다리고 있다.

젊은 세대들의 불만을 Q&A로 정리해보았다.

### Ⓠ 가진 돈이 없다고?

Ⓐ 돈이 모자라면 지방이나 작은 집부터 시작하자. 그래서 형편을 보면서 늘려가자. 저소득자, 신혼부부, 처음 집을 사는 청년에게 혜택을 주는 은행이나 정부의 대출제도나 분양제도를 잘 활용하자. 정부도 첫 주택 구매자에게 파격적 대출 비율과 금리를 제공해야 한다. 말로만 청년을 위한다고 하지 말아야 한다.

### Ⓠ 대출이 싫다고?

Ⓐ 외국은 80% 담보대출이 기본이다. 우리나라도 매입 가격의 50% 정도 대출을 받는다. 신용 카드처럼 앞당겨 사는 것이다. 전세 자금을 종잣돈으로 집을 사는 것은 투기가 아니라 리스크를 감당할 수 있을 때는 투자다. 해가 갈수록 대출은 가치나 부담은 감소하지만, 전세금의 가치는 떨어진다.

### Q 이자가 부담된다고?

**A** 전세나 월세나 대출이자를 포함한 소유비용은 같다. 주택비용이 가구소득의 30% 정도가 일반적이다. 전세는 인상분 마련에, 월세는 매달 납부 부담에 시달린다. 소유, 전세, 월세 3개 중에 하나는 택해야 한다. 그래야 당장 쉴 수 있고, 잠을 잘 수 있으며, 내일 일터로 나갈 수 있다.

### Q 집에 목을 맨다고?

**A** 소득 일정 부분을 저축하는 계획된 삶을 산다고 생각하라. 집이 오늘의 삶과 내일의 노후를 보장한다. 오늘 걷지 않고 쉬면 내일은 뛰어야 한다. 직장이나 돈벌이가 불안하다면 소득이 늘거나 줄 경우 형편에 맞게 위치나 크기를 조절하면 된다.

### Q 전세가 편하다고?

**A** 당장 큰돈이 안 들고, 반값으로 원하는 동네에 살 수 있으니 좋을 수도 있다. 하지만 전세는 공짜가 아니다. 집값보다 전셋값이 더 많이 오른다. 집은 올라도 추가로 돈을 안 내지만, 전세가 오르면 연봉보다 큰 금액을 준비해야 한다. 전세 사는 집에 가족들은 자존감을 가질 수 없다. 마음이나 재산 여유가 없는 사람이 갖는 자존심을 내세울 뿐이다.

### Q 직장 이전이나 가구원 증가로 늘어나면 이사해야 하나?

**A** 이사하더라도 내 집을 사두고 이사해라. 해외나 지방으로 발령나 집 팔고 이사 갔다가 몇 년 후에 돌아오면 전세금도 안 된다는 사례가 비일비재하다.

연예인 기사보다 분양 검색을 많이 하자. 몰라서 행동하지 않으면 아무런 변화가 일어나지 않는다. 공부하고 실행하면 달라진다. 내비게이션이 없이도 여행 갈 수 있으나 생고생이다. 그러나 알면 편하다. 부동산 시장에 대해 이해하고 분석해 패턴과 원리를 적용한다면 좀 더 나은 결정을 할 수 있고, 그 결과 안정되고 풍요로운 행복한 삶을 누릴 수 있지 않을까?

그렇다고 모두가 부동산의 모든 것을 알아야 한다는 것은 아니다. 부동산에서 중요한 원리와 적절한 결정을 하는 방법만 제대로 알면 된다. 즉, 인간 사회를 총망라한 부동산의 세세한 내용보다 전체를 조망하고 이해하는 원리를 공부하면 된다.

세상을 움직이는 원리는 비슷하다. 날씨든, 차량 흐름이든, 주식 시장이든, 대중문화 흐름이든, 복잡하고 패턴이 없어 보이는 듯하지만, 이들 사이에는 비슷한 원리가 적용된다.

제 **4** 장

# 소유와 전세

# 집을 꼭 사야 하나?
# 전세 살면 되지

부동산에 관한 질문 중 가장 많은 것이 "집을 꼭 사야 하나?"라는 것이다. 한국 사람의 자산 중 부동산이 차지한 비중이 80%가 되는 이유는 첫째, 인구 밀도가 높아 주택에 대한 수요가 강하기 때문이다. 둘째, 3대 투자 시장인 채권(은행), 증권, 부동산 중에서 유독 다른 나라에 비해 증권 투자 비율이 낮기 때문이다. 한국인들은 기업에 신뢰를 갖지 못하고 있다. 지정학적으로 불안한 점도 포함되어 있다. 셋째, 1970년대 이래 높은 경제 성장으로 주택 가격은 계속 오르고, 물가 상승에 대한 우려가 크기 때문이다.

또 다른 질문은 "전세로 사는 것이 금전적으로 유리한데 굳이 많은 자금과 매달 생활비에 부담되는 이자를 주면서까지 집을 사야 하나?"라는 것이다. 전세를 놓는 사람은 '어떻게 돈을 버나?'라고 걱정한다. 외국에서도 한국의 전세권자는 착한 자선사업가나 천사라고까지 한다. 전세가 생긴 이유가 과거에는 주택담보대출이 어려웠기 때문이기도 하고, 물가나 이자율이 높기 때문이기도 했다. 하지만 지금은 그때와 여건이 달라졌는데도 여전히 전세제도는 남아 있다.

일반적인 생각은 이렇다. 예를 들면 5억 원 전세라고 할 때, 어차피 그 5억 원은 나중에 세입자가 이사할 때 돌려줘야 한다. 그 5억 원을 은행에 예금해서 이자를 받아도 그렇게 월세보다 이익이 날 정도는 아닌 것 같다. 그러면 어떤 방법으로 돈을 운영하기에 전세를 내놓을까? 예전에 금리가 높던 시절에는 예금이자로 쓰기도 하고, 보통 집 자체를 대출을 끼고 사니 대출금 대신으로도 쓰고, 목돈이 들어갈 곳에 사용하기도 한다, 또 집값이 오를 것 같은데 자금이 부족하니 전세금으로 일단 사는, 요즘 용어로 갭 투자를 하거나 다른 곳에 재투자하려고 한다는 것이다.

그래서 전세 세입자의 돈으로 집을 사고 집값이 오르면 팔아서 차익을 챙긴다. 매매 5억 원/전세 3억 원짜리 집을 사려고 하면, 내 돈 2억 원과 전세금 3억 원으로 사거나 대출을 받아 집을 산다. 이렇게 집을 사는데 몇 년 후 집값이 8억 원으로 오르면, 집을 팔았을 때 2억 원을 투자해서 수익이 3억 원이 된다. 그래서 전세금을 갚거나 대출로 대체해 입주해서 실제 거주하는 것이 갭 투자자의 생각일 것이다. 그러나 집값이 하락하거나 전세가 하락하면 낭패다.

반대 입장으로 전세 세입자(임차인)는 월세를 안 내고 나중에 원금을 돌려받으니 손해가 아니라고 생각한다. 그것도 사는 집값의 반값으로 거주할 수 있고, 집에 대한 세금이나 수선비는 안 드니 이익이라고 생각한다. 전세권자(임대인)는 집값은 어차피 오르게 되어 있으니 부채에 대한 이자 걱정이 없어서, 전세 안고 사두면 된다고 생각한다. 어쩌면 양쪽의 이해가 맞아떨어진다.

앞서 소유, 전세, 월세의 3개 중 하나는 택해야 한다고 했다. 전세는 당장 큰돈이 안 들고, 반값으로 원하는 동네에 살 수 있으니 좋을 수도 있다. 그러나 여러분의 생각처럼 전세는 결코 공짜가 아니다.

그런데 많은 이들이 전세가 공짜라고 생각하는 것 같다. 모두가 예스라 할 때 아니라고 하는 사람은 대단한 사람이 아닌가. 조금 오래되었지만, '모두가 예스라고 답할 때, 노라고 말할 수 있는 사람! 모두가 노라고 답할 때, 예스라고 말할 수 있는 사람!'이라는 증권 CF 문구가 생각난다.

또한 '여러분이 믿고 있던 진실이, 진실이 아닌 거짓으로 밝혀지면 어떡하시겠습니까?'라는 〈개그콘서트〉 대사도 생각난다. 이제 그러한 국민의 믿음이 맞는지, 아닌지를 경제원리와 수학적 공식으로 풀어가고자 한다.

# 전세금은 20년 후
# 30~50% 빼고 돌려준다

일반적 재무분석이나 부동산의 금융 투자에서 꼭 이해해야 하는 것이 화폐의 시간가치다. 화폐의 시간가치는 이자를 설명해준다. 인구가 증가하고 상품 거래가 증가하면서 화폐의 증가가 필요하며, 화폐의 증가는 물가를 상승시킨다. 투자는 여러 대안 중 수익이 높은 것을 선택하게 한다. 그런데 투자라는 것은 원금을 받지 못하거나 예상했던 수익을 가져오지 못하는 위험, 즉 불확실성이 있다. 그런데 인간은 내일로 소비를 지연하는 것보다 지금 당장 물건을 사는 것을 선호한다. 이러한 화폐의 시간가치가 이자를 만들었다.

오늘보다 위험한 내일의 가치를 평가절하하는 할인율은 미래의 가격이다. 다음 그림은 미래에 발생할 이익이나 원금을 현재의 가치로 환산하는 방법을 설명하고 있다. 10,000원을 투자해 총이익이 12,931원이지만, 현재의 가치로 요구수익률 7%로 할인하면 11,005원이다. 미래의 수익을 현재로 환산해야 정확한 계산이 된다. 부동산은 장기 투자이기에 최소 5년, 길게는 30년까지 재무 예상표를 작성하는데, 이를 할인율을 적용해서 할인현금흐름표라고 불리는 것을 작성한다.

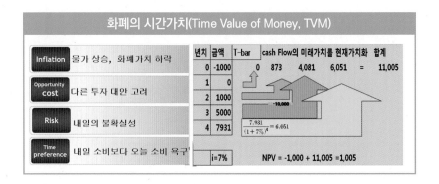

- 이자율 = 성장율 + 인플레이션 + 리스크 프리미엄
- 실질금리 = (명목) 이자율 − 인플레이션

　우선 한 가지만 알고 시작하자. 화폐, 즉 돈의 가치는 시간이 지날수록 떨어진다. 1970년 대비 2020년 물가 상승률은 13배다. 쌀 40kg 3,000원이 2020년에는 10만 원(33배)이 되었고, 짜장면은 50배, 돼지고기는 133배 상승했다. 1인당 소득은 415배 늘었다. 만약 당시에 쌀(40kg)을 빌려 현물로 갚기로 했으면, 지금 10만 원을 주고 쌀을 사서 상환해야 한다. 그러나 당시 쌀값에 해당하는 3,000원을 빌려서 현금으로 갚기로 했으면 3,000원을 갚으면 된다. 즉, 쌀의 무게나 질은 그대로인데 가격만 올랐다. 다시 말하자면 돈의 가치는 떨어졌다. 1970년의 3,000원이나 2020년 10만 원이나 가치는 같다는 의미다.

　물가지수가 2006년 75에서 2022년 말 110이다. 그러면 돈의 가치는 절반 정도 떨어진 것이다. 전세금과 연결해 덧붙이자면 31년 전

1992년 말에 전세금 1억 원을 맡겼다면, 2022년 말에 전세금 1억 원을 돌려받는다면 실제 물가 230%를 적용했을 때 그 가치는 4억 3,000만 원 정도다. 세입자는 가만히 앉아서 5억 7,000만 원인 57%를 손해를 본다. 만약 지금 똑같은 집을 전세로 구하려면 물가 상승분을 감안하면 2억 3,000만 원이 필요하다. 그러나 서울 아파트 전세 상승률을 적용하면 4억 7,000만 원이 필요하다.

# 인플레이션이
# 전세를 흔든다

전세가격은 이자율에 따라 움직인다. 다음 자료를 통해 대출이자율
과 물가가 같이 움직이고, 전세 지수와 전세 비율이 같이 움직이는 것
을 볼 수 있다.

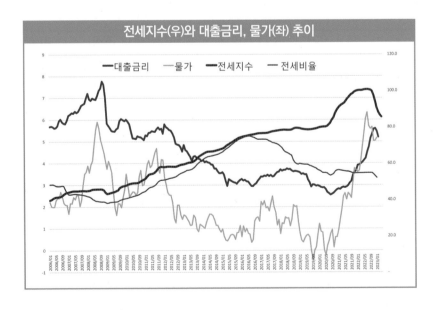

그러나 주택 가격 상승으로 전세 가격은 상승하나 매매 가격 상승이 더 높아 전세 비율은 떨어지고 있다. 2021년 12월에 물가와 대출금리가 4%를 돌파하자 전세가격은 잠시 정체를 거쳐 하락하기 시작한다. 2022년부터 전세가 급락하는 이유는 수급이 아니라 이자율이 상승했기 때문이다. 추론하자면 전세금에 이율을 곱한 주거비용을 고정한다고 할 수 있다. 물론 매매 가격도 동시에 하락하기 시작한 시점은 같다. 경기 불황이 예상되면 모든 경제변수는 극단적인 움직임을 보인다. 즉, 이자율은 상승하고 가격은 하락한다.

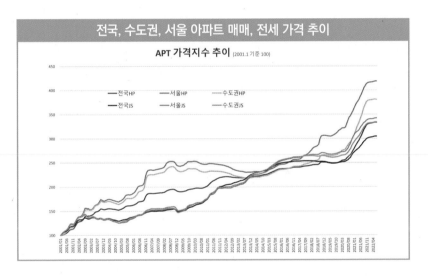

아파트 매매 가격, 전세 가격을 전국, 수도권, 서울의 추이로 살펴보자. 2001년을 100으로 기준하면 2022년 7월 현재 전국 매매 가격은 약 3.3배, 전세 가격은 3.0배 상승했고, 서울 매매 가격은 4.2배, 전세 가격은 3.4배 상승했으며, 수도권 매매 가격은 3.8배, 전세 가격은 3.3배 상승했다(국민은행 자료).

2013년까지는 매매 가격이 전세 가격 상승을 앞질렀으나 2013~

2018년까지는 전세 가격 지수가 앞질렀다. 그 후는 매매 가격이 앞지르는 상황이다. 매매 가격과 전세 가격이 앞서거니 뒤서기를 반복하면서 결국은 상승하고 있다. 20년간 연평균 매매 가격, 전세 가격이 10~15% 상승했다는 것이다. 즉 2001년에 2.5억 원짜리 아파트를 샀으면 지금 서울, 수도권은 10억 원 되었을 것이고, 전세도 1.5억 원이었으면 지금은 5억 원 가까이 올랐을 것이다. 이를 과거의 가치로 환산해도 20년간 물가가 75% 올랐으므로 매매 가격은 4억 원 정도 이익이 발생했고, 전세는 인상분을 감안하면 약 2억 원 이상 손해 본 것으로 추정된다. 그 차이는 6억 원 이상이 될 것이다.

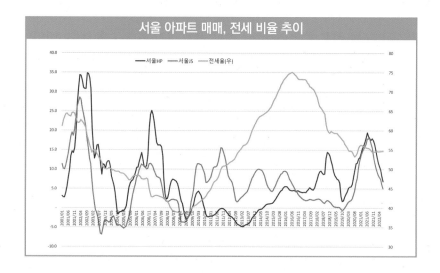

위의 자료는 전년 동기 대비, 즉 12개월 전 대비 증감과 전세율을 그래프로 나타냈다. 우선 서울 매매 가격이 최고로 상승했던 시기는 2002년으로 서울 35%까지 올랐다. 다음은 2007년 25%, 2021년 수도권 20% 순이다. 매매 가격이 내렸을 때는 2010~2014년까지이고, 최고 -5%다. 전세의 하락기는 2003~2005년까지이고, 최고 -7% 정도다.

전세율은 최저는 2007년 39%이고 최고는 2015년 75%다. 이와 같이 집값과 전세 가격은 주식처럼 등락을 거듭하고 있다. 전세 가격 상승률이 매매 가격보다 높으면 전세 비율은 상승하고 반대면 하락한다.

지수 그래프를 보면 장기적으로 꾸준하게 상승하는 것처럼 보이나 증감률로 보면 요동치고 있음을 보여주고 있다. 특이한 점은 2010년대(2010~2019년)를 제외하고는 매매 가격과 전세 가격이 동조화 현상을 보였다는 것이다. 이는 2010년대의 저금리가 전세율을 끌어올리면서 발생한 현상이 아닌가 생각한다.

서울의 아파트 전세 비율은 2008년 39% 최저였으며, 2016년에는 73%로 절정에 달했다가 2018년 아파트 가격이 급등하면서 2021년 말, 55%까지 떨어졌다. 2001년부터 2021년 평균 전국주택은 매매 가격 상승률 4.7%, 서울 아파트 상승률은 7.4%다. 서울 평균 전세가는 6.2% 상승했고, 특히 최근 서울 매매 가격과 전세 가격은 10% 이상으로 급상승했다. 인플레이션은 2007년 4.7%가 최고였으나 최근 5.6%까지 상승했다. 대출 금리는 2008년 7.2%였고, 2020년 2.8%가 최하였다.

주택은 부동산 시장뿐만 아니라 아니라 거시경제 시장에도 영향을 받는다. 이는 주택이 상품이 아니라 자본재라는 것을 말해준다. 그래서 우리는 경제 시장도 같이 보아야 한다. 부동산 요인만으로 주택 가격이 변동하지 않는다. 오히려 외부 경제에 더 큰 영향을 받는다고 할 수 있다.
또한 매매 가격이 외국처럼 임대료에 의해 움직이는 것이 아니고, 전세 가격은 매매 가격보다 주거 비용, 특히 이자율에 따라 움직인다.

# 전세가 결코
# 공짜가 아니다

주택은 필수재로 소비재이면서 자산이고 투자재다. 주식과 달리 주택은 자가, 전세, 소유 중 하나를 선택해야 한다. 주식은 없어도 그만이지만, 주택은 그럴 수 없다. 주식을 팔면 현금화하면 그만이지만, 살던 집을 팔면 반드시 다른 주택을 구입해야 한다. 그래서 많은 사람들은 어디에 집을 사야 할지에 대한 고민만큼, 어떤 형태로 거주할지를 고민한다. 그 선택은 가용 자금이나 미래의 기대 수익이나 지출할 비용 등 각자의 처한 현실에 따라 달라진다.

주거 서비스를 이용하기 위해 소유나 전세를 원하는 경우, 거액이 요구되어 자금 조달 비용이 발생한다. 주택은 장기간 보유하는 자산이고, 일반적인 주식이나 채권처럼 가격 변동과 수익을 창출하는 투자재이기도 하다. 주택은 누구에나 필수적인 소비재로, 소유하지 않으면 임대료라는 비용을 지급해야 할 뿐만 아니라, 수선 유지가 필요하고 매입·보유·매도 때 자산에 대한 세금이 부과된다.

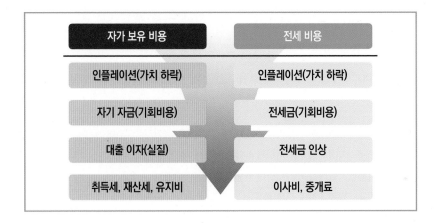

| 자가 보유 비용 | 전세 비용 |
|---|---|
| 인플레이션(가치 하락) | 인플레이션(가치 하락) |
| 자기 자금(기회비용) | 전세금(기회비용) |
| 대출 이자(실질) | 전세금 인상 |
| 취득세, 재산세, 유지비 | 이사비, 중개료 |

다음은 비용을 고려한 거주 형태를 결정하는 분석이다. 주택을 구입할 경우 구입 자금, 전세를 선택할 경우 전세금, 월세일 경우는 보증금과 월세를 비용으로 계산해서 비교한다. 단순한 현금만을 기준으로 하지 않고 잠재적 비용이나 대체비용을 포함해 계산한다. 기본적으로 시간에 따른 비용인 이자와 인플레이션을 따져보고, 다른 자산에 투자했을 경우의 수익을 기회비용으로 감안하고, 대출의 경우도 지급이자와 가치 하락을 포함해 분석한다.

이러한 내용을 전제로 다음 요인을 고려해 분석한다.

첫째, 부동산 투자는 장기간에 걸쳐 진행되기 때문에 시간에 따른 비용인 인플레이션을 감안한다. 둘째, 부동산은 채권, 주식과 함께 투자자산으로 다른 투자 대안과 경쟁하므로 다른 자산에 투자했을 경우 수익을 기회비용으로 감안한다. 셋째, 주택 구입은 일반적으로 금융이 수반되므로 대출 비율에 따른 대출이자 비용을 감안한다. 넷째, 전세의 경우 전세보증금의 인상분을 감안한다. 다섯째, 부동산 소유 시 세금, 보수비용을 감안한다.

화폐의 시간가치 개념인 물가 상승이나 기회 비용같이 현금을 직접 지출하지 않는 항목도 현금지출, 즉 비용으로 간주해 소유와 전세로 분류해서 거주 비용을 산출해 소유·전세의 비용 차이를 계산한다.

- 자기자금 투자 비용 : 기회비용(예금이자), 가치하락(물가지수), 부채 : 대출이자
- 소유비용 : 기회비용 + 가치하락 + 대출이자 + 세금, 수선비
- 전세비용 : 기회비용 + 가치하락 + 인상분(월세 전환률)
- 월세비용 : 월세 + 보증금 전환률
- 소유는 50% 대출 가정, 전세금은 주택 가격에 전세율 적용

위의 공식을 이용해 수도권 소유비용과 전세비용, 월세비용을 계산했다. 2016년 1월부터 2023년 6월 현재까지 데이터로 분석한 것이다. 국민은행 평균 아파트 가격과 전세 가격을 이용했고, 전월세전환율을 적용했다.

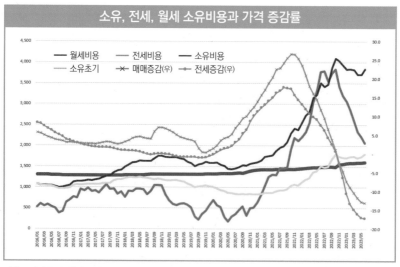

좌측 : 전년 동기 대비 증감률(%), 우측 : 월간비용(단위 : 1,000원), 소유 초기 : 매입 가격으로 가격 고정

현금 지출이 아니라 잠재적 비용을 고려했다. 돈의 가치 하락(물가), 기회비용(이자)을 생각했다. 그러나 매매이익은 고려하지 않았고, 세금, 중개료, 수선비도 제외했다.

2016년 : 매매 가격 5.5억 원, 전세 가격 2.8억 원
2016년 : 물가 0.6%, 예금금리 1.6% 대출금리 3.1%
비용 : 소유 108만 원, 전세 50만 원, 월세 130만 원

2022년 : 매매 가격 11.8억 원, 전세 가격 3.8억 원
2022년 : 물가 5.2%, 예금금리 3.6% 대출금리 4.2%
비용 : 소유 393만 원, 전세 320만 원, 월세 156만 원

앞서 소유비용의 경우 변동된 주택 가격을 반영했지만, 실제로는 집을 살 때 지급하면 추가 지출이 없기에 초기 가격으로 고정해 산정하는

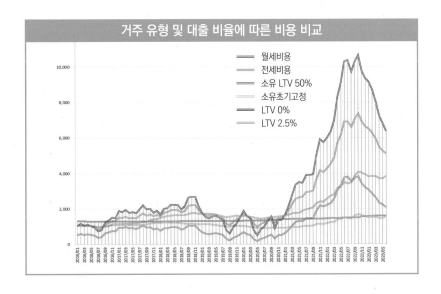

거주 유형 및 대출 비율에 따른 비용 비교

것이 현실적이다. 2016년에 매입한 후, 매입가격을 고정하고 변동금리를 이용하면 비용은 크게 낮아진다.

앞의 그래프에서 최고 소유비용은 무대출 때 최고 월 1,000만 원, LTV 25%는 700만 원이다. LTV 50%는 400만 원이다. 즉 대출이 많을수록 비용은 감소한다. 물론 리스크는 증가한다. 그러나 전세는 물가가 낮을 때에는 유리하지만, 물가나 이자율이 오르면 불리해진다. 전세비용이 최고로 소유비용을 초과해 400만 원에 이른다. 현실적인 초기 구입가격으로 고정하고, 당시 고정금리 3.1%, 대출 50%를 받았다면 소유비용은 100만 원 정도로 거의 변동 없이 유지된다. 최고 160만 원이다.

만약 2010년대 초기에 정부에서 추진했던 고정금리 2.6%로 전환했으면, 5.2%대 물가에는 실질가치로 이자를 내는 것이 아니라 받는 셈이다. 즉, 집값이 오르고, 이자나 물가가 올라도 고정금리 주택 소유자는 비용 증가가 없다. 최근 미국의 LTV가 높지만, 주택 가격이 안정적인 것은 고정금리 덕분이라고 한다. 화폐의 시간가치(TVM)와 경제 변동성을 고려하면 전세는 결과적으로 유리하지 않다. 한국 사람이 똑똑해서 전세제도가 시행되는 것이고, 외국에서 전세제도를 몰라서 시행하지 않는 것일까?

대출을 두려워하지 말라. 대출은 소비하는 데 독이지만, 집 살 때는 보약이다. 과거의 실적이 미래의 수익을 보장하지 않지만, 미래를 예측할 수 있다. 단순하게 대출이자 3% 내고 집값이 6.4% 오르면 이익이다. 전세금은 물가가 오른 만큼 가치가 하락한다. 만약 물가 상승률이

3%이면 1억 원 전세금은 10년 후 이자도 못 받고 현재가치로 7,000만 원을 돌려받는 셈이다. 마찬가지로, 갚아야 할 실질적인 대출금도 줄어든다. 대출액 1억 원은 10년 후 실질가치 7,000만 원이다. 물론 대출이자는 내야 하고, 가격 하락 시 리스크는 감안하지 않았다. 전세가 유리하다고 오해하지 말라! 늦게 사면 꿈은 멀어지고 늦은 만큼 손해다.

물가 이야기를 더 해보자면 짜장면 가격이 1000원대를 기록한 것은 1990년이었다. 2003년에는 3000원대로 가격이 뛰었다. 2011년 4,000원 대를 찍은 짜장면 가격은 2018년 5000원대로 상승했고, 2022년 6,025원으로 올라섰다. 다시 말하자면 돈의 가치가 떨어진 것이다. 1986년 이후 35년 사이에 짜장면 가격이 9배 상승했다. 서울 아파트는 8배 올랐다. 2013년 이후 10년 사이에 짜장면은 1.5배 상승, 아파트는 2배 이상 올랐다. 최근 10년 사이에 짜장면보다 아파트가 더 올랐다.

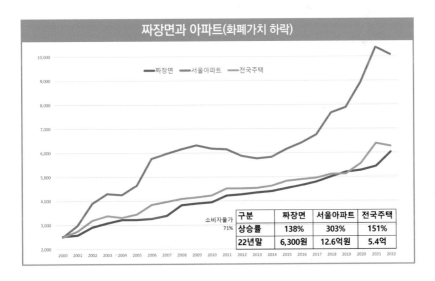

**짜장면과 아파트(화폐가치 하락)**

| 구분 | 짜장면 | 서울아파트 | 전국주택 |
|---|---|---|---|
| 상승률 | 138% | 303% | 151% |
| 22년말 | 6,300원 | 12.6억원 | 5.4억 |

# 주거비용은 자가, 전세, 월세 모두 같다

다음은 필자의 논문을 인용한 연합뉴스의 기사다.

### "전세, 자가 보유나 월세와 비용 차이 없어"

전세가 주택을 소유하는 것이나 월세와 비용 차이가 거의 없다는 주장이 제기되었다. 장영길 박사가 최근 한국부동산분석학회의 학회지 〈부동산학 연구〉에 발표한 논문 〈주택의 소유비용과 기대이익에 관한 연구〉에 따르면, 일반적으로 전세는 아무런 비용 없이 거주할 수 있어 세입자에게 절대적으로 유리한 제도지만, 실상은 그렇지 않은 것으로 나타났다.

장 박사는 2002년 1월부터 2012년 12월까지 서울 아파트의 소유와 전세, 월세의 비용 차이를 분석한 결과, 주택 가격 대비 연간 거주비용은 월세가 3.2%, 전세 3.8%, 소유 5.6%로 월세가 가장 적은 것으로 분석됐다고 밝혔다.

전세와 소유 사이의 비용 차이는 1.8%P지만 주택의 실질 가격 상승률(3.8%)을 감안하면 오히려 세금이나 대출 이자를 지불하고도 소유가 오히려 2.0%P 유리한 것으로 계산됐다. 소유 비용을 따질 때는 국내 평균을 고려해 집값의 50%는 대출을 끼고 있다고 가정했다.

장 박사는 이 같은 분석 결과로 볼 때 전세의 경우 월세처럼 직접 현금이 고정적으로 지출되지는 않지만, 전세금의 실질가치가 하락하는 측면과 기회비용, 전세금 상승 등을 종합적으로 감안하면 전세가 월세와 다름없는 비용이 들어가는 것이라고 지적했다.

아울러 최근 주택담보대출금리(약 3.8%), 전세 또는 보증금을 월세로 전환할 때 적용하는 비율인 전월세 전환율(3.8%), 월세 수익율(3.5%) 등의 지표도 거의 비슷해져 사실상 집을 소유하거나 전세나 월세로 임차해 거주하는 것 사이의 비용 차이가 거의 없어졌다고 덧붙였다.

장 박사는 또 2001년 서울 아파트의 전세가율(매매가 대비 전셋값의 비율)이 65.0%에 이르자 주택 가격이 급등한 것에 비춰 현재 주택 가격 상승이 임박했다는 해석도 내놓았다. 작년 말 기준으로 서울 아파트의 전세가율(매매가 대비 전셋값의 비율)은 61.5%까지 올랐다.

장영길 박사는 "이번 연구로 전세제도가 세입자에게 유리하기만 한 것은 아니라는 점이 입증됐다"라며 "전세제도의 유지보다는 자가 보유를 지원하는 쪽으로 정책 전환이 필요하다"라고 제안했다.

〈연합뉴스〉 2014.01.22

이 기사 댓글에 다양한 반응이 있었다. "당신이나 집을 사서 돈 많이 벌어라" 등의 비난 댓글도 있었다. 그분이 그때 집을 안 사서 지금 후회하고 있지는 않은지 궁금하다.

국토교통부가 7년 동안 자가(自家) 보유 후 집을 파는 경우와 전세나 보증부 월세로 사는 경우를 가정해 주거비용을 비교해보았다. 조건은 최초 집값을 2억 5,000만 원, 전세금을 1억 7,000만 원으로 각각 가정하고 자기자본은 8,000만 원이 있다고 봤다.

집값이 연평균 2% 오르면 대출(연 3.3% 고정금리)을 이용해 집을 살 경우, 주거 비용(2,176만 원) 측면에서 가장 저렴했다. 대출이자와 재산세 등이 발생하지만 집값이 3,700만 원 올라 주거비용을 상당 부분 보전받을 수 있기 때문이다.

집값이 떨어진다면 전세로 사는 게 주거비용 측면에서 가장 저렴하다. 전세와 보증부월세의 주거비용은 집값 변동률과 상관없이 각각 5,190만 원, 7,270만 원으로 고정되어 있다. 하지만 집값이 하락하면 자가 보유에 따른 주거비용이 늘어난다. 예컨대 집값이 연 1% 떨어지면 디딤돌대출 7,530만 원이 각각 지출된다.

〈조선일보〉 2015.02.26

# 전세제도는 계속 유지될까?

소유, 전세, 월세의 비용 분석을 정리하면, 첫째로 전세는 결코 공짜가 아니라 소유나 월세와 다름없는 비용이 들어간다는 점이다. 물론 이 비용은 현금으로 지출되지는 않지만, 전세금의 실질가치 하락, 전세금을 은행 이자 부분만큼 손실을 비용으로 간주했기 때문이다. 결국 전세제도는 세입자에게 유리하기만 한 제도가 아니다. 또한, 전세제도는 부동산 가격 상승 시 잠재적 유효자인 전세자가 매수자로 가담해 부동산 가격 상승에 강하게 작용해 주택 가격 안정에 해로울 수 있다.

둘째로 소유자나 세입자는 의식적이든, 무의식적이든 합리적 투자와 소비 결정을 한다는 사실이다. 소유자가 자선사업가 아니고, 월세자도 불리한 부담을 하고 있다고 말할 수 없다. 아울러 아파트 가격 대비 전세 가격 비율이나 전월세 전환율도 시장의 기능에 따라 합리적 결정이 이루어지고 있다고 해석할 수 있다.

셋째로 주택 소유 여부는 결국 이자율, 가격의 상승에 따른 예상 수익률, 담보 비율에 따라 비용률이 결정된다고 할 수 있어 거시경제와 밀접한 연관성이 있다. 대출 비율이 증가함에 따라 수익은 증가하나 리스크도 증가하기에 유의해야 한다.

넷째로 주택 보유는 담보대출을 통한 인플레이션에 대한 헷지 기능이 있는 것으로 분석되었다. 자산가치와 부채가치를 동시에 하락시킴으로써 인플레이션이 진행되어도 실질가치는 변함이 없게 되어 헷지 기능이 있다고 말할 수 있다. 물론 인플레이션과 이자율 상승이나 주택가격 하락이 동시 수반될 때는 헷지 효과는 감소될 수 있다.

결론적으로 기회비용이나 현재가치를 고려하면 전세도 소유 또는 월세와 유사한 비용이 들어간다. 주택 구입 시 당장의 현금지출을 우선적으로 고려해야 하지만, 향후 부동산 가격 변동이나 소비자물가나 이자율 같은 거시경제 변수를 염두에 두고 투자해야 한다.

전세 세입자는 보호해야 할 약자도 아니고, 임대자는 악마나 선한 천사도 아니다. 전세제도가 존재하는 이유는 집값의 상승 기대나 과거의 취약한 금융 시스템, 고금리 때문이 아니라 충분하지 못한 이해가 낳은 전세에 대한 오해 때문이다. 흔히 한국 사람만 집값에 집착하고, 집값이 올랐다는 착각을 한다. 아니다. 집값 오른 것만 따지면 한국은 중간에도 못 들어간다. 그러나 다른 나라보다 담보대출액 증가나 가계대출액이 국민 총생산액에서 차지하는 비중이 높은 편이다. 전세금은 사적 금융이라 부채에는 포함되지 않는다. 전세자 입장에서는 자산계정, 즉 예금이기 때문에 통계상으로 포함하지 않는다.

그러면 전세 세입자가 유리할 가능성은 없는가? 있다. 집값이 폭락하면 당연히 전세 세입자가 유리하다. 그럼 집값이 언제 내려갈까? 올랐던 시기의 요인을 반추해 반대 현상이 일어나면 될 것이다. 1970~2020년대까지 한국의 경제 성장은 상당히 높은 편이다. 특히 최첨단 산업은 물론, 문화까지 전 분야에서 성장했다. 일본과 비교해보면 그 성장이 뚜렷하게 보인다. 제조 산업 전체에서 1위였던 일본은 이제 기계와 자동차 산업으로 명맥을 유지할 뿐, 30년간 경제 성장은 제로이거나 마이너스다. 세계는 정보통신 산업으로 변화하는데 아직도 주력 산업이 기계, 자동차다. 경제가 성장하지 못하면 집값은 상승할수가 없다. 글로벌과 일본의 주택 가격은 다음 장에서 자세히 설명하겠다. 이제 답은 나왔다. 한국이 경제 성장을 못 하면, 집값은 내려간다. 그러면 이자율도 떨어지고 인플레이션도 낮아지므로 전세가 유리하다.

앞으로 글로벌 경제 시대에 한국에만 존재하는 전세제도가 유지될까? 전세의 강점은 매월 임대료 부담금 없이 반값으로 원하는 지역이나 규모의 집에 살 수 있다는 점이다. 그러나 앞에서 분석했던 것처럼 결코 공짜가 아니다. 반값이라는 전세금은 고정된 것이 아니라 2년마다 계약 갱신할 때 인상될 여지가 많다. 전세금을 주택임대차보호법으로 보장은 해주고 있지만, 최근 전세 사기 같은 취약점을 많이 내포하고 있다.

또한 집값이 오르면 상대적으로 손해를 본다고 할 수 있다. 따라서 당연히 전세자는 담보대출을 활용해서 주택을 구입하는 것이 유리하다. 그럼에도 불구하고 전세제도는 쉽게 없어지지는 않을 것이다. 전세제도가 법적으로도 보장되어 있고, 관습적으로 우리 사회에 정착되어 있기 때문이다.

또한 한국에서는 부동산 회사의 임대차 사업이 활성화되어 있지 않다. 외국처럼 자산투자회사가 건물 전체를 구입해 임대차하는 경우가 거의 없다. 아파트는 미국에서는 임대용 집합건물을 말한다. 그만큼 주택 임대차가 활성화되어 있다는 이야기다. 참고로 개인이 소유하는 집합주택은 콘도미니엄이라 해서 아파트라는 용어와 구별해서 사용한다. 아직 주식이라든가 대체 투자가 낯선 일반인에게는 전세 투자하기 좋은 환경이다.

문화와 사람은 하루아침에 변하지 않는다. 다른 나라도 임차주택이 30~40%가 된다. 언제 어디에서나 임차주택이 필요하다는 것이다. 전세 문화가 오랫동안 유지되어 법적으로 보장되고, 사적 임대차가 일반화되어 있는 한국에서는 전세제도가 쉽게 소멸하지는 않을 것으로 보인다. 아직은 전세제도가 있어야 하는 사람들이 많으므로 비율은 줄더라도 유지될 것으로 예상한다.

그러나 최근 전세 사기나 주택 가격하락과 전세 가격의 하락으로 전세금을 되돌려 받기 어려운 상황이 많아졌다. 전세금을 맡기면 무조건 되돌려 받는다는 믿음이 없어졌다. 이러한 불신이 전세제도를 붕괴시킬 여지는 있다.

개인적으로는 전세제도는 없어져야 한다고 생각한다. 무엇보다 화폐의 시간가치를 감안하면 전세를 사는 사람이 불리하다. 또 전세 세입자는 매매가격 상승 시 매수자로 돌변해 가격의 불일치를 부채질한다. 더욱이 주택담보대출이 활성화된 현재에는 없어져야 할 제도다. 거듭 말하지만 전세 세입자가 손해이고 리스크도 더 많이 부담한다.

제 **5** 장

재건축 아파트

# 재건축사업은
# 무조건 돈이 된다

"두껍아, 두껍아, 헌 집 줄게, 새 집 다오."

어린 시절, 바닷가에서 모래집을 지으며 불렀던 동요다. 이 노래는 재건축 사업이 도깨비방망이 같이 횡재를 얻는 사업이라는 사실을 빗댄 것만 같다. 헌 집을 주고 건축비를 안 내고 비싼 새 집을 받는 강남 재건축 사업처럼 말이다.

'도시재생사업'이라고 불리기도 하고, '도시정비사업'이라고도 불리는 이런 수선 사업은 왜 이렇게 주목받는 것일까? 답은 단순하다. 돈이 되기 때문이다. 살던 아파트를 헐고 새로 지어 약 3년 후에 다시 입주하는 과정인데 왜 돈이 되는 것일까? 헌 집을 수리하기 위해 철거비도 들고 새로 지으려면 건축비도 들고, 공사 기간 동안 임차비도 들어가는데 돈이 된다는 말이 쉽게 이해가 안 될 것이다.

서초구 반포주공 재건축(철거 직전의 현재와 완공 후 조감도)

서초구 아크로리버뷰 아파트 재건축 후(구 : 한신 5차 아파트)

　서울 재건축 아파트를 예로 들어보자. 서울시 서초구 잠원동 한신 5차 아파트는 1980년에 입주한 총 555세대의 중소형 단지다. 33, 35평, 용적률은 220% 수준이다. 당시 지어진 아파트는 대개 200%나 조금 높은 용적률의 12층 아파트였다. 재건축의 사업성은 용적률을 높여 일반분양으로 공사비를 충당하거나, 자기 아파트 평수를 넓히고 더 남으면 환급까지 받는 것이다. 용적률이 이미 220%라 일반분양이 많이 나올 수 없고, 추가 분담금이 수억 원까지 발생할 수 있어 재건축 동의를 끌어내기 쉽지 않았다.

한신 5차 아파트의 경우도 다른 재건축 단지와 같이 크고 작은 갈등은 있었으나 결국 2016년 말 41세대를 일반분양(33평 12억 원)했으며 분양에 성공해, 총 595세대의 아크로리버뷰 아파트로 재건축하게 되었다(2018년 입주, 용적률 270%, 35층).

추가 분담금의 경우 세대당 3억 원 수준으로, 사실 일반분양으로 세대당 1억 원 정도 부담금 절감 효과가 있었다.

2016년의 매매 시세는 12억 원 수준으로 인근 재건축된 아파트보다는 4억 원 정도 낮았고, 주변에 재건축 기대가 반영이 안 된 2015년 정도의 아파트 시세가 2016년에 12억 원 비슷한 정도였다. 아크로리버뷰(한신 5차) 아파트가 재건축되고 나서 2022년 10월 현재 40억 원 정도의 시세가 형성되었다. 인근 일반 아파트는 25억 원 정도에 형성되어 있다. 차액은 15원 정도로 분담금 빼고도 12억 원 정도 수익이 높은 것이다.

이 차이는 강북의 아파트와 비교하면 엄청나다. 강북의 아파트는 6년간 3억 원 올랐으나, 강남의 한신 5차 재건축은 부담금 빼고 25억 원 올랐다. 차액은 12억 원이 넘었다. 상승률도 강북 88%이고, 강남 재건축 233%다. 이러하니 재건축이 로또라느니, 도깨비방망이라는 소리가 나올 만하다.


강남의 재건축 아파트가 큰돈이 된다는 소문으로 매수가 증가하고 가격이 상승해 서울과 수도권으로 확대되고 다시 전국으로 확산되었다. 당시에 정부는 지역 간, 계층 간 불평등을 심화시킨다는 불만이 고조되자 강력한 규제를 시행했다.

그러나 재건축사업은 주거에서 삶의 질을 높이고, 공급량을 늘려 더

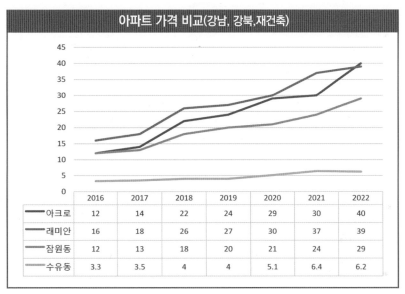

| | 2016 | 2017 | 2018 | 2019 | 2020 | 2021 | 2022 |
|---|---|---|---|---|---|---|---|
| 아크로 | 12 | 14 | 22 | 24 | 29 | 30 | 40 |
| 래미안 | 16 | 18 | 26 | 27 | 30 | 37 | 39 |
| 잠원동 | 12 | 13 | 18 | 20 | 21 | 24 | 29 |
| 수유동 | 3.3 | 3.5 | 4 | 4 | 5.1 | 6.4 | 6.2 |

상승률(2016~2022년) : 아크로 233%, 인근 재건축 래미안 144%, 인근 일반 142%, 강북 아파트 88%

많은 사람에게 주택을 제공 가능하게 하며, 아울러 도시경관을 수려하게 만들고, 토지 이용을 효율적으로 하며, 환경을 개선해 도시 기능을 재생시킨다. 공공의 관점에서는 주택 공급을 늘리고, 도시기반시설을 확충하며, 토지 이용을 효율적으로 하고, 주변과 조화되지 못한 환경을 개선해 도시 기능을 재생시킨다.

# 재건축과 주택정비 사업 총정리

## 1. 주택 정책의 추이

한국의 아파트가 주택에서 차지하는 비중이 60%에 육박하고 1980년대 중반 이후 아파트의 공급이 급증해왔는데, 당시 공급된 아파트의 경과 연수가 30년에 가까워짐에 따라 아파트 노후화가 향후 심각한 사회문제가 될 가능성이 있다. 주택의 노후화는 건축 연도에 따라 재건축 시기가 결정되고 있는데, 물리적 수명보다 경제적 수명으로 결정된다. 저밀도로 건축된 아파트의 경우, 재건축을 통한 사업이 높은 비중을 차지해 저층, 저밀도 단지로 조성된 아파트는 용적률 증가로 인한 일반분양으로 재건축에 따른 경제적 이익 창출이 가능했다.

도시 기능의 회복과 슬럼화 방지라는 공공성이 중요하지만, 소유자 입장에서 경제적 이익이 보장되지 않으면 진행이 어렵다. 경제적 이득 창출이 가능한 사업 방식과 제도를 도입함으로써 주민 입장에서 별도의 자금 투자 없이 경제적 이득을 확보할 수 있어 재건축사업이 활성화되었다. 소유자 관점에서는 노후 불량한 기존주택을 철거하고 양질의 주택을 신축해 주거에서 삶의 질을 향상할 수 있고, 재건축사업을 통한 경제적 이익을 누릴 수 있다.

도시주택재생사업은 노후된 도시의 활성화와 토지 이용 효율을 제고해야 함에도 불구하고, 현재 재건축은 경제적 가치를 극대화하기 위한 사업을 중심으로 전개되고 있고, 재건축의 경우는 강남 아파트 단지를 중심으로 활발하게 진행되고 있다. 개발 이익의 극대화를 위해 지나친 사업성 위주의 재건축은 부동산 가격 급등, 용적률 강화에 의한 고밀화로 기반시설 부족 및 도시미관 저하, 정착률 저하로 인한 서민의 주거 불안 등의 문제를 일으킬 수 있다. 주택의 재개발·재건축사업의 목적은 도시환경을 개선하고 주거생활의 질을 높이는 데 있다.

정리하자면, 도시주택재생사업은 노후 불량 기존 주택을 철거하고 양질의 주택을 제공해 주거에서 삶의 질을 향상해 택지 확보가 어려운 지역에 공급량을 늘려 더 많은 사람에게 주거의 혜택을 주기 위함이다. 공공의 관점에서는 도시경관을 수려하게 하고, 토지 이용을 효율적으로 하며, 환경을 개선해 도시 기능을 재생하는 데 필요하다. 그래서 정부에서는 1960년부터 판자촌 철거에서부터 시작해 신도시 건설을 통한 주택 공급, 50층 최고급 아파트 재건축까지 상황에 따라 주택 정책을 펼쳐오고 있다. 현재는 도시정비사업, 즉 재개발, 재건축, 리모델링, 소규모 주택사업에 집중되고 있다.

제3기 신도시 개발이나 서울 주택 용지 공급 같은 사업이 있으나 용지 확보에 어려움이 있고, 앞으로 장기적으로 가구수 감소로 대규모 주택 공급의 필요성은 감소해 신규 공급보다는 기존 도시를 정비하는 것이 효율적이라는 점에서 정책 방향이 도시재생에 집중되고 있다. 재건축 아파트는 수도권 내 신규 택지의 부족, 기존 건축물 노후화에 대한 대응, 고층화를 통한 토지 이용 효율 증대 등으로 인해 향후 중요한 주택 공급 수단이다. 수도권, 특히 서울의 경우, 신규로 택지를 개발하는 데 한계가 있어 기존 주택을 활용해 신규 주택을 공급할 필요가 있다.

## 2. 재건축과 도시정비 사업 총정리

| 서울시 주택 공급 변천사 | | | | | | |
|---|---|---|---|---|---|---|
| 시기성격 | 정책 방향 | 대상지 | 경제여건 | 사회여건 | 관련 법 | 특이사항 |
| 1960~1972년 까지(태동기) | 전면 철거 및 이주 방식 | 무허가 정착지 | 선 성장 후 분배 | 철거 위주의 정책 | 도시계획법 | 와우 아파트 |
| 1972~1982년 까지(개발기) | 개량 및 철거 재개발 병행 | 무허가주택 | AID 차관 도입 | 사회운동 태동 | 주택개량 촉진법 | 올림픽 유치 |
| 1983~1989년 까지(성숙기) | 과감한 재개발 사업 | 저밀도주택 | 자본 직접 개입 | 세입자 조직화 | 도시재개발법 | 주택의 상품화 |
| 1989~2003년 까지(성숙기) | 정부의 적극적인 지원과 해결 | 저밀도지구 | 주거 복지화 | 시민단체 활성화 | 주거안정임시 조치법 | 공공성 강화 |
| 2003~현재 까지(통합기) | 관련법 통합과 사업 다양화 | 대도시 낙후지 | 주거질 개선 | 균형 개발 중시 | 도시 및 주거 환경정비법 | 주택 가격 폭등 |

도시정비 사업은 크게 4가지로 분류할 수 있는데, 2018년 주택 시장 상황을 고려한 도시정비법이 개정되면서 도시정비법상 분류는 크게

3가지다. 즉 주거환경개선사업, 재개발사업, 재건축사업으로 단순화할 수 있다. 가로주택사업 등 5가지 사업이 빈집 및 소규모주택 정비특례법으로 정리되었는데, 주택법상의 리모델링사업과 지역주택조합 주택사업으로 2가지다. 그 외 방식에 따라 최근 서울시 신속통합기획, SH공사 공공참여 등 공공지원제도 방식에 따른 분류를 추가할 수 있다.

- **주거환경개선사업** : 도시 저소득주민이 집단으로 거주하는 지역으로서 정비기반시설이 극히 열악하고 노후·불량 건축물이 과도하게 밀집한 지역에서 주거환경을 개선하기 위해 시행하는 사업(도시 및 주거환경 정비법)
- **재개발사업** : 정비기반시설이 열악하고 노후·불량건축물이 밀집한 지역에서 주거환경을 개선하기 위해 시행하는 사업, 옛 도시환경정비 사업을 통합
- **재건축사업** : 정비기반시설은 양호하나 노후·불량건축물이 밀집한 지역에서 주거환경을 개선하기 위해 시행하는 사업(2018년 도시환경 정비사업 통합 - 토지의 효율적 이용과 도심 또는 부도심 등 도시 기능의 회복이 필요한 지역에서 도시환경을 개선하기 위해 시행하는 사업)
- **가로주택정비사업** : 빈집 및 소규모주택 정비에 관한 특례법 제정으로 가로주택정비사업에 자율주택 정비사업, 소규모 재건축사업, 소규모 재개발사업 추가
- **리모델링사업** : 재건축처럼 아파트를 철거하지 않고 기존 골격은 유지한 대수선사업으로 건축 후 15년 경과, 안전진단 B,C 등급에서도 가능하다(주택법).
- **지역주택조합사업** : 일정 기간 시·군·구에 거주한 무주택, 소형주택

소유자들이 특정지역 토지를 확보해 아파트를 건립하는 사업이다.

- **공공지원사업** : 정부나 지자체가 사업추진을 지원하는 제도로 서울 시의 신속통합기획, 공공참여와 공공직접시행 방식이 있다. 즉 SH 공사가 재건축에 관리나 시행을 위임 사업이다. 재건축 관리나 시 행을 위임한 사업이다.

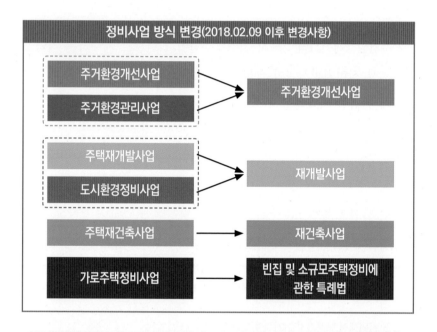

### • 재건축 현황

| 연번 | 구역명 | 위치 | 추진사항 | 면적(㎡) | 조합원수 | 세대수 |
|---|---|---|---|---|---|---|
| 계 | 5 개소 | | | 112,322 | 2,161 | 3,373 |
| 1 | 강남아파트 | 조원동 1644번지 일대 | 준공인가 | 24,558 | 788 | 1,143 |
| 2 | 봉천1-1구역 | 보라매동 728-57번지 일대 | 조합설립인가 | 35,613 | 367 | 807 |
| 3 | 신원미성아파트 | 조원동 1656번지 일대 | 조합설립인가 | 16,706 | 292 | 516 |
| 4 | 미성동건영아파트 | 미성동 746-43번지 일대 | 조합설립인가 | 20,789 | 514 | 600 |
| 5 | 뉴서울A·개나리열망연립 | 미성동 739번지 일대 | 사업시행자(신탁업자) 지정 | 14,656 | 200 | 307 |

## • 재개발

| 연번 | 구역명 | 위치 | 추진사항 | 사업면적(㎡) | 조합원수<br>(토지등 소유자) | 건립세대수 |
|---|---|---|---|---|---|---|
| 계 | 6 개소 | | | 330,936 | 2,962 | 5,896 |
| 1 | 봉천제4-1-2 🔗 | 성현동 산101번지 일대 | 착공 | 55,423 | 684 | 997 |
| 2 | 봉천제4-1-3 | 성현동 480번지 일대 | 조합설립인가 | 79,827 | 494 | 921 |
| 3 | 봉천제12-1 🔗 | 청룡동 1544번지 일대 | 조합해산 | 28,321 | 406 | 519 |
| 4 | 봉천제12-2 🔗 | 청룡동 1553번지 일대 | 조합해산 | 80,836 | 573 | 1,531 |
| 5 | 봉천제13 🔗 | 청룡동 913번지 일대 | 사업시행자 지정 | 12,272 | 148 | 357 |
| 6 | 봉천제14 🔗 | 청림동 1번지 일대 | 조합설립인가 | 74,209 | 656 | 1,571 |

## • 지역주택사업

**지역주택조합사업 추진현황**

| 연번 | 사업주체 | 위치 | 사용권원 확보율<br>(소유권 포함)<br>기준일자 | 소유권<br>확보율 | 최초조합원<br>모집신고일<br>(수리일) | 조합설립<br>인가 | 사업계획<br>승인 | 착공 | 사용검사 |
|---|---|---|---|---|---|---|---|---|---|
| 1 | (가칭)보라매동 지역주택조합 추진위원회 | 보라매동 685-1 일대 | 0%<br>2021.12.31. 기준 | 0% | 19.02.18.<br>(19.04.22.) | | | | |
| 2 | (가칭)신림지역주택조합추진위원회 | 신림동 1480-1 일대 | 21.5%<br>2021.12.31. 기준 | 0% | 20.06.11.<br>(20.07.23.) | | | | |
| 3 | (가칭)청림동 지역주택조합 추진위원회 | 청림동 14-120 일대 | 18.62%<br>2021.12.31. 기준 | 0% | 20.05.27.<br>(20.07.31.) | | | | |
| 4 | (가칭)당곡동 지역주택조합 추진위원회 | 신림동 1448-1 일대 | 25.18%<br>2021.12.31. 기준 | 0% | 20.06.29.<br>(20.08.13.) | | | | |
| 5 | (가칭)봉천동 지역주택조합 추진위원회 | 보라매동 690-1 일대 | 46.67%<br>2021.12.31. 기준 | 2.12% | 20.07.13.<br>(20.08.13.) | | | | |
| 6 | (가칭)신원동 지역주택조합 추진위원회 | 신원동 419-1일대 | 50.52%<br>2022.03.29. 기준 | 0% | 22.01.17.<br>(22.03.29.) | | | | |

※ 사업추진을 위한 조합설립인가, 건축관련 심의 및 인·허가에 대해 진행된 일체 사실이 없으며, 일부 사업의 경우 조합원 모집신고하여 조합원 모집 중이나, 행정기관에서 당해 사업의 안전성을 담보하는 것은 아님을 주의

## • 재정비촉진사업 (신속 통합)

| 연번 | 구역명 | 위치 | 추진사항 | 사업면적(㎡) | 조합원수 | 건립세대수 | 홈페이지 |
|---|---|---|---|---|---|---|---|
| 계 | 3 개소 | | | 355,708.7 | 2,393 | 4,944 | |
| 1 | 신림1 🔗 | 삼성동 808번지 일대 | 조합설립인가 | 224,773.5 | 1,460 | 2,886 | 🏠 |
| 2 | 신림2 🔗 | 삼성동 324-25번지 일대 | 관리처분인가 | 95,795.2 | 678 | 1,487 | 🏠 |
| 3 | 신림3 🔗 | 삼성동 316-55번지 일대 | 관리처분인가 | 35,140 | 255 | 571 | 🏠 |

## • 소규모주택정비사업(가로주택사업)

| 연번 | 구역명 | 사업방식 | 위치 | 추진사항 | 면적(㎡) | 조합원수 | 세대수 |
|---|---|---|---|---|---|---|---|
| 계 | 9개소 | | | | 25,775 | 445 | 397 |
| 1 | 황해연립 | 소규모재건축 | 서원동 409-151 | 사업시행계획인가 | 2,341 | 21 | 53 |
| 2 | 청창연립 | 소규모재건축 | 은천동 622-83 | 사업시행계획인가 | 1,435 | 18 | 40 |
| 3 | 궁전연립 | 소규모재건축 | 은천동 935-4 | 조합설립인가 | 1,130 | 14 | 27 |
| 4 | 대도아파트 | 소규모재건축 | 행운동 37-83 | 착공 | 1,741 | 40 | 70 |
| 5 | 관악그린빌라 | 소규모재건축 | 청룡동 1580-3 외 2 | 조합설립인가 | 3,183 | 61 | 95 |
| 6 | 관악아파트 | 소규모재건축 | 대학동 244번지 일대 | 조합설립인가 | 7,175 | 103 | - |
| 7 | 복권아파트 | 소규모재건축 | 보라매동 645-88 외 2 | 조합설립인가 | 3,421 | 105 | - |
| 8 | 봉천동 649-189 | 가로주택 | 보라매동 649-189 | 조합설립인가 | 2,892 | 48 | 70 |
| 9 | 봉천동 1535 | 가로주택 | 청룡동 1535 | 조합설립인가 | 2,457 | 35 | 42 |

　공공지원 제도 중 인기 높은 신속통합기획은 현행 재개발·재건축사업이 조합의 전문성 부족과 자금조달 능력 미비, 사업 추진 과정에서 정비 업체 등 관련 업체와의 유착 등 비리 발생과 조합원 간 갈등에 따른 사업 장기화로 비용 과다 발생 등의 문제점을 해결하기 위해 재개발·재건축사업에 대한 공공의 적극적 대응이 필요하다는 인식에서 만들어졌다. 재개발·재건축사업 추진 절차를 합리적으로 개선하고 정비 업체, 설계자, 시공자 등 업체를 공정하게 선정하도록 지원하는 제도로, 종전 10년간 걸리던 재건축을 4~5년 내로 단축할 수 있다. 최근 패스트트랙 제도 도입으로 주민 제안 등의 경우 더 빨라질 전망이다. 현재 서울시가 추진하는 신속통합기획 대상 지역은 총 79개소다. 신림 1구역, 여의도 시범아파트, 대치 미도아파트 신당동 256-100 등이 있다.

　최근 여의도 한양아파트가 12층, 588가구에서 최고 54층, 1,000가구, 오피스텔 210실, 업무·상업 시설 등을 갖춘 비욘드 조닝(Beyond Zoning)의 주거·업무·상업 등 용도가 엄격하게 구분되어 있는 것을 허물어 다양한 기능이 섞인 복합 주거 단지이자 신속통합기획 방식으로 재건축할 예정이다.

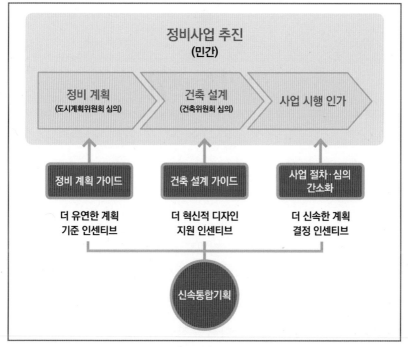

출처 : 서울시 > 정비사업 > 공공에서 민간의 계획과 절차를 지원하는 제도

# 재건축 현황

　과거의 아파트 재건축사업은 저밀도 아파트를 중심으로 고밀도 개발을 통해 높은 수익성을 기대할 수 있는 사업으로 추진되었다. 그러나 2000년대에 부동산 안정 대책으로 재건축사업을 중심으로 규제를 강화함에 따라 수익성이 크게 악화해 부진했다. 리모델링 사업도 대안으로 제시되었으나 여러 가지 문제로 사업 추진이 지지부진했다. 최근 재건축 규제가 완화되고, 관련 법이 정비되면서 재건축사업이 다시 추진되거나 검토하는 아파트 단지가 많아졌다. 저밀도 아파트 단지의 재건축이 거의 완료되어 최근 중층 아파트를 중심으로 재건축사업이 추진되고 있는데, 재건축사업은 높은 용적률과 시행 절차가 복잡해 조합원의 이해관계가 얽혀 있고, 규모가 큰 사업이기에 리스크가 많이 증가하고 있다.

　2003년, 기존 법을 통합하고 절차나 제도 개선을 해서 재건축을 활성화하고자 했으나, 아파트 가격이 급등하자 다른 지역의 가격 안정을 위해 강남지역 중 재건축 아파트의 가격 안정이 필수라는 인식으로 정부는 재건축에 여러 가지 강한 규제를 했다. 특히 평형 비율 규제, 임대주택 의무 건축, 분양가 상한제, 초과 이익 환수제도는 재건축을 어렵게 하는 대표적인 규제였다. 그러나 2014년 부동산 활성화를 위해 이러한 재건축 규제는 거의 완화되거나 일정 기간 유예되었다. 재건축사업에 의한 추가 공급 증가는 20년간 평균 80%이나 최근 40% 이하로 심하게 감소하고 있다. 과거에는 저층 재건축의 경우 용적률 대비 증가율이 높았으나, 2011년 이후에는 종전에 비해 공급률이 감소하고 있다. 더구나 앞으로 주로 시행될 용적률이 높은 중층 아파트의 재건축의 경우, 추가공급률의 축소되고 사업성이 낮아 사업 지연으로 주택 공급이 어려울 수 있고 슬럼화될 수 있다.

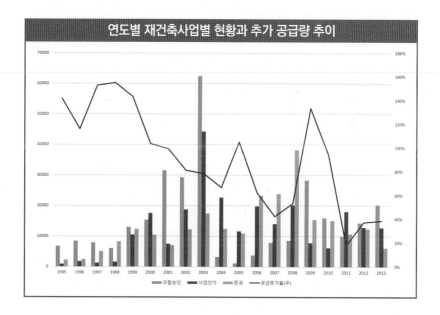

연도별 재건축사업별 현황과 추가 공급량 추이

우리나라의 아파트는 1980년 후반부터 1990년 초까지 정부의 200만 호 계획과 함께 1기 신도시 개발을 통해 이 시기에 아파트가 대량으로 공급되기 시작했다. 그런데 대량으로 공급된 이때의 아파트가 일시에 노후화되었다. 1986년 주택건설 200만 호 착공 시점에서 시작해 1988년부터 준공아파트 호수가 급격하게 증가하기 시작했다. 1990년에 연간 20만 호를 공급하기 시작해 1995년에는 43만 호까지 공급했다. 2000년대에도 연간 평균 30만 호의 아파트를 지속해서 공급했다.

통계청 주택총조사 자료(2020년 기준)에 따르면, 준공 20년 이상된 주택(아파트, 단독, 연립, 다세대)은 전국 1,831만 호 중 896만 호로 약 48.9%인 것으로 조사되었다. 서울 47%, 제주 43.2%, 경기 38.3%, 세종 13.7%, 전남 62.8%, 전북 60.9%, 경북 59%, 대전 57.7%, 강원 55.8%, 광주·대구 53.7%, 충청 53.4%, 부산 53%, 경남 51.2%, 인천 50.2% 순으로 나타났다. 아파트 1,166만 호 가운데 20년 이상 된 아파트는 497만 호로 42.7%였다. 30년 이상 된 아파트는 112만 호로 9.6%였다.

부동산 R114가 전국의 아파트 평균 용적률을 분석한 결과, 1990년 이전에 준공된 아파트의 평균 용적률은 191.6%, 1991년 이후는 234%인 것으로 집계되었다. 세분해보면 1991~2001년 아파트의 용적률은 전국이 254.8%로 높아졌다가 2001~2010년 아파트의 평균 용적률은 221.6%로 점점 낮아지고, 2011~2014년 이전 아파트는 200.3%로 더욱 낮아졌다. 서울은 1991~2001년 288%로 가장 높았다.

다음 자료는 과거 성남시의 도시정비사업을 지도상으로 보여주는 것
으로 179페이지 자료는 도시정비사업의 유형별 개념도이고, 180페이
지 자료는 현재 주택 유형별 지도다. 중앙 상단의 파란 아파트는 과거
의 신흥 주공 아파트가 재건된 상태를 보여주고 있다(파란색 : 주택, 보라색 :
아파트, 분홍색 : 공장).

출처 : LH공사, 성남 구시가지 정비사업(2007)

# 재건축의
# 사업타당성 검토

## 1. 재건축 비례율

　재건축사업을 추진하기 위해서는 여러 가지 사업성과 리스크를 검토해야 하나 사업 추진을 위한 수익성 평가나 리스크를 측정하는 기준은 없다. 특히 조합원이나 수분양자들 입장에서 수익성과 리스크 분석은 부족하다. 재건축의 수익성에 대한 추정은 단일 결과에 대한 결정론적 예측에 불과하다. 즉 수익성에 대한 예측이 부동산 시장이나 여러 경제적·정치적 상황에 따라 변하므로 단순한 추정에는 근본적 한계가 있다.

　재건축 수익성은 주로 용적률, 공사비를 포함한 사업비, 인근 아파트 매매 가격, 분양 가격에 영향을 받는다. 또한 허용 용적률, 유인책에 의한 추가용적률, 임대 아파트 건축 등 다른 요인의 변동에 영향을 받는다. 아울러 조합원의 면적 증가와 종전 아파트 자산의 평가액과 이주비 등에 의해서도 사업성은 변동한다.

재건축의 사업성은 사업 후 자산 증가분에서 부담금을 공제해 종전 자산으로 나누어 산출된다. 사업비 및 분담금은 재건축사업의 과거 유사한 사례에 따라 발생이 예상되는 사업비를 통계적 방법을 활용해 개별 분담금을 예측한다.

---

※ 추정 비례율 = $\dfrac{\text{(사업의 전체 수입(I)} - \text{사업의 전체 지출(E))}}{\text{종전 토지건축물의 총가액}(V_0)}$

※ 개별 조합원 권리가액(추정금액) = 개별 조합원의 종전 자산$(V_b)$
   × 추정비례율

※ 개별 분담금(share) = 주택분양금액$(V_{af})$ − 개별 조합원권리가액(추정금액)

---

$$Share = V_a - \left(\frac{\sum P - \sum E}{\sum V_0}\right) \times V_b$$

주택은 사용기간이 경과함에 따라 가치는 점차 하락해야 하나, 서울 특히 강남 3개 구의 아파트는 건축 연한이 오래될수록 가격이 상승하는 현상이 일어난다. 이는 과거의 낮은 용적률에 의해 건축된 아파트를 용적률을 높여 재건축해 기존 아파트의 크기를 늘리거나, 일반분양으로 공사비를 충당할 수 있고, 신축으로 인한 가치가 상승하기 기대되기 때문이다.

$$Y = 1.8(X^2 - 40X + 400) + 798 \quad \text{수정 } R^2 = 0.4855$$

그래프 추세선의 2차 방정식의 포물선 꼭짓점은 (20, 년)으로 건축 연한 21년에 전용 $m^2$ 면적당 798만 원($85m^2$ 아파트 경우 6.8억 원)이다. 따라서 건축 후 20년 뒤 재건축을 예상해 가격이 재상승하기 시작한다.

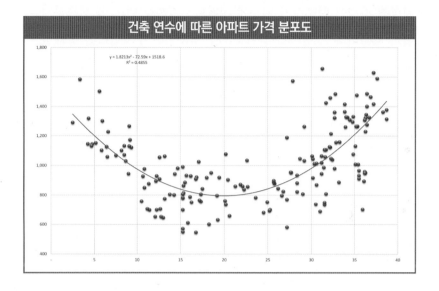

건축 연수에 따른 아파트 가격 분포도

## 2. 재건축사업 수익성 분석

일반적으로 재건축사업의 수익 분석은 사업 전체로 계산해 조합이 개별적으로 나누어 분담금과 수익을 계산하나, 개인 사업성 검토에서는 조합원이나 투자자의 수익성과 분담금을 개별적으로 파악하기 위해 단위당으로 추정한다.

재건축사업의 수익률은 (조합+일반) 분양수입에서 비용인 사업비와 이주비용를 공제해 비교 대상 주택 가격으로 나누어 산출한다. 수입은 기존면적에 용적률 증가에 따른 추가면적을 감안해 조합원 분양 가격과 일반분양 가격을 구분해 산출하고, 분양 가격은 인근지역의 일반 아파트 가격에 재건축 아파트의 차이를 프리미엄(Premium)으로 계산해 추정한다. 왜냐하면 재건축 시기가 도래하면 재건축 시 발생할 수익을 예상해 가격이 상승하기 때문에 정확한 재건축 수익성을 산출하기 어렵기 때문이다. 조합원의 분담금은 분양수입에서 사업비를 공제한 부분과 분양대금에서 종전 권리가액을 공제한 부분을 합해서 산출한다. 사업비는 공사비와 기타사업비를 합쳐서 산출한다. 이주비용은 재건축 기간 동안의 주거비용으로 기타 사업비에 포함되기도 하나 별도로 분리했고, 이주비를 전세 비율을 감안해 대출금리를 적용해 공사 기간만큼 비용으로 계산한다. 그러나 취득세 등의 세금이나 거래비용은 감안하지 않았다.

| 재건축 투자 수익 예측 모형 | | | | | | |
|---|---|---|---|---|---|---|
| 내용 | ㎡ | 비고 | 내용 | ㎡ | 평당 | 34평<br>(112㎡) |
| 공급면적당 건축비 | 400 | 최고급 | 건축비(계약면적) | 600 | 1,983 | 67,440 |
| 인근 전용 ㎡단가 | 2,500 | 280,000 | 이주비(4% 3년) | 180 | 595 | 20,232 |
| 재건축/인근 비율 | 136% | 380,000 | 비용 소계 | 780 | 2,579 | 87,672 |
| 분양 가격 프리미엄 | 118% | 330,000 | 일반분양금액 | 1,039 | 3,436 | 116,815 |
| 기존 용적률 | 210% | 임대공사비 | 임대주택수입 | 5 | 15 | 519 |
| 허용 용적률 | 230% | | 조합원 분양금 | – | – | – |
| 기부채납 | 15% | | 분양 수입 | 1,044 | 3,451 | 117,334 |
| 기부채납 후 용적률 | 279% | A×(1+1.3×0.163) | 총부담금 | -264 | -872 | -29,662 |
| 상한 용적률 | 300% | | 인근 가격 | 2,500 | 8,264 | 281,000 |
| 용적률 증가 가능분 | 21% | 임대·분양<br>50% | 종후 자산가치 | 3,393 | 11,216 | 381,357 |
| 임대 아파트(50%) | 11% | 3.8% | 종전 자산가치 | 2,946 | 9,740 | 331,179 |
| 분양 아파트(50%) | 11% | | | | | |
| 기존 용적률 증가 | 0% | 면적 증가× | 인근 대비 수익 | 128% | | |
| 분양 아파트 비율(합) | 31% | | 사업 전 대비 수익 | 95% | | |

현재 서울시의 제3종 주거구역의 경우, 기준용적률은 230%, 정비계획용적률 250%, 법정상한용적률 300%이고, 기준용적률에 허용용적률 인센티브(20%)와 기부채납 인센티브(기부율×1.3)를 추가할 수 있고, 이는 정비계획용적률을 초과할 수 없다. 또한 재건축 소형주택에서 건립 비율은 '(법적상한 용적률 - 정비계획상 용적률)×(50%)'으로 추가로 50%가 부여되어 총 300%까지 재건축할 수 있다. 사업비 산출에서 공급면적과 계약면적이 차이를 150%로 계상했다. 종전 가격은 재건축의 가격으로 정했고, 종후 가격은 일반분양 가격으로 했다(2022년 말 현재는 분양가 상한제 적용). 인근 가격 대비 프리미엄으로 분양 가격을 예상하고 사업 후 가격 증감이 없는 것으로 가정했다(분양 가격). 용적률 증가분은 이 분석에서는 단순화를 위해 조합원 면적 증가 없이 전부 일반분양으로 간주했다.

가격 자료는 전용면적 $m^2$당 평균 아파트 가격으로, 지역적으로 강남구, 서초구, 송파구 구 자료를 건축 연수에 따라 신규 아파트(1~10년), 일반(11~29년), 재건축 대상 아파트(30년 이상)로 구분해 프리미엄을 산정했다. 아파트 가격은 전용면적 $m^2$당 가격이다. 사업비는 재건축사업을 시행한 재건축단지의 공사비로, 한국건설관리협회, 국토교통부의 공동주택관리정보시스템 자료를 종합해 재구성했다. 공사비는 과거 자료 25개를 건설공사비 지수(건설기술연구원)를 이용해 연도별 공사비 상승률을 현재가치로 환산해 적용했다.

사업성에 가장 큰 영향을 주는 요인은 공사비, 분양 가격보다는 현재의 재건축 대상 아파트 가격으로, 이는 부동산 시장에서 재건축사업에 대한 기대수익이 미리 반영된 것이라고 분석되었다.

재건축사업에 영향을 주는 요인은 공사비와 용적률뿐만 아니라 인근의 아파트 가격 수준, 그리고 신규 아파트들이 어느 정도 신규 프리미엄을 형성하고 있는지에 따라 사업성이 달라짐을 알 수 있다.


## 3. 시뮬레이션 분석 결과 용적률별 사업타당성

재건축사업 수익성의 결정론적 접근 방식이 갖는 한계를 극복하고, 예측의 신뢰성을 확보하기 위해 수익과 리스크를 시뮬레이션으로 분석했다. 재건축사업의 수익성에 영향을 미치는 변수들을 확률적으로 평가해 수익과 리스크를 분석하는 몬테카를로 시뮬레이션으로 분석했다. 분석 결과를 종합하면, 용적률 분석에서 분담금과 수익률을 감안한 결과 인근 아파트 가격이 전용 $m^2$당 845만 원인 경우(2015년 기준) 용적률이 180%나 200%에서는 재건축사업의 사업성은 양호하다. 용적률 230%에서는 수익률은 낮지만 분담금은 비교적 양호한 편이다. 용적률 230% 이상에서는 재건축의 사업성이 없는 것으로 판단된다. 따라서 인근 아파트 가격과 용적률이 재건축사업성을 결정하는 주요 요인이다 (2015년 데이터 기준).

지역 가격에 따른 수익률과 분담금의 분석에서 부담금도 사업비의 50%를 초과할 확률이 용적률에 관계없이 50%를 초과해 재건축사업성은 없는 것으로 판단된다. 따라서 인근 매매 가격이 일정 금액 이하이면 분양을 통한 수입으로 공사비를 충당할 수 없어 부담금은 늘어나

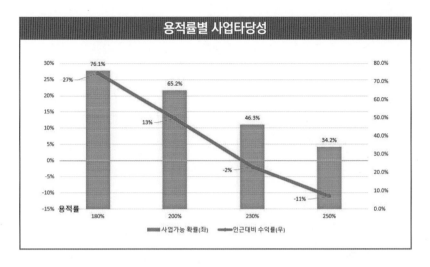

용적률별 사업타당성

고 수익률은 크게 하락해 재건축사업성은 없다.

　시사점으로 최근 들어 저층 재건축사업은 거의 완료되고, 중층의 용적률 200% 이상의 재건축사업은 허용 용적률 230%로는 강남지역을 제외하고는 사업 진행이 어려운 실정이다. 따라서 재건축 대상 아파트의 용적률 상향이 필요하다. 적어도 기존 용적률에 의한 일대일 재건축은 가능하게 하는 제도 보완이 필요하다. 또한 수익성이 낮아 재건축이 어려운 지역은 용적률보다 재정 지원이나 기부채납, 임대주택 의무를 완화해줄 필요가 있다. 자원 낭비나 재건축 억제를 위해 만들어진 리모델링 제도는 과다한 용적률, 배치 구조, 안전성, 수익성에 문제가 있는 만큼 축소나 보완이 필요한 것으로 보인다.

# 재건축사업의 문제점과
# 개선 방안

## I. 재건축사업의 문제점

2003년 기존의 법을 통합하고 절차나 제도 개선을 해서 재건축을 활성화하고자 했으나 아파트 가격이 급등하자 다른 지역의 가격 안정을 위해 강남지역 중 재건축 아파트의 가격 안정이 필수라는 인식으로 재건축에 여러 가지 강한 규제를 했다. 특히 규제 중 평형 비율 규제, 임대주택 25% 의무 건축, 분양가 상한제, 초과 이익 환수제도는 재건축을 어렵게 하는 대표적인 규제였다. 그러나 2014년 부동산 활성화를 위해 이러한 재건축 규제는 거의 완화되거나 일정 기간 유예되었다.

하지만 재건축이 지닌 기본적 문제들은 내재하고 있다.
첫째, 재건축사업이 개발이익의 극대화로 부동산 가격을 앙등시키는 요인이 될 수 있고, 수익성이 없는 지역은 개발 지연으로 슬럼화될 수 있다. 세입자들이 높은 전세 가격으로 인해 비자발적으로 다른 곳으로

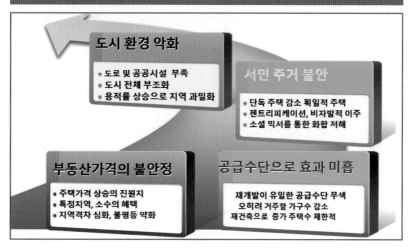

**재건축의 쟁점과 문제점**

**도시 환경 악화**
- 도로 및 공공시설 부족
- 도시 전체 부조화
- 용적률 상승으로 지역 과밀화

**서민 주거 불안**
- 단독 주택 감소 획일적 주택
- 젠트리피케이션, 비자발적 이주
- 소셜 믹서를 통한 화합 저해

**부동산가격의 불안정**
- 주택가격 상승의 진원지
- 특정지역, 소수의 혜택
- 지역격차 심화, 불평등 약화

**공급수단으로 효과 미흡**
재개발이 유일한 공급수단 무색
오히려 거주할 가구수 감소
재건축으로 증가 주택수 제한적

이주해야 하므로 서민들의 주거가 불안해진다.

둘째, 용적률을 높여 낡은 주택 대신 새로운 아파트만 들어섰지, 도로나 주차장, 공원 등 공공시설이나 기반시설은 확보되지 못해 오히려 주거환경이 악화되는 상황이 발생한다. 도시 기능의 재생을 위해 광역개발 개념도 도입해야 할 필요가 있다.

셋째, 사실상 재건축의 공급 증가는 미미할 것이다. 왜냐하면 증축 아파트의 경우, 용적률이 높아 추가 분양할 세대수는 많지 않다. 특히 가격이 낮아 재건축 수익성이 없는 지역이나 분양 가격이 낮을 것으로 예상되는 리모델링 사업은 공급이 어려울 수 있다.

앞으로도 재건축사업을 현재와 같이 사업성과 소유자의 수익성에 중심을 두면 부동산 가격의 상승, 과도한 용적률에 의한 도시 기능의 저하, 공급 부족으로 인한 주거 불안 등의 문제는 반복될 수 있다.

서울의 경우, 평균 용적률이 1985년에 230%, 1989년부터 250% 이상으로 용적률이 높다. 일시에 많은 공급이 이루어진 시점이 도래하는 몇 년 후 재건축사업은 사회적 당면문제로 대두될 조짐이고, 더구나 전국의 아파트는 대부분 재건축사업타당성이 없다는 것이 문제라고 지적했다. 도시의 슬럼화를 방지하고 주택 공급을 늘리며 소유자의 경제적 부담을 경감할 수 있는 재건축사업을 위해 안전진단 완화, 임대주택 공급의무, 초과 이익 환수제 완화, 15~20% 기부채납 축소, 500% 용적률 상향 등의 정책이 필요하다.

## 2. 재건축사업의 개선 방안

재건축 아파트는 과거 주택 시장 과열의 주된 원인으로 지목되며 각종 규제가 시행되었으나, 향후 도심재생 측면에서 접근할 필요성이 대두되고 있다. 특히, 향후 재건축 연한이 도래하는 고층 아파트 단지의 경우, 현재의 기준에서 재건축 추진이 쉽지 않은 상황이다. 과거와는 달리 고밀도로 건설된 지역의 경우, 과거와 같은 재건축 일변도의 노후화에 대한 대응에서 벗어날 필요가 있다. 아파트 노후화 지연을 위해 건설, 유지 관리, 리모델링, 재건축 등 아파트 생애주기에 맞는 종합적인 아파트 관리의 전략을 마련해야 한다.

### 광역단위계획 수립

종전에는 요건을 갖춘 곳을 국지적으로 대상지역으로 정해왔으나 광역개발 개념을 도입해 생활권 단위로 종합적인 계획 수립이 필요하다. 서울시의 경우, 전체를 보는 시야를 좀 더 폭넓게 가질 광역단위계획이 필요하다. 구 전체를 대상으로 광역계획을 수립하고, 광역계획하에 기반시설과 연계해 단위별 정비계획을 수립해야 한다.

앞으로 서울의 고층아파트 재건축사업 시 500세대 이하의 소규모단지 난립으로 주민 간 마찰, 공간 확보 등 사업의 어려움이 예상된다. 지금처럼 개별 구역별로 사업을 추진하는 것보다 몇 개 구역이 연계해 합동 사업을 추진하는 것이 주민들에게도 이익이 되고, 또 부족한 공공시설이나 기반시설 확보에도 도움이 된다.

### 공공시설 확보 방안

아파트를 많이 건립했으나, 도로나 주차장, 공원 학교 등 공공기반시설을 확보하지 못하고 있는 실정이다. 현재의 재건축단지는 30~40년 전 도시계획으로, 이를 현재 생활에 맞도록 새로 수립해야 하고 특히 문화시설, 체육시설, 휴식공간, 상가시설, 복합 학교시설 등이 새로이 추가되어야 한다. 사업 시기가 다르고, 규모도 달라서 부담을 결정하기 어려운 점은 있으나 주거환경개선 기본계획 수립 시 생활권 단위로 설치할 공공시설을 명시하고, 단위당 부담금도 배정하는 사전 계획이 명시되어야 한다. 또한 인센티브 제도를 활용해 공공시설 확보에 따라 용적률을 완화해주는 제도를 확대하는 방안이 일반화되어야 한다.

공공시설 예산 확보를 위해 개발이익환수 제도를 활용하고, 개발이익환수가 어려운 지역은 공영개발을 검토하거나, 공공시설 확보가 어려울 때는 지자체에 개발권을 부여해 재원을 확보하는 방안을 제시한다.

### 건축디자인의 다양화와 창의성 강조

지역적 특성을 감안해 저층·고층 아파트, 빌라형 주택 등 다양한 형태로 짓도록 유도하고, 건축디자인의 다양화와 창의성을 강조하며, 디자인 심사 의무화, 우수디자인 인센티브를 적용해야 한다.

## 복합개발을 통해 도시 기능의 회복 및 사업의 효율성 제고

주거, 상업, 공업 등 단일 기능을 중심으로 개발하기보다는 이들 기능을 복합화해 도시구조 및 기능 개선과 수익성 제고를 도모해야 한다. 아울러 민간 활력의 도입 및 공공성 실현을 위해 공공과 민간이 공동으로 시행한다. 복합개발 방식은 사업 자체의 수익성 확보와 토지 이용의 효율화에도 크게 기여하고, 인근지역의 경제 활성화를 도모하는 효과도 크다. 또한, 집객력이 높은 시설을 설치해 지역의 이미지 제고 및 활성화를 촉진하고 전망대, 호텔, 문화시설, 공개광장 등의 조성을 통해 집객력 확대를 도모해야 한다.

## 경기 변동으로 인한 계획 변경, 사업 지연 등 어려움을 겪을 때 대처

부동산 경기의 불황에 따른 수요 변화, 경기 후퇴에 따른 재정 악화 대비 필요가 있고, 오랜 기간이 소요되므로 사업의 진행단계 및 완공 시점의 경기 상황의 변동을 고려해 사업계획을 수립하고 추진해야 한다.

## 환경을 중시하는 계획 수립, 추진

도시환경의 개선 및 주변환경과의 조화를 중시해 개발계획의 수립단계에서부터 환경계획을 적극적으로 수립해 반영해야 한다. 재건축의 쟁점과 문제점을 정리하면 다음과 같다.

| 재건축 문제점과 개선 방안 | | | |
|---|---|---|---|
| 쟁점 | 목표 | 문제점 | 개선 방안 |
| 누구를 위한 정책인가? | 도시 환경을 개선하고 주거 생활의 질을 높이는 데 목적 | 막대한 수익이 발생하는 사업으로 잘못 인식해 가격 상승 원인 | 인식 전환과 과다한 개발이익환수 제도로 보완, 공공성을 높이는 사업으로 전환 |
| 개발이익환수는 정당한가? | 개발로 인해 현저히 이익 발생 시 수익의 범위 내에서 비용을 부담 | 조합원에게는 많은 이익이 돌아가지만, 기반시설 부족, 세입자 이주 문제 | 이익 환수로 저소득층을 위한 임대 주택을 제공, 공공기반시설 같은 공공성 기여 활용 |
| 서민 주거 안정을 해치나? | 저소득층의 주거 안정과 원주민의 재정착률 제고 | 영세 주민과 대부분 세입자를 몰아내게 됨으로써 저소득층의 주거 불안을 야기 | 세입자 포함한 원주민 정착율을 높이고 도시 재생이 이루어지도록 정부 지원 |
| 도시 기능을 악화시키나? | 공공개념을 보강한 쾌적한 도시 재생 목적 | 지금까지 전체적인 조화를 고려하지 않는 개별개발, 공공 기반시설 부족 | 광역개발 개념도를 도입해 종합적인 계획 수립, 공공시설 설치 인센티브, 공영 개발 |

# 강남 아파트 재건축과
# 리모델링 사례

## 1. 반포동 반포자이 아파트

| 주공 3단지 재건축 현황 |
| --- |
| 1. 위치 : 반포동 20-1 외 10필지 |
| 2. 대지지분 : 16평, 20.45평, 25평, 31.95평 |
| 3. 비례율 : 평균 200%(평형별 차등)　분양가 : 14,665천 원 |
| 4. 사업 방식 : 확정지분제 1973년 건축 |
| 5. 조합원수 : 2,400세대 대지면적 :　60,500평 – 지하 2층/지상 29층 |
| 6. 공급평수 : 3,410세대 – 25평(683), 35평(1,363), 49평(340), 60평(340), 69평(296), 79평(161), 89평(152), 91평(70) |
| 7. 용적률 : 종전 85.5% 계획용적률 270%(기부채납 인센티브 포함) |

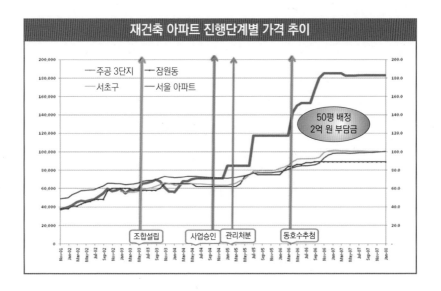

재건축 아파트 진행단계별 가격 추이

강남의 대표적인 재건축 아파트다. 5층 주공아파트를 용적률 86%에서 270%로, 2,400세대에서 3,400세대로 2007년 반포자이 아파트로 재건축했다.

여기는 눈여겨볼 점은 재건축 아파트 가격이 재건축 단계별로 움직인다는 것이다. 추진위원회에서 조합 설립까지는 인근 아파트와 가격이 비슷했으나 사업 승인받고 관리처분 들어가자 본격적으로 가격이 급등하기 시작했다. 인근 아파트와 비교해도 확연한 차이가 있다. 입주 1년을 남기고 동호수까지 확정되자 모든 불확실성이 제거되어 계단 오르듯이 상승했다. 16평이 35평을 부담금 없이 분양받아 2022년 말 34~39억 원을 형성하고 있다. 허물어져가는 4억 원 아파트가 40억 원이 되어 쉽게 말해, 팔자 고친 사례다. 정말 두꺼비가 헌 집을 새 집으로 바꾸어주었다. 물론 기다리다 지쳐 중간에 팔고 간 사람도 많다. 심지어 분양 당시에 미분양까지 발생해 당시 주워 담은 사람은 그야말로 큰돈을 벌었다.

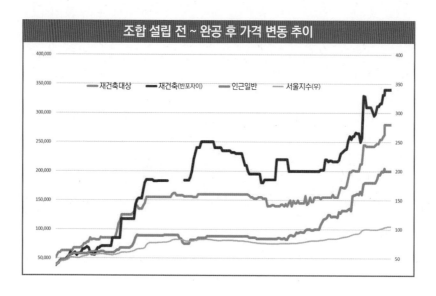

**조합 설립 전 ~ 완공 후 가격 변동 추이**

재건축대상　재건축(반포자이)　인근일반　서울지수(우)

　　자료는 조합 설립 전부터 완공 후 20년 이상 아파트 가격 변동 추이
를 보여준다. 2001년에는 가격대가 유사하거나 오히려 낮았으나, 재건
축이 본격화되자 재건축 아파트들은 급상승했다. 특히 동호수 확정 후
반포자이는 추가 상승했고, 입주 후에는 또다시 급상승해 재건축이 아
직 안 된 아파트와 10억 원 이상 차이가 났다. 2013년 이후 격차는 있
으나 주변 아파트도 상승 추이를 같이하고 있다. 그러나 서울 아파트
평균과는 괴리가 갈수록 커지고 있다.


## 2. 잠원동 한신 4지구

　　서울시 시보에 게시된 재건축 서울시 건축심의위원회 최종 결정 사
항이다.

## 재건축 아파트 용적률 및 기부채납 사항 (토지 건물) (잠원동 한신4지구)

○ 산출근거

| 구분 | | 산출근거 | 용적률(%), 면적(㎡) | 비고 |
|---|---|---|---|---|
| 기준용적률 | | •아파트지구개발기본계획에서 정한 용적률 | 230% | |
| 정비계획 용적률 | | •기준용적률 × (1+1.3 × α)<br>= 230% × (1+1.3 × 0.1628) | 278.68% | |
| 예정법적상한 용적률 | | •「국토의 계획 및 이용에 관한 법률 시행령」 제85조 | 299.99% | |
| 소형<br>주택<br>면적<br>산정 | 용적률 증가분 | •법적상한용적률 – 정비계획용적률<br>= 299.99% – 278.68% | 21.31% | |
| | 증가된 용적률의 50% | •21.31% × 50% | 10.66% | |
| | 의무연면적 | •계획대지면적 × 증가용적률의 1/2이상<br>= 122,084.2㎡ × 10.66% | 13,014.2㎡ | |
| 재건축 소형주택 확보 계획 | | •계획연면적 = 63.25㎡ × 206세대 | 13,029.5㎡ | |

다) 용적률 산정

| 구분 | 산정내용 | | | | |
|---|---|---|---|---|---|
| 토지이용계획 | 정비구역면적 | 획지(주택용지)면적 | 계획정비기반시설 | | 계획정비기반시설 내<br>기존 국·공유지 |
| | | | 토지 | 건축물(환산부지면적) | |
| | 158,555.8㎡ | 122,084.2㎡ | 28,050.0㎡ | 4,244.0㎡ | 11,498.1㎡ |
| 공공시설부지<br>제공면적<br>(순부담) | • 순부담 면적<br>= 계획기반시설 면적(20,795.8㎡ + 11,498.1㎡) – 기존기반시설 면적(11,498.1㎡)<br>　 – 폐지기반시설 면적(908.5㎡)<br>= 19,897.3㎡<br>• 순부담 비율<br>= {(계획기반시설 + 공공시설 설치 환상 부지면적) – 존치되는 기반시설(국공유지)} /<br>　 (사업구역면적 – 존치되는 기반시설(국공유지)) ×100%<br>= {(28,050.0㎡ + 4,244.0㎡) – 11,498.1㎡) / (158,555.8㎡ – 8,421.6㎡ – 11,498.1㎡) × 100%<br>= 15.00% | | | | |
| 건축물<br>기부채납 | • 문화시설<br>– 연면적 : 25,131㎡, 토지 : 4,012㎡<br>– 환산부지면적<br>= 공사비(문화 및 집회시설)1) × 연면적 ÷ 부지가액<br>= 2,698,000원/㎡ × 25,131㎡ ÷ 15,974,880원/㎡ = 4,244㎡<br><br>※ 1) 2015 공공건축물 공사비 책정 등 가이드라인(서울시) 중 문화 및 집회시설 단가 적용<br>※ 부지가액(원/㎡) : 2015년 기준 공시지가 가중평균 2배 적용(7,987,440원/㎡ × 2배) | | | | |
| 정비계획<br>용적률 산정 | • 기준(허용)용적률 = 230%<br>• 정비계획용적률<br>= 기준용적률 × (1+1.3 × α)<br>= 230% × (1+1.3 × 0.1628)<br>= 278.68% | | | | |
| 예정법적상한<br>용적률 | •예정법적상한용적률 = 299.99% 이하 (⇒건축계획(안)의 용적률 299.99%) | | | | |

※ 법적상한용적률 적용대상으로 도시계획위원회에서 심의 시 결정된 예정법적상한용적률은 건축위원회 심의를 통해 확정함

출처 : 서울시 시보(재건축 서울시 건축심의위원회 최종 결정 사항)

이 재건축 아파트는 2022년 말 현재 골조가 올라가고 있는 건축 중인 아파트다. 여기서는 재건축 아파트 최종 용적률 산출 과정을 눈여겨볼 필요가 있다. 토지를 16% 기부채납하고 최대 용적률 300%의 여유분 21% 중에서 절반은 일반분양, 절반은 임대주택으로 소형 206세대를 건축해 지자체에 기부채납한다. 그리고 문화시설 7층, 연면적 8,000평을 지어 기부채납하고 도시시설인 저수장도 만들어 기부채납한다. 약 1조 2,000억 원 정도는 그야말로 이익환수가 되는 것이다. 가구당 약 5억 원 정도 기부채납하는 셈이다. 그래도 재건축해 남은 이익이 크니까 기부채납하고 재건축하는 것이다.

다음 자료는 재건축사업의 최종 결정에 따른 수익과 사업성을 가구당으로 검토한 자료다. 34평 아파트가 현재 35억 원이면, 완공된 아파트처럼 40억 원이라면 부담금은 약 1억 원 정도이고, 투자 수익률은 12%다. 인근 아파트와 비교하면 가격 차이가 15억 원에서 토지 감소, 이주비 등을 감안하고 부담금을 제외하고도 10억 원 이상 이익이 발생한다.

| 재건축 투자 수익 예측 (단위 : ㎡ 만 원) 잠원 한신 4지구 | | | | | | |
|---|---|---|---|---|---|---|
| 내용 | ㎡ | 비고 | 내용 | ㎡ | 평당 | 34평 (112.4㎡) |
| 공급면적당 건축비 | 211 | 평당 700 | 건축비(계약면적) | 347 | 1,146 | 38,963 |
| 인근 ㎡단가 | 2,273 | 250,000 | 이주비(4% 3년) | 140 | 463 | 15,750 |
| 재건축/인근 비율 | 140% | 350,000 | 비용 소계 | 487 | 1,609 | 54,713 |
| 완공 후 예상가격 | 114% | 400,000 | 일반분양 (분양상한가) | 363 | 1,201 | 40,842 |
| 기존 용적률 | 210% | | 임대주택수입 | 37 | 122 | 4,142 |

| 내용 | ㎡ | 비고 | 내용 | ㎡ | 평당 | 34평 (112.4㎡) |
|---|---|---|---|---|---|---|
| 허용 용적률 | 230% | 일반분양 추가 | 조합원분양금 | – | – | – |
| 기부채납 | 16% | | 분양 수입 | 400 | 1,323 | 44,984 |
| 기부채납 후 용적률 | 279% | A×(1+1.3a) | 총부담금 | 87 | 286 | 9,728 |
| 상한 용적률 | 300% | | 인근가격 | 2,224 | 7,353 | 250,000 |
| 용적률 증가 가능분 | 21% | | 종전 자산가치 | 3,114 | 10,294 | 350,000 |
| 공공 아파트(50%) | 11% | 5.1% | 종후 자산가치 | 3,559 | 11,764 | 400,000 |
| 일반분양 | 31% | 14.6% | 일반분양(70%) | 2,491 | 8,235 | 280,000 |
| 토지지분 감소 | 30% | | 사업성 분석 | 111% | | |
| 조합원 면적 증가 | 0% | | 투자 수익률 | 12% | | |

## 3. 잠원동 신반포 2차 재건축사업 검토

신반포 2차는 1978년에 준공되어 2023년 기준으로 45년 차지만 최근까지만 해도 재건축이 불투명했다. 조합장을 둘러싼 조합원 간 갈등으로 인해 조합 설립이 수차례 무산된 바 있기 때문이다. 추진위 설립 인가는 2003년에 받았지만, 조합 설립이 계속 지연되면서 정비사업 일몰제 대상이 되기도 했다. 지난 2013년 당초, 시공사는 롯데건설이었지만 동의 인원수를 못 채운 상태에서 결정되어 무효 판결을 받았다. 신반포 2차 재건축은 현재 서울시 신속통합기획 방식으로 사업이 진행되고 있다. 조합원의 갈등으로 재건축사업이 오랫동안 지연되고 있다. 소형 평수가 많고 평형이 다양해 이해관계가 복잡한 것이 가장 큰 이유다. 최근 서울시가 인근 공공 토지를 제공해 기존의 소형 아파트도 30평대로 이전이 가능해 재건축이 급물살을 타고 있다.

다음 자료는 가구당 재건축 투자 수익과 분담금을 산출하는 과정을 보여준다. 기존 용적률 200%에서 기부채납 15% 하고 최고 300%까지 올리면서 증가 가능분 17%의 절반은 임대 아파트로 기부채납하고 나머지는 일반분양한다. 일반분양가의 상한제 적용으로 분담금은 늘어날 수 있으나, 동일 면적 이동 시 분담금은 34평 경우 1.4억 원 부담금이 발생한다. 재건축 후 현재 가치로 인근의 아파트 대비 10억 원 이상 높은 42억 원 예상된다. 산출대로라면 내 돈 안 들이고 10억 원 번다는 이야기다.

| 재건축사업성 분석 | | | | |
|---|---|---|---|---|
| 항목 | 내용 | 단위 | 단가 | 총액(억) |
| 종전자산 | 현재가(35평) | 1,572 | 35 | 55,020 |
| 종후자산 | 조합원(35평) | 1,572 | 42 | 66,024 |
| | 일반분양(35평) | 200 | 30 | 6,000 |
| 사업비 | 공사비(m²) 평당 700만 원 | 324,000 | 0.02 | 6,861 |
| | 간접비(금융 + 이주) | 6,861 | 20% | 1,372 |
| 비례율 | 종후 – (사업비 / 종전) | 63,791 | 55,020 | 116% |
| 권리가격 | 종전 × 비례율 | 35 | 116% | 41 |
| 분담금 | 종후 – 권리가 | 42 | 41 | 1.4 |
| 사업성 분석 | 종후 / (종전 + 사업비) | 72,024 | 63,253 | 114% |
| 투자 수익률 | (종후 – 사업 – 종전) / 종전 | 8,771 | 55,020 | 16% |

※ 공사비는 2021년 56곳 재건축 공사비 평균 5,200만 원을 물가 등을 감안해 700만 원으로 결정

신반포 2차 재건축 조감도

## 4. 리모델링의 사업성 검토

재건축 대안으로 자주 거론되는 리모델링 사업을 검토해보자.

우선 재건축과 비교해 15년만 지나도 가능하고, 용적률이 250% 이상 높아도 기존의 45%P 용적률의 상향이 가능해 평수를 늘릴 수 있고, 일정 비율의 일반분양도 가능하다. 토지의 기부채납이나 임대 아파트 의무 제공도 없다. 이러한 장점 때문에 기간이나 용적률 등으로 재건축이 어려운 아파트에 추진하고 있다.

특히 수직증축이나 수평증축을 통해 일반분양으로 부담금을 줄일 수 있다. 그러나 최근 안전진단이 까다로워졌다. B등급 이상을 받으면 리모델링 사업이 가능하나, 엄밀한 지반 검사, 하중 검사 등으로 증축이 어렵게 되었다. 까다로운 안전검사 문제를 떠나, 당연히 기존 건물에 3층을 층고를 올리고 평면으로 확장하는 건축은 불안할 수밖에 없다.

더구나 지반이 약해 파일 공사라고 불리는 쇠 말뚝을 지하에 박은 아파트는 검사에서 증축 허가가 나올 수 없다. 현재 리모델링 사업은 수직증축은 어렵다고 보면 된다. 수평증축도 안전이 문제지만 동 간 거리가 좁혀지면서 단지가 과밀해지고 답답해진다. 별동 수평증축도 대개 아파트들이 건폐율이 높아 지을 만한 자리가 없고, 재건축의 25~30%가 쾌적한 건폐율 40~50%와는 차이가 크다.

또한 외관이나 편의시설에서도 리모델링의 한계가 있다. 일자형 판상형을 벗어날 수 없고, 채광과 창문의 개방을 높여주는 4베이는 엄두도 못 낸다. 더구나 최근의 재건축 아파트는 단지 내에 수영장, 헬스, 식당, 독서실, 찜질방 등 최신 편의 시설을 구비하고 있는데 이 또한 높은 장벽이다. 35~50층과 넓은 대지의 재건축과 비교가 되지 않을 뿐만 아니라 자기 돈을 전액 들여서 면적을 늘리는 것은 가족원 수가 점점 감소하는 추세에 불필요해 보인다.

자기부담금이나 안전도 문제지만 무엇보다 완공 후 가치, 즉 리모델링 후 아파트 가격이 문제다. 많은 사람들이 재건축과 같은 가격으로 생각하지만, 전혀 아니다. 고층, 4베이, 편의시설 등의 재건축과 대수선해 골조를 유지한 리모델링은 비교가 안 된다.

| 리모델링과 재건축 비교 | | | |
|---|---|---|---|
| 구분 | 리모델링 | 재건축(현행) | 재건축(완화) |
| 개발시점 | 건축 15년 후<br>진행(5~20년) 조합 | 건축 30년 후<br>(5~20년) 조합 추진 | 건축 30년 후(2~5년)<br>공공의 신속통합 |
| 최고<br>용적률 | 기존 + 45% 가능 | 300%<br>(토지 기부채납 포함) | 예상용적률<br>300~500% |
| 층고 | 층고 23층<br>(지반검사 허가× 기존유지) | 층고 35층 | 최고 30~ 50층<br>(역세권 용도 변경) |
| 기부채납 | 없음(최근 검토 중). | 토지 기부(20%),<br>임대 아파트 증축 50% | 기존에서 공공과<br>협의 조정 가능 |
| 안전진단 | 지반, B급(쇠파일 2차 추가) | D, E급 정비계획 | 안전진단 면제 가능, |
| 지분 | 지분 감소 2평<br>(용적률 440%) | 지분 감소<br>(용적률 비례 ) | 지분 감소<br>(용적률 비례 ) |
| 동 간 거리 | 동 간 협소,<br>건폐율 35% 별동 | 단지 내 동수 1/2,<br>건폐율 15% | 지하 주차장,<br>쾌적한 공간 |
| 베이, 외관 | 2.5베이, 복도X 코너X,<br>판상형 | 4베이, 타워형, 다양성 | 주상복합, 지하상가,<br>옥상공원 |
| 시공 안전 | 지진 안전 보강공사<br>(쇠말뚝 지반) 불가 | 최신 설계, 지진,<br>공기 정화, 에너지 절감 | 최신, 편의, 연결,<br>소통, 공원 |
| 주택증가 | 자체 면적 확장 위주,<br>일반 공급 적음. | 일반분양 + 임대주택<br>30% 증가 | 일반분양 + 임대주택<br>30% 증가(추가) |
| 편의시설 | 단지편의시설 보충 한계 | 단지시설 – 옥상수영장,<br>골프장, 찜질방 | 편의 수준 최고시설<br>(최근 집중) |
| 일반분양 | 일반분양 가능, 중축,<br>별동 가능 시 | 일반분양(분양가 상한제),<br>초과이득세 | 일반분양 현물,<br>현금 기부채납 |
| 부담금 | 많음 - 공사비 동일,<br>분양대금 적음. | 다양 – 분양가 상한제,<br>인근 가격, 용적률 | 다양 – 인근 가격,<br>용적률, 임대 아파트 |
| 가격비교 | 인근 재건축 대비 70% | 인근 아파트 대비<br>120~150% | 인근 재건축 대비 :<br>100~125% |
| 예상 수익 | 인근 아파트 대비<br>(-사업비) 0% | 인근 아파트 대비<br>(-사업비) 10~40% | 인근 아파트 대비<br>(-사업비) 10~40% |

| 사례비교 | 청담동 | | 역삼동 | | 마포구 | | 대치동 | |
|---|---|---|---|---|---|---|---|---|
| 현 명칭 | 래미안<br>로이뷰 | 청담자이 | 쌍용예가 | 래미안<br>그레이튼 | 밤섬예가 | 래미안<br>웰스트림 | 래미안<br>하이스턴 | 도곡렉슬 |
| 구분 | 리모델링 | 재건축 | 리모델링 | 재건축 | 리모델링 | 일반 | 리모델링 | 재건축 |
| 구명칭 | 두산 | 한양 | 동신 | 진달래2차 | 일반 | 일반 | 대치우성 | 주공1차 |
| 평형 | 41평 | 21평 | 41평 | 33평 | 39평 | 36평 | 43평 | 41평 |
| 건축연도 | 2014 | 2011 | 2011 | 2010 | 2012 | 2016 | 2014 | 2006 |
| 세대수 | 177 | 708 | 384 | 464 | 90 | 773 | 354 | 3,000 |
| 층수 | 15 | 35 | 12 | 35 | 12 | 35 | 15 | 25 |
| 용적률 | 370% | 270% | 300% | 270% | 270% | 300% | 347% | 274% |
| 건폐율 | 58% | 14% | 30% | 17% | 30% | 17% | 40% | 15% |
| 거래가 | 23억 | 18억 | 20억 | 23억 | 14억 | 19억 | 25억 | 32억 |
| 평당가 | 5,537 | 8,333 | 4,756 | 6,879 | 3,462 | 5,278 | 5,814 | 7,805 |
| 가격 대비 | 66% | 100% | 69% | 100% | 66% | 100% | 74% | 100% |

리모델링과 재건축의 가격 비교

같은 지역의 비슷한 조건하에서 기존 재건축과 리모델링 아파트를 비교 분석했다. 결과는 리모델링 아파트의 가격은 재건축 아파트의 70% 선이다. 재건축이 30억 원이면 리모델링 아파트는 21억 원이라는 이야기다. '리모델링 사후 가격 = 재건축 아파트×70%'로, 재건축은 분양으로 분담금을 줄이고 준공 후 가격(프리미엄)이 높다. 반면에 리모델링은 공사비를 전부 부담하고, 시장에서 낮은 평가를 받기 때문에 가격이 낮은 것으로 보인다.

재건축이나 리모델링과 같은 재생사업에서는 선택에 따라 사업성이 크게 달라지기에 사업 선택의 의사결정이 중요하다.

출처 : 현대건설㈜ 반포주공 1단지 1·2·4주구 재건축 조감도

# 지역별, 글로벌 주택 가격

# 지역별 주택 가격의
# 격차와 수도권 집중

## 1. 아파트 가격이 최고 25배 차이가 난다

좁은 나라에 주택 가격이 25배 차이가 난다는 것이 말이 될까? 그것도 개별 가격이 아니라 시·군·구 전체 아파트 평균 가격이 그렇게 차이가 나다니…. 최근의 데이터를 확인해보자.

서울 강남구 아파트 $m^2$당 매매 평균 가격이 2022년 6월 말 현재, KB국민은행 통계에 의하면 2,565만 원이고, 전남 영암군 아파트 평균 가격은 102만 원이다. 즉, 33평형 아파트로 환산하면 강남구 아파트는 25.6억 원, 영암군 아파트는 1억 원 정도다. 강남구 아파트 한 채로 영암군 25개를 살 수 있는 가격이다.

다음 자료는 GIS(지리정보시스템)를 이용해 직접 작성한 전국 아파트 가격 지도다. 전국 시·군·구별로 가격을 색깔로 비교해보았다. 전국 주택 가격을 한눈에 볼 수 있다.

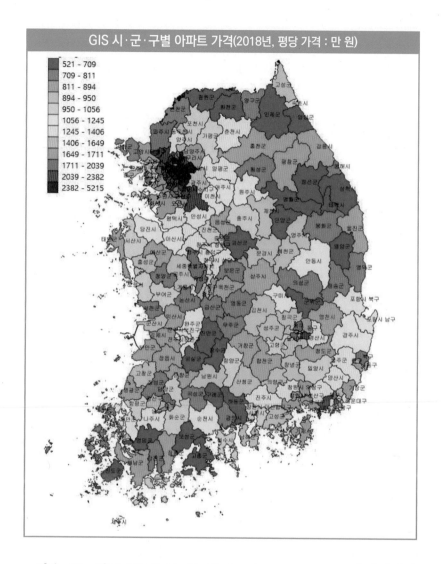

**GIS 시·군·구별 아파트 가격(2018년, 평당 가격 : 만 원)**

521 - 709
709 - 811
811 - 894
894 - 950
950 - 1056
1056 - 1245
1245 - 1406
1406 - 1649
1649 - 1711
1711 - 2039
2039 - 2382
2382 - 5215

다음 표는 전국 260개 시·군·구(시 77개, 군 82개, 구 101개)의 단위가격
이다(2022년 6월).

상위 서울 3개 구는 강남구 2,565, 서초구 2,366, 송파구 1,868이며,
하위 지방 3개 군은 영암군 102, 의령군 116, 보은군 129이다.

**시·군·구 아파트 가격 단위 : 아파트 ㎡당 매매 평균 가격(만 원)**

| 지역명 | 2022-06 | | | | | | | | | | |
|---|---|---|---|---|---|---|---|---|---|---|---|
| 지역명 | 2022-06 | 남구 | 401 | 평택시 | 364 | 고성군 | 301 | 전남 | 253 | 진주시 | 352 |
| 전국 | 687 | 북구 | 349 | 동두천시 | 294 | 양양군 | 263 | 목포시 | 207 | 통영시 | 241 |
| 종로구 | 1,133 | 수성구 | 636 | 안산시 | 696 | 충북 | 301 | 여수시 | 305 | 사천시 | 204 |
| 중구 | 1,383 | 달서구 | 444 | 안산시 상록구 | 594 | 청주시 | 340 | 순천시 | 284 | 김해시 | 314 |
| 용산구 | 1,846 | 달성군 | 311 | 안산시 단원구 | 646 | 청주시 상당구 | 318 | 나주시 | 323 | 밀양시 | 229 |
| 성동구 | 1,623 | 인천 | 594 | 고양시 | 732 | 청주시 서원구 | 306 | 광양시 | 175 | 거제시 | 245 |
| 광진구 | 1,550 | 중구 | 346 | 고양시 덕양구 | 684 | 청주시 흥덕구 | 400 | 담양군 | 289 | 양산시 | 344 |
| 동대문구 | 1,175 | 동구 | 373 | 고양시 일산동구 | 657 | 청주시 청원구 | 316 | 곡성군 | 183 | 의령군 | 116 |
| 중랑구 | 958 | 미추홀구 | 378 | 고양시 일산서구 | 631 | 충주시 | 284 | 고흥군 | 157 | 함안군 | 200 |
| 성북구 | 1,126 | 연수구 | 725 | 과천시 | 2,062 | 제천시 | 214 | 보성군 | 177 | 창녕군 | 179 |
| 강북구 | 959 | 남동구 | 521 | 구리시 | 925 | 보은군 | 129 | 화순군 | 206 | 고성군 | 208 |
| 도봉구 | 992 | 부평구 | 571 | 남양주시 | 599 | 옥천군 | 227 | 장흥군 | 207 | 남해군 | 149 |
| 노원구 | 1,127 | 계양구 | 487 | 오산시 | 484 | 영동군 | 162 | 강진군 | 192 | 하동군 | 134 |
| 은평구 | 987 | 서구 | 454 | 시흥시 | 532 | 증평군 | 205 | 해남군 | 193 | 산청군 | 221 |
| 서대문구 | 1,137 | 강화군 | 237 | 군포시 | 813 | 진천군 | 285 | 영암군 | 102 | 함양군 | 274 |
| 마포구 | 1,544 | 광주 | 394 | 의왕시 | 903 | 괴산군 | 268 | 무안군 | 359 | 거창군 | 271 |
| 양천구 | 1,507 | 동구 | 254 | 하남시 | 889 | 음성군 | 228 | 함평군 | 215 | 합천군 | 163 |
| 강서구 | 1,256 | 서구 | 403 | 용인시 | 807 | 단양군 | 191 | 영광군 | 203 | 제주 | 622 |
| 구로구 | 1,090 | 남구 | 436 | 용인시 처인구 | 370 | 충남 | 302 | 장성군 | 187 | | |
| 금천구 | 887 | 북구 | 320 | 용인시 기흥구 | 710 | 천안시 | 358 | 완도군 | 215 | | |
| 영등포구 | 1,481 | 광산구 | 454 | 용인시 수지구 | 895 | 천안시 동남구 | 296 | 진도군 | 187 | | |
| 동작구 | 1,460 | 대전 | 510 | 파주시 | 391 | 천안시 서북구 | 396 | 경북 | 251 | | |
| 관악구 | 1,087 | 동구 | 352 | 이천시 | 339 | 공주시 | 287 | 포항시 | 282 | | |

| | | | | | | | | |
|---|---|---|---|---|---|---|---|---|
| 서초구 | 2,366 | 중구 | 423 | 안성시 | 305 | 보령시 | 235 | 포항시 남구 | 296 |
| 강남구 | 2,565 | 서구 | 510 | 김포시 | 516 | 아산시 | 310 | 포항시 북구 | 274 |
| 송파구 | 1,868 | 유성구 | 585 | 화성시 | 612 | 서산시 | 269 | 경주시 | 261 |
| 강동구 | 1,421 | 대덕구 | 350 | 광주시 | 485 | 논산시 | 235 | 김천시 | 249 |
| 수도권 | 995 | 울산 | 412 | 양주시 | 360 | 계룡시 | 289 | 안동시 | 233 |
| 기타지방 | 312 | 중구 | 387 | 포천시 | 293 | 당진시 | 235 | 구미시 | 259 |
| 부산 | 557 | 남구 | 501 | 여주시 | 272 | 금산군 | 221 | 영주시 | 172 |
| 중구 | 257 | 동구 | 325 | 연천군 | 219 | 부여군 | 217 | 영천시 | 162 |
| 서구 | 355 | 북구 | 298 | 가평군 | 283 | 서천군 | 177 | 상주시 | 198 |
| 동구 | 416 | 울주군 | 289 | 양평군 | 395 | 청양군 | 135 | 문경시 | 222 |
| 영도구 | 296 | 세종 | 811 | 강원 | 285 | 홍성군 | 292 | 경산시 | 288 |
| 부산진구 | 441 | 경기 | 777 | 춘천시 | 334 | 예산군 | 196 | 의성군 | 196 |
| 동래구 | 560 | 수원시 | 832 | 원주시 | 302 | 태안군 | 209 | 영덕군 | 339 |
| 남구 | 543 | 수원시 장안구 | 671 | 강릉시 | 349 | 전북 | 262 | 청도군 | 168 |
| 북구 | 389 | 수원시 권선구 | 596 | 동해시 | 213 | 전주시 | 320 | 고령군 | 183 |
| 해운대구 | 743 | 수원시 팔달구 | 696 | 태백시 | 170 | 전주시 완산구 | 301 | 성주군 | 226 |
| 사하구 | 306 | 수원시 영통구 | 917 | 속초시 | 320 | 전주시 덕진구 | 341 | 칠곡군 | 176 |
| 금정구 | 505 | 성남시 | 1,456 | 삼척시 | 187 | 군산시 | 237 | 예천군 | 350 |
| 강서구 | 489 | 성남시 수정구 | 850 | 홍천군 | 249 | 익산시 | 243 | 봉화군 | 142 |
| 연제구 | 553 | 성남시 중원구 | 939 | 횡성군 | 178 | 정읍시 | 214 | 울진군 | 157 |
| 수영구 | 901 | 분당구 | 1,513 | 영월군 | 153 | 남원시 | 205 | 경남 | 333 |
| 사상구 | 311 | 의정부시 | 544 | 평창군 | 198 | 김제시 | 192 | 창원시 | 423 |
| 기장군 | 411 | 안양시 | 1,013 | 정선군 | 197 | 완주군 | 205 | 창원시 의창구 | 502 |
| 대구 | 473 | 안양시 만안구 | 805 | 철원군 | 157 | 무주군 | 196 | 창원시 성산구 | 537 |
| 중구 | 510 | 안양시 동안구 | 1,070 | 화천군 | 294 | 임실군 | 259 | 창원시 마산합 | 328 |

3개 강남 아파트와 하위 3개 군의 평균을 비교하면 20배 이상 격차를 보인다. 그러니 서울에 똘똘한 한 채를 장만해야 한다는 소리가 나온다. 주택 가격 문제는 수도권의 문제이지, 지방과는 상관없거나 오히려 부양 대책이 필요하다는 말이 나온다.

주택 격차는 모든 분야의 차별화로 이어지면서 주거지가 경제 및 생활 수준을 가늠하는 기준으로 자리 잡아가고 있다. 주택 가격은 부의 척도로 주택의 격차는 자산, 생활 수준, 교육, 건강, 소득, 일자리, 교육, 공간의 불평등을 일으킨다. 경제적 불평등의 핵심은 부동산, 특히 주택 격차다. 주택의 격차는 소유와 임차의 분리와 어디에 사는가라는 불평등의 구조다. 주택은 다른 자산이나 상품과는 달리 어디에 있느냐에 따라 가격 차이가 발생한다.

《도시는 왜 불평등한가》의 저자 리처드 플로리다(Richard Florida)는 '주택 가격의 불평등은 개인에 한정되는 것이 아니라, 지역과 도시 전체의 문제'라고 한다. 주택 가격은 개별주택의 입지보다는 지역 전체가 하나의 형태로 공간의 군집 현상을 나타내고, 지역 격차는 자본과 사람이 모일수록 심각해지는 불평등 구조이고, 사람과 돈이 도시로 모이고 경제가 발전할수록 경제 불평등은 심화된다는 것이다. 지방과 도시의 주택 가격과 임금 격차는 커지고, 도시 접근성은 고학력, 고소득자를 도시로 불러 모으고, 인재를 필요로 하는 기업도 도시로 집중하게 된다. 이러한 도시 경제의 메커니즘이 반복되면서 심화한다고 지역 격차를 '도시의 불평등'이라는 말로 대신하고 있다.

주택 격차 문제는 초기에는 주거의 공급 차이로 주택 소유와 임차의 문제가 중요하지만, 주택 보급률이 포화 상태가 되면서 주거의 질에 관심을 두게 된다. 실제로 전국 주택 보급률은 2008년을 기점으로 100% 초과했으며, 현재 서울을 제외하고는 포화된 상태다. 주택 공급이 포화된 다음 단계는 주거 만족도나 주변 환경의 주거 질에 관심을 두게 된다. 즉 교통, 교육, 쾌적, 편의시설의 입지와 단지나 주택의 특성이 중요하다. 이때 효용이나 자본에 의해 주택 가격의 불평등 구조가 발생하고 갈수록 심화한다. 주택의 수요공급에서 주거의 질과 효용 중심으로 변하면서 지역 간의 격차가 발생하고 불평등이 심화하고 있다. 입지 여건이 양호하고, 첨단 산업이 많은 수도권은 성장하고, 저성장의 지방 도시는 점점 낙후되고 있다.

주택 시장은 일반 상품처럼 수요와 공급으로 가격이 결정되나 선호도와 같은 효용도 부동산 가격에 영향을 준다. 수요 대비 공급이 부족한 지역, 거주민의 소득이 높은 지역, 공원 등 쾌적한 주변 환경을 갖고 있거나 도로 기반시설이 잘 갖추어진 지역, 교통이 편리하거나 도심에 가까운 지역의 주택 가격은 높다. 어떤 지역의 가진 매력적인 요인들이 자본화해 부동산의 가치를 상승시키는 요인으로 평가된다.

주택은 삶의 터전으로 거주와 경제활동을 위한 공간으로 생산활동과 불가분의 관계가 있다. 정보통신, 지식산업사회가 될수록 인재와 기업은 특정 도시로 집중되는 경향이 있고, 산업도 집적과 군집 등으로 경제 적으로 유리한 곳에 집중되고, 주거지도 직장 인근에 위치하는 편리성과 정보 공유가 가능한 직주근접을 선호한다. 도시 경쟁력은 산업, 인구, 주거환경이다. 특히 성장 기반이 없는 도시는 산업체 유치를 통한 인구 확대가 도시생존에 필수 요건이다.

《직업의 지리학》에서 엔리코 모레티(Enrico Moretti)는, '기존 산업은 1개의 일자리가 창출하는 유발효과는 1.6명이지만, 혁신적인 첨단 산업은 5개의 지역 일자리를 창출해 소득 증가와 생활 수준 향상을 가져와 도시의 성장을 이끈다'라고 주장했다.

## 2. 지역 가격 결정에 영향을 주는 요인

가격 결정은 고전경제학파의 시장에서 수요공급이론과 한계효용학파의 구매자 만족에 의한 효용과 비용 이론으로 크게 나누어진다. 주택 가격이 부동산 시장의 수요와 공급에 의하거나, 아니면 주택 구매자의 만족 선호도에 따라 결정된다.

가계는 생산 요소의 공급자이면서 소비생활의 주체다. 가계는 소비와 동시에 생산에 필요한 노동력, 자본, 토지를 제공함으로써 소득을 얻게 되고, 소득 내에서 소비한다. 여유자금은 내 집 마련이나 노후에 대비하기 위해서 저축이나 투자를 한다. 경제가 활성화해 기업의 생산량이 증가하고, 매출액이 증가하면 공장을 증설하게 되고 노동자의 고용과 소득이 증가한다. 이는 지역 인구를 증가시키고 도시기반시설의 구축을 더욱 필요하게 만든다. 그래서 기반시설을 확충을 위해 정부는 재정을 활용한다.

고전경제학파의 기본 가격 결정이론을 단순화하면 수요와 공급이 일치하는 지점에서 가격이 이루어진다. 주택 가격 결정에 일반가격이론을 적용하면 수요함수와 공급함수에 의해 결정되는데, 주택의 일반적 수요함수는 개인 소득, 소비 수준, 보유자금, 정부 지원이나 세금 등이다.

주택 공급은 토지에 인력과 자본을 투하해 주택을 공급한다. 주택 가격은 수요량과 공급량이 일치하는 지점에서 결정된다.

한계효용이론은 수요 측면에서 효용, 즉 욕망의 만족 정도를 한계비용과 한계효용이 가격을 결정한다고 주장한다. 즉, 생산원가에 이윤을 추가하는 가격이 아니라 사용가치보다는 소비자가 만족하고 차별화한 상품에 대해 기꺼이 내려는 가격이다. 즉, 주택의 가격은 생산원가보다 편의성, 주거의 만족으로 결정된다.

주택 선호도를 고려한 입지 여건의 데이터는 다음과 같다. 교통은 버스, 지하철을 이용하는 수를 12세 이상 통근·통학하는 인구수로 나눈 대중교통 이용 비율(%), 환경인 공원은 도시의 소공원, 어린이공원, 근린 공원, 수변공원, 체육공원 등의 인근 공원면적을 인구당 환산한 자료이 며, 시설은 인구당 상가시설 개수로 소상공인진흥공단의 200만 개 상가수를 지역 인구(1,000명당)로 나누어 산출했다.

고용의 근로납세자수는 지역에 근로소득세를 원천징수하는 고용자수(1,000명)로 국세청 자료를 이용했다. 학군은 고등학교 수능성적으로 전국 일반고와 자율고 1,700개 학교의 약 60만 명 응시자 중 약 10% 이내 우수 성적에 해당하는 1등급과 2등급의 학생 비율을 지역별로 산출한 자료를 이용했다. 이웃은 거주 인구 중 대학교 이상 졸업자의 비율을 이용했다.

인공신경망의 중요도 분석에서 중요한 것은 자본, 소득, 이웃, 고용 순이다. 회귀분석과 신경망의 종합적 평가는 교통, 고용, 소득, 이웃 순이다. 회귀분석 영향력의 크기는 교통, 고용, 소득, 이웃 순이다. 상관계수에서는 교통, 소득, 고용, 노동, 이웃 0.70 이상으로 주택 가격과 가장 밀접하다. 인공신경망의 영향력 크기를 정리해보면 평균 정규화 중요도는 자본, 소득, 이웃, 고용, 시설 순이다. 특이한 점은 회귀분석에서 유의하지 않은 금융매출액이 가장 중요도가 높았다.

회귀분석와 인공신경망의 중요도 종합 평균 순위는 고용, 교통, 소득, 이웃, 시설 순으로 입지 변수가 높게 나타났다. 특히 교통과 고용은 모두에서 가장 중요한 요인으로 나타났다. 통계 분석의 결과를 정리하면 주택은 유대감과 소속감을 형성하는 주변환경과 연결하는 공유의 공간으로 교통이 편리하고, 일자리가 풍부하며, 쾌적하고, 자녀들을 교육하기 좋고 이웃과 교류할 수 있는 입지가 가치 있다고 할 수 있다.

분석 결과를 종합하면 지역 주택 시장의 가격을 결정하는 상당 부분은 전통적 경제이론인 수요공급요인만 분석할 때는 자본을 제외한 소득, 소비, 저축, 재정, 토지, 노동에 유의했고, 효용의 함수인 입지여건에서는 환경, 시설, 고용, 교통, 학군, 교육 수준 등 모두에 유의했다. 전체적 분석에서는 재정, 노동, 자본의 3개 변수를 제외한 모두에 강하게 유의했다.

전통적 수급변수모형보다 효용의 함수인 입지여건모형이 설명력, 유의변수 모두에서 높았다. 다른 해석으로는 입지란 물리적인 공간에 한정되는 것이 아니고 감정이나 만족도, 그리고 주변 사람들에 의해 좌우된다는 것이다.

| 주택가격 | 대리변수 | 상관관계 | 회귀분석 | 인공지능 | 순위 |
|---|---|---|---|---|---|
| 교통 | 대중교통 이용 | 76% | 100% | 45% | 1 |
| 고용 | 근로납세자수 | 59% | 92% | 49% | 2 |
| 소득 | 지역소득 | 4% | 70% | 66% | 3 |
| 이웃 | 대졸 이상 | 71% | 66% | 52% | 4 |
| 시설 | 상가수/인구 | -59% | 60% | 49% | 5 |
| 자본 | 금융 매출/인구 | 76% | 2% | 89% | 6 |
| 소비 | 상가소비액 | 18% | 37% | 46% | 7 |
| 저축 | 고소득직업 | 83% | 48% | 29% | 8 |
| 재정 | 재정 자립도 | 24% | 48% | 27% | 9 |
| 환경 | 공원 면적/인구 | -30% | 40% | 32% | 10 |
| 토지 | 주택 보급률 | 4% | 33% | 36% | 11 |
| 학군 | 수능 1, 2등급 | 51% | 27% | 28% | 12 |
| 노동 | 종업원 급여 | 73% | 7% | 48% | 13 |

**지역 가격 요인 분석 결과 비교**

인공지능의 방식을 이용한 인공신경망(ANN)은 평균제곱근오차(RMSE)가 가장 적었고, 설명계수도 91%로 상당히 높았다. 통계에서 이용한 입지 변수로 90% 이상 설명할 수 있다. 즉 정확도가 90% 이상으로 매우 높다는 의미다. 이는 앞서 소득, 일자리, 학력 등에서 확인된 바가 있다.


## 3. 자연 감소, 저출산, 1인 가구, 장수화로 인한 인구 구조 변화

인구 구조가 변화하고 있다. 저출산, 고령화로 대표되는 인구 문제는 이 2가지 외에도 더 다양하고 복잡한 요인들이 있다. 주택 가격과 관련해서 생각해보면 저출산이면 주택 수요가 줄고, 고령화로 주택 축소 지향이어야 마땅하나 최근의 상황들은 그 예측이 크게 어긋났다. 교통통신의 발달로 인한 탈공간화로 상가, 공장, 사무실, 주택 입지는 중요하지 않고 도시는 축소될 것이라 예상했으나 결과가 그 반대다.

주택 문제와 관련한 인구 문제를 살펴보자. 저출산과 고령화로 장래의 경제 성장이 어려울 것이라고 한다. 하지만 지식정보 시대에 생산인구는 사실상 필요하지 않을 수 있다. 로봇이 공장 일을 대신하고, AI가 사무실 일을 대신하는 시대에 일자리가 없어지는 것이 문제이지, 생산할 노동력이 필요하지는 않을 것이다.

그렇다면 인구 증가가 왜 필요할까? 그것은 소비 때문이다. 경제가 성장하기 위해서는 만들어진 물건을 사줄 사람이 필요하다. 우리나라는 100년 전의 1,000만 명에 비해 지금 인구가 5배나 늘었고, 세계에서 인구 밀도가 가장 높은 나라 중 하나다. 그러나 출산율이 크게 줄고 인구 수도 감소하면, 사회의 여러 가지 문제가 발생할 것으로 우려되고 있다.

인구 문제에서 주의 깊게 보아야 할 것은 과거와 다른 형태의 인구 변화다. 인구가 증가만 하던 시대는 지나가고 감소하는 축소사회에 돌입했다. 인구의 자연 감소가 시작된 것이다. 우리나라도 2019년을 기점으로 출생자 수보다 사망자 수가 더 많아지기 시작했다. 물론 인구는 출생과 사망 이외에도 해외 유출입 인구수가 포함된다. 최근 자연 감소가 오래전부터 시작된 일본을 예로 들면서 우려의 목소리가 크다.

| 2020년 | 전국 | 수도 | 지방 | 수도비중 |
|--------|------|------|------|----------|
| 인구수 | 51,829,023 | 26,062,069 | 25,766,954 | 50% |
| 출생아수(명) | 272,400 | 141,200 | 131,200 | 52% |
| 사망자수(명) | 305,100 | 124,000 | 181,000 | 41% |
| 혼인건수(건) | 213,502 | 114,134 | 99,368 | 53% |
| 이혼건수(건) | 106,500 | 51,196 | 55,304 | 48% |
| 자연증가(명) | -32,700 | 17,200 | -49,900 | 전입 : 83,000 |
| 세대수 | 611,642 | 327,145 | 284,497 | |

2020년 인구 관련 데이터 현황

주택 문제와 관련해 가구수는 인구 감소에도 불구하고 계속 증가하는데, 특히 2020년에는 주민등록 세대수가 60만 이상 크게 증가했다. 이러한 배경에는 1인 가구의 증가가 있다. 수도권이나 지방, 젊은 층, 나이 든 층과는 관계없이 1인 가구가 많이 증가하고 있다.

또 다른 변화는 결혼과 이혼의 감소다. 결혼 건수가 10년 전에 비해 반으로 줄었다. 이는 가구수에 영향을 주어 주택 가격에도 크게 영향을 준다. 역설적으로 높은 주택 가격이 결혼 시기를 늦추고 출산율도 낮춘다.

다음 페이지의 자료는 인구와 가구 변동에 영향을 주는 출생, 사망, 결혼, 이혼의 추이를 잘 보여주고 있다.

인구나 산업의 변화 추이는 빠르지는 않지만, 점진적으로 지속해서 꾸준히 변화하고 있다. 인구의 변화는 경제변수의 변동처럼 크게 요동치지는 않지만, 한 방향의 추이를 가지고 꾸준히 진행한다. 예를 들면, 1920년 남한의 인구는 1,000만 명이었다. 지금은 5,000만 명이 넘었

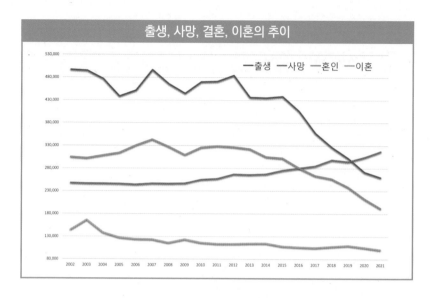

출생, 사망, 결혼, 이혼의 추이

다. 100년간 전쟁이나 재난 전염병도 있었지만 5배나 꾸준히 증가했다. 그러나 2019년부터 출생자보다 사망자가 많아지면서 인구의 자연감소가 시작되었다. 이 추세가 몇십 년, 몇백 년을 이어갈지 누구도 정확히 모른다.

수도권의 인구는 2000년 2,175만 명에서 2021년 2,569만 명으로 약 40만 명이 증가했다. 2020년에는 수도권 인구가 지방권 인구를 추월해 전국의 수도권 비중은 46.3%에서 50.4%로 4.1%p 증가했다. 즉 인구는 수도권 집중이 심화했다고 할 수 있다.

가구수는 2000년 742만에서 2021년 1,567만 세대수로, 56%인 415만 세대가 증가했다. 인구수의 점진적 증가와 달리 가구수는 폭발적으로 증가했다. 이 폭발적 증가가 2020년에 수도권의 주택 가격을 폭발시켰다고 앞서 언급했다.

일본의 1인 가구 점유비율은 1990년 29%에서 2015년 35%로 증가했고, 2040년 39.3%로 전망한다. 일본 1인 가구 증가 사유는 직장 이외에 비혼, 고령화로 인한 사별, 이혼 등이다. 자연 감소가 오래전부터 시작된 일본을 예로 들면서 우려하는 목소리가 크다.

### 1인 가구 증가 현황

| 구분 | 전국 | | | | 수도권 | | | | 지방권 | | | |
|---|---|---|---|---|---|---|---|---|---|---|---|---|
| 1인가구 | 가구증가 | 전체 점유비 | 1인 증가 | 증가점유비 | 가구증가 | 전체 점유비 | 1인 증가 | 증가점유비 | 가구증가 | 전체 점유비 | 1인 증가 | 증가점유비 |
| 2016 | 256,666 | 28% | 194,175 | 76% | 117,308 | 26% | 74,959 | 64% | 139,358 | 29% | 119,216 | 86% |
| 2017 | 306,179 | 29% | 221,062 | 72% | 164,538 | 27% | 110,663 | 67% | 141,641 | 30% | 110,399 | 78% |
| 2018 | 305,313 | 29% | 229,917 | 75% | 189,517 | 28% | 131,390 | 69% | 115,796 | 31% | 98,527 | 85% |
| 2019 | 364,000 | 30% | 298,922 | 82% | 238,613 | 29% | 185,640 | 78% | 125,387 | 31% | 113,282 | 90% |
| 2020 | 583,522 | 32% | 495,838 | 85% | 303,296 | 31% | 233,007 | 77% | 280,226 | 33% | 262,831 | 94% |
| 2021 | 521,753 | 33% | 522,434 | 100% | 293,150 | 32% | 267,098 | 91% | 228,603 | 35% | 255,336 | 112% |

위의 자료를 보면 우리나라 전체 가구에서 1인 가구가 차지하는 비율은 2016년 전국 28%에서 33%로 5%P 증가했고, 같은 기간에 수도권은 4%P, 지방은 6%P 증가했다. 지방의 1인 가구 증가 속도가 수도권 보다 더 빨랐다.

2019년부터 가구수 증가에 1인 가구 비중이 80% 넘게 점유하고 있다. 2021년의 가구수 증가에서 1인가구 비중은 전국 100%, 수도권 91%, 지방 112%이다. 지방의 경우, 1인 가구의 증가율을 제외한 일반 가구는 오히려 감소했다고 할 수 있다.

1인 가구 생성 사유를 보면 수도권은 직장이나 부모에게서의 독립이 많았고, 지방은 가족과 다른 곳에 거주하거나, 독거노인이 된 가구가 많았다. 고령화와 부부의 수명 차이로 인해 혼자되는 여자 70~80대가 많았다.

설문조사에서 1인 가구의 증가 원인으로 결혼의 가치관, 개인주의,

경제적 요인, 부동산 가격 등 다양한 의견이 제시되었다. 가장 많은 이유는 결혼에 대한 가치관인데, 결혼이 꼭 해야 하는 것이 아닌 선택적인 것으로 변화했다. 그래서 비혼이나 만혼으로 이어지고, 이혼에 대한 인식 변화까지 더해져 결혼의 가치관이 많이 변화했다. 결혼할 때까지 부모와 동거하던 시대에서 어느 정도 생활 기반이 되면 독립하는 것이 일반화되었다. 결혼으로 2인이 1가구를 형성하던 방식이 1인 1가구로 바뀌면서 소비패턴이나 주택 수요가 변화했다.

가구수 증가는 주택 수요를 불러왔고, 이를 제때 공급하지 못하면 주택 가격은 오를 수밖에 없다. 이혼도 당연히 가구원의 분리로 가구수가 늘어날 수밖에 없다. 2022년 10만 쌍이 이혼했는데 이 숫자만큼 가구수와 주택 수요가 증가할 수밖에 없다. 1인 가구의 문제는 청년들만의 문제가 아니다. 50대 이상의 1인 가구가 전체 1인 가구의 50% 이상을 차지한다. 고령화와 남녀 수명 차이가 1인 가구 증가에 영향을 준다.

고령화로 사별에 의한 1인 가구는 가구수 증가나 주택 수요는 발생하지 않는다. 그리고 주택의 공급도 이루어지지 않는다. 왜냐하면 농촌에서는 대개 혼자 남은 노인의 1인 1주택이 일반적이기 때문이다.

앞으로는 1인 가구에 대한 주택 공급 대책이 필요하다. 특히 도시 청년의 주거 대책이 필요하다. 청년세대를 위한 아파트나 단독주택, 소형주택 대책이 필요하다. 다가구주택(도시형 주택) 그 외 대학 기숙사, 사원 아파트, 독신 숙소, 오피스텔 등 소형 주거 시설 확충이 대안이 될 수 있다.

# 4. 4차 산업혁명이 수도권 집중을 심화시킨다

이 장에서는 산업구조의 변화에 대해 설명하고자 한다. 종업원수에 국한해 볼 때 2019년 전국 종업원수는 2,270만 명으로, 수도권 비중이 2006년 50.6%에서 51.1%로 약간만 증가했다. 정보통신 5.9%, 교육 서비스는 2.6% 증가했으나 제조업은 1.6% 감소했다. 이는 산업구조가 변화하고 있음을 보여주는 것으로, 이에 대한 설명은 다음 장에서 하겠다.

매출액은 수도권이 지방 대비 59%, 급여도 55%, 영업이익은 61%로 질적 면에서 수도권의 비중이 높았다. 산업 면에서 수도권 산업이 매출액, 이익률이 높고, 종업원 급여도 높아 수도권에 경제력이 집중될 수밖에 없다. 우리나라의 산업구조가 제조업 중심에서 정보통신 및 지식기반형 산업 중심으로 전환되고 있다. 앞으로 미래 경제를 선도할 첨단 산업 및 지식기반형 산업은 점점 더 수도권 집중을 심화시킬 것이다.

산업구조와 인구구조의 변화가 공간구조를 변화시키고, 수도권 인구 집중을 가져와 수도권에 인력과 첨단 산업이 집중되어 주택 가격이 상승하고, 지방은 일자리 감소와 더불어 인구가 감소되어 점점 더 쇠퇴할 수밖에 없는 상황이 된다.

제조업의 지식기반 산업으로 인한 인력 수준의 고급화로 고용구조 변화가 지역 일자리 쏠림, 지방 소멸 등에 영향을 미쳤다. 수도권에 산업과 고용이 집중하면서 인구와 가구 증가로 주택 수요를 유발해 주택 가격이 상승하고 있다. 반면 지방의 제조 중심 도시들은 산업 쇠퇴, 고용 감소, 인구 유출로 주택 가격이 하락하거나 수도권에 비해 적게 상

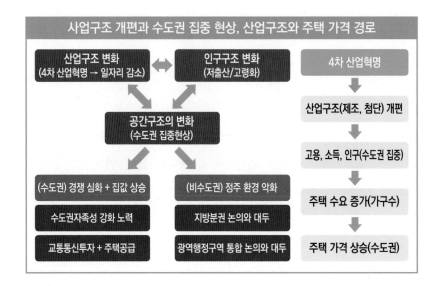

사업구조 개편과 수도권 집중 현상, 산업구조와 주택 가격 경로

| 산업구조 변화 (4차 산업혁명 → 일자리 감소) | ↔ | 인구구조 변화 (저출산/고령화) |

공간구조의 변화 (수도권 집중현상)

(수도권) 경쟁 심화 + 집값 상승 / (비수도권) 정주 환경 악화
수도권자족성 강화 노력 / 지방분권 논의와 대두
교통통신투자 + 주택공급 / 광역행정구역 통합 논의와 대두

4차 산업혁명 → 산업구조(제조, 첨단) 개편 → 고용, 소득, 인구(수도권 집중) → 주택 수요 증가(가구수) → 주택 가격 상승(수도권)

승했다.

수도권 집중에는 인구사회 요인, 경제·산업 요인, 문화·의료 시설 등의 요인 등이 영향을 주는 것으로 여러 연구에서 확인되었다. 4차 산업혁명으로 산업구조가 변화하면서 고용구조도 바뀔 것으로 예측된다.

다음 장에서 자세한 설명을 하겠지만, 크게 보자면 제조업 중심의 지방 도시의 인력들이 지식산업의 수도권으로 이동할 수밖에 없는 상황이 오고 있다. 대표적인 산업도시(포항, 울산, 창원, 거제, 여수, 광양, 구미 등)를 떠올리면서 비교해보면 이해가 빠를 것이다.

산업 측면에서 정리하자면 제조 중심의 지방 산업도시는 제조업의 쇠퇴로 일자리가 감소할 뿐만 아니라 소득과 소비가 감소하고, 상권이 쇠퇴하며, 인구가 감소해 도시가 축소될 수밖에 없는 상황이다. 이 배경 에는 4차 산업혁명으로 인한 산업 개편이 있다.

## 5. 집적, 군집, 혁신이 산업구조를 바꾼다

전통적 입지이론은 토지 비옥도, 거리, 수송비, 매출액 등 공간 중심으로 발전해왔다. 그러나 교통, 정보통신의 발달로 더는 공간이 중요하지 않게 되었다. 정보통신의 발달로 필요한 인력이 축소되고, 재택근무로 사무실은 줄어들었다. 전자상거래 활성화로 매장이 감소하고, 자동화와 해외 이주로 공장이 줄어들며, 교통 발달로 직장·주거 분리가 가능해 주거의 위치 중요성이 감소해 노동 인구는 교외로 이동한다. 따라서 도시의 사무실, 상가, 인구가 감소해 주택 가격은 하락할 것으로 예상했다. 그러나 예상과 달리 날이 갈수록 주거지와 인구는 대도시에 집중되었고, 사무실, 상가, 공장은 특정 지역에 집중되고 있으며, 지방 중소 도시는 상대적으로 쇠퇴해 부동산 가격은 차별화되어가고 있다. 정보 통신의 혁신적인 기술의 발전은 같은 업종이 한 지역으로 모여 외부효과로 나타나는 집적경제와 연관 산업이 집중되는 군집화가 나타나고 있다. 정보와 지식 공유, 우수 노동력과 기술의 집중화, 인프라의 집중 등으로 소득, 학력, 수명, 주택 가격까지 지역 불평등이 심화하고 있다.

한국부동산원의 특정 3년간 주택 가격 상승률 분석에 의하면, 서울은 크게 상승했으나, 지방 제조도시는 오히려 하락했다. 구체적으로 2015~2019년 10월까지의 아파트 가격 상승률을 지역별로 분석하면 전국 평균은 2.3%이고, 서울 12.3% 상승했으나 지방 8개 도는 평균 -3.9% 하락했다. 특히 지방의 전통적 산업도시인 군산은 -10%, 울산 -11%, 포항 -12%, 창원 -17%, 거제는 -27%로 크게 하락했다. 반면 수도권 도시인 과천시는 19%, 광명시 17%, 성남시는 14%로 상승했

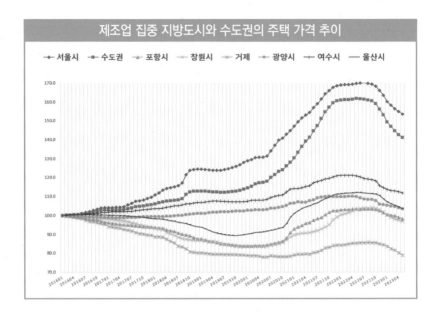

제조업 집중 지방도시와 수도권의 주택 가격 추이

다. 서울과 수도권과 지방 도시의 주택 가격 격차가 점점 커지고 있다.

지역별 격차의 주요 원인은 산업구조 때문이다. 첨단 산업 중심의 수도권은 상승했으나, 조선업, 자동차, 기계 등 제조업 중심의 지방 도시 주택 가격은 하락했다. 산업은 지역의 일자리를 창출하며 소득의 원천이다. 고도로 숙련된 근로자는 고임금 일자리를 얻을 수 있는 곳으로 이주할 동기가 있다. 높은 소득을 올리는 사람들이 모이는 곳에 더 많은 산업과 일자리가 창출한다. 첨단, 고연봉의 산업체가 입지한 수도권은 고용과 소득의 증가로 주택 수요가 많아져 주택 가격이 상승했다. 지방은 산업구조 등으로 고용이 감소하고 지역경제는 위축되고 있다.

이러한 현상은 국가 경제에서도 나타난다. 일본의 장기불황은 산업구조가 자동차나 기계산업에만 의존하고, IT 산업화에 대응하지 못했기 때문이라는 주장이 제기되었다(저성장시대의 일본경제, 임채성 외, 2017).

## 6. 수도권 집중화와 지역 격차 해소 방안

수도권의 주택 가격은 크게 상승하고 지방의 주택 가격은 크게 하락하는 모습을 보인다. 첨단 산업이 집중된 수도권은 고용과 가구가 크게 증가해 주택 가격이 상승한 반면, 지방은 반대로 하락했다. 산업구조(제조 첨단) 산업 발달로 지방 제조 도시들은 공장 자동화, 해외 공장 이주, 전자상거래 활성화 등으로 고용 감소가 일어나게 되었고, 비교적 일자리가 많은 수도권으로 인구가 몰리면서 이는 주택 가격 하락으로 이어지고 있다. 반면 수도권은 미래산업이 수도권을 중심으로 빠르게 재편되고 스마트시티, 3기 신도시 정책, GTX, 통신 산업 주력 전환, 교통 발달 등 고용과 소득의 증가로 인구가 집중되어 주택 가격은 날로 상승하고 있다.

먼저, 주택 가격의 차별은 경제적 빈부의 차이, 사회적 차별의 증가로 국민의 불안을 가중시키게 될 것이다. 그러나 주택 가격 상승에 대한 규제 때문에 자금 조달이나 세금 부담이 높아져 주택 구입이나 이전이 쉽지 않아 주거환경이 좋은 지역에 이동하기 어렵게 만들어 주택 시장의 경직성을 증가시키고 있다. 수요억제나 규제와 같은 정부 중심의 주택 정책으로 주택 가격의 불평등을 해소하겠다는 것은 악순환을 증가시킬 뿐이다. 대안으로 교통, 인프라, 일자리, 교육의 확충으로 살기 좋은 도시를 만들면, 주택 가격의 차별은 점차 해소될 수 있을 것이다. 따라서 이러한 지역적 격차 해소를 위한 정부의 지속적인 지방 중소도시 지원 정책이 필요할 것이다.

그리고 지역별 주택 가격 차이는 고용이 핵심임을 파악해야 한다. 특정 지역에 부와 경제를 집중하게 된다면 소외된 중소 지방 도시들은 밀려서 점점 더 위축되고 소멸하게 될 것이다. 특히 농촌은 저소득, 생활 시설, 교통의 불편으로 인구는 줄고 빈집은 점점 늘어나게 될 것이다.

이에 따른 대책으로 지방 중소도시의 수요와 공급을 체계적으로 파악하고 낙후 지역은 인구와 소득·소비의 증가를 위해 고용이 더 촉진될 수 있도록 정책을 개발하고 산업 혁신 정책을 세워야 할 것이다.

기술의 발달로 사회가 크게 변화하고 우리의 삶이 바뀌고 있다. 인터넷과 인공지능 발달은 공간과 시간을 초월하고 있지만, 인간은 더 소통하기를 원하고 있다. 정보와 지식 공유, 인프라 집중, 산업 연계, 인력과 기술 확보 용이 등의 집적이익으로 도시의 변화를 만들어가고 있다. 글로벌화 시대에는 경제활동 및 기술 중심이 오히려 국가에서 지역으로 옮겨가고 있다. 이제는 도시의 성장을 통한 활성화를 이끌면서 일자리 창출과 경쟁력 있는 지속 가능한 도시를 만드는 것은 국가정책으로 가장 중요하다.

지역에 따른 주택 가격 격차가 갈수록 심하다. 이를 해소하기 위한 대안을 제시하고자 한다.

첫째, 지역별 주택 가격 격차의 핵심 요인은 교통과 고용이다. 우수 도시는 높은 학력, 높은 소득과 도시의 교통, 인프라 등의 확충으로 다른 도시와의 격차가 갈수록 확대된다. 정보통신, 지식산업사회가 될수록 인재와 기업은 특정 도시로 집중하고, 첨단 산업도 집적과 군집을 중심 으로 한곳에 모인다.

지방 도시의 대책으로 일자리 확대가 도시생존에 필수 요건이다. 우선 격차 요인인 교통인프라를 확충하고, 정보와 지식의 격차를 해소하기 위해 교육과 고용이 촉진될 수 있도록 일자리 정책을 확대하고 장기적으로는 산업 혁신 등의 정책을 세워야 할 것이다. 중소도시들은 전통적 제조업 유치보다는 지역 특성에 맞는 산업의 육성이 필요하다. 기존의 대표 산업을 확장하고 새로운 산업을 발굴해서 지원하는 것이 필요하다. 첨단 산업보다는 관광, 교육, 유통 등 많은 고용이 필요한 업종이 지역경제 활성화에 도움이 될 것으로 생각한다.

둘째, 정보통신과 인공지능의 발달은 공간과 시간을 넘어서 새로운 산업과 직업이 만들어지거나 소멸해 앞으로 많은 변화가 예상된다. 4차 산업혁명으로 산업구조 개편이 예상되어 제조업 중심 지방 도시는 쇠퇴하고, 첨단 혁신산업이 위치하는 수도권 지역은 인구, 일자리가 집중되어 주택 수요가 증가할 것으로 예상해 주택 가격의 불평등이 심화될 것이다. 수도권 도시들은 일자리의 유발효과가 큰 첨단 산업의 유치와 우수 노동력 및 인프라와 지식전파가 가능한 집적경제와 클러스터의 산업단지 건설과 지원이 요구된다. 주택은 복합개발, 고층화, 대중교통, 친환경의 압축도시(Compact City) 건설을 도입할 필요가 있다. 서울의 택지 부족으로 주택 가격의 압력은 더 커질 것으로 예견되어 최근의 세계적 추세인 구 주거지 도심회귀현상을 검토해 직주근접, 교통 편리, 고학력자가 많은 옛 중심가에 주택복합 도심재개발 계획이 필요하다.

셋째, 지역 간 격차 해소를 위해 고용 확대, 소득 차이 완화, 산업의 균형 배치가 요구된다. 주택 가격의 차별은 경제적 빈부의 차이와 사회적 차별 증가로 국민의 불안을 가중하게 될 것이다. 정부 중심의 주택 정책으로 주택 가격의 불평등을 해소하겠다는 것은 악순환을 증가시킬 수 있다. 주택 가격에 직접 개입하기보다는 교통, 인프라, 일자리, 교육의 확충으로 살기 좋은 도시를 만들면 주택 가격의 차별은 점차 해소될 수 있을 것이다. 또한, 지역적 격차를 완화하기 위한 산업균형 배치는 정부의 형평성과 선택 및 집중의 기업 효율성과 상충할 수 있다. 글로벌 경쟁시대에 형평성과 균형만을 강조하다 보면 기업이나 산업이 뒤처질 수 있으므로 유연한 전략이 필요하다. 각 지역의 특성에 맞는 산업을 육성하고, 다양한 지역개발을 통해 지역 간 성장격차를 줄이면 주택의 격차도 해소될 수 있다.

결론적으로 주택 가격의 격차가 심각한 상태인 만큼 지역 저성장의 악순환과 수도권과 불평등을 해소하고 심화를 막기 위해서는 지방의 공간과 정보의 인프라를 개선하고, 경쟁력 있는 산업의 유치와 일자리 창출로 지역 성장의 격차를 줄여야 지역 격차와 주택 가격 격차를 해소할 수 있다. 아울러 교육, 환경, 사회자본 재정 투자를 통해 활력 있고 매력적이며 지속 가능한 지방 도시로 만들어가는 것이 중요하다.

# 글로벌 주택 가격 동조화

## 1. 최근 글로벌 주택 가격 추이

세계금융위기는 부동산 시장에서 발생해 금융 시장에 영향을 주었고, 전 세계 경제로 확대되었다. 세계금융위기를 겪으면서 부동산의 국가 간 연관성은 강화되고 있다. 과거에는 한 국가 안에서 부동산의 고유한 요인과 수급 상황에 따라 부동산 가격이 변동되었지만, 근래에는 부동산 증권화, 글로벌화로 점차 거시경제 및 자본 시장과 밀접한 연관성과 주택 가격의 국제적 공동 추세 현상을 보인다. 부동산 증권화 및 유동화로 부동산 시장은 자본 시장과 연관성이 증가하고, 또한 자본 시장과 더불어 부동산 시장도 글로벌화 되어가고 있다. 이로 인해 주택 가격도 글로벌 경기 변동에 더 민감하게 반응하고 있다. 특히 세계금융위기 이후 두드러지게 나타나고 있지만, 사실 오래전부터 많은 국가의 주택 가격이 비슷한 추세로 등락을 거듭하는 경향을 보였다. 이는 글로벌 주택 가격의 변화가 한국이나 다른 국가의 주택 가격 변화 때문에 상당한 영향을 받을 수 있다는 것을 의미한다. 따라서 한 국가의 주택 가격 요인을 분석하고 예측할 때 글로벌 주택 가격이 고려되어야만 한다.

국가 간 주택 가격의 동조화는 자본의 국제 이동이 활발해짐에 따라 한 나라의 경제 상황이 시차를 두고 관련국의 변동으로 직결된다. 주택 가격은 부동산 시장의 글로벌화 등으로 국내 시장의 변동성보다는 외국의 시장의 변동성에 의한 영향이 증가하고 있다. 글로벌화가 진행되면서 다양한 차원에서 각국이 더욱 상호의존적으로 되고 있어 경기에 따른 세계 주택 가격의 동반 이동은 주택 가격 변동의 동조화 현상과 파급효과가 증대되고 있다.

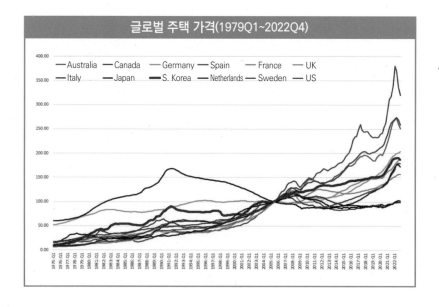

미국 연방은행에서 1978년부터 OECD 30여 개 국가의 주택 가격을 분기 데이터로 작성해서 발표하고 있다. 여기서는 한국을 포함한 주요 12개 국가를 분석하기로 한다. 위 자료는 1975년부터 2022년 4분기

까지로 2005년을 100으로 기준을 정했다.

우선, 일본을 제외하고 전제적으로 우상향, 즉 상승곡선을 그리고 있다. 한국도 특별할 것 없이 평균적으로 움직이고 있다. 소득 대비에서도 양호한 흐름을 보여주고 있다. 그러나 1991년까지 급상승하던 일본 주택 가격이 30년이 지나도록 반등할 줄 모르고 있다. 이러한 특이한 현상은 따로 설명하기로 한다. 특이점은 독일과 스웨덴으로, 2010년 이후 갑자기 급상승하기 시작했다. 두 나라는 사회주의 주택정책으로 임차주택 의무 공급과 임대료 상한제 등으로 정부주도의 주택정책을 펴온 나라다. 임차인 보호 정책이 한계가 온 것일까?

2020년 이후 전 세계의 주택 가격이 상승했는데 하락한 나라는 일본, 이탈리아, 스페인 3개국이다. 원인이 궁금하지 않은가? 정치 불안, 인구 감소, 노령화 등을 생각해볼 수 있다. 그러나 그러한 현상은 다른 나라도 겪고 있는 현상이다. 공통점은 경제 상황, 특히 주력 산업의 부재 또는 쇠퇴라고 생각된다. 이 문제는 일본을 모델로 뒤에서 검토하기로 한다.

| 국가 | 호주 | 캐나다 | 독일 | 스페인 | 프랑스 | 영국 | 이탈리아 | 일본 | 한국 | 네덜란드 | 스웨덴 | 미국 |
|------|------|--------|------|--------|--------|------|----------|------|------|----------|--------|------|
| 2010년 | 73% | 117% | 105% | -4% | 30% | 74% | -10% | 15% | 51% | 64% | 82% | 92% |
| 2020년 | 318% | 378% | 100% | 96% | 168% | 216% | 49% | -22% | 152% | 119% | 263% | 158% |

위의 표는 2000~2022년까지 주요국 집값 상승률이다. 주택 가격의 상승세가 가장 두드러진 국가는 캐나다, 호주, 스웨덴, 영국 순으로 200% 이상이다. 그러나 일본은 −22%로 아직 1990년 부동산 폭락이 30년 이상 회복이 안 되는 상황이다. 캐나다는 378%로 4.7배 올랐다. 즉, 2000년에 1억 원짜리 주택이 4.7억 원이 되었다는 이야기다. 이렇

게 크게 상승한 이유는 해외이민자를 많이 받아들이면서 주택 수요가 증가했기 때문으로 파악된다. 2010년 대비 상승률도 유사한 상태를 보인다. 이탈리아, 스페인은 주택 가격이 하락했다. 한국은 미국과 함께 평균 수준을 유지하고 있다.

스웨덴은 사정이 조금 다르다. 2015년 이전까지는 상승률이 완만했고, 다른 나라에 비해 상승 폭이 작았다. 사회복지국가로 주택 임차인 보호와 임차주택의 다량 공급, 임대료 상승률 제한 등 국가의 임대차 관리로 상승률이 제한적이었으나, 도시의 주택 공급 부족으로 특히 스톡홀름 시내에 입주하기 위해서는 10년 이상 기다려야 하는 상황이 발생하면서 주택 가격이 상승하기 시작해 상승률 순위 3위가 되었다. 이는 주택 가격 정책의 방임도 문제지만, 시장주의에 반하는 주택복지 정책도 결국에는 주택 가격의 상승을 불러올 수밖에 없다는 교훈을 준다.

독일도 스웨덴과 유사한 결과를 가져왔다. 특히 독일은 강력한 임대주택 지원 및 보호 정책으로 2015년 전까지 일본처럼 주택 가격이 침체되었으나, 최근 급상승하고 있다. 2015년 기준으로 상승률은 캐나다 100%로 1위이고, 다음으로 독일 75%로 2위다. 서유럽 국가들은 주택 복지 정책을 오래전부터 강력하게 추진해왔다. 독일은 비스마르크(Bismarck) 이후 공공임대, 임대료 통제 등을 시행했고, 프랑스는 오래전부터 사회주택 이라는 이름으로 공공 주택을 공급하고 지원해왔다. 그러나 임대료 통제에 의한 공급 부족으로 인한 가격 상승을 어쩔 수 없이 바라보고 있을 뿐이다.

유럽의 다른 나라에 비해 가격 상승률이 낮은 국가는 이탈리아와 스페인이다. 스페인은 2008년 세계금융위기 이후 크게 하락했으나 최근 많이 회복했다. 그러나 이탈리아는 세계금융위기 기준으로 -13% 하락해 15년이 지난 아직도 회복을 못 하고 있다. 이는 정치적 불안이나 코로나 영향으로 인한 관광 수입 감소 때문인 이유도 있지만, 근본적으로 산업의 변화 때문으로 생각한다. 일본처럼 정보통신과 지식산업 시대에 적응하지 못하고 뒤처졌기 때문이라는 주장이다.


## 2. 글로벌 주택 가격 동조화

주택은 이동할 수 없으며 시장이 분리되어 있고, 고정된 지역에 위치하는 부동산이다. 다른 내구재나 상품처럼 다른 나라에 팔거나 살 수 없다. 즉 국가 간 거래가 어려운 비교역재다. 또한, 국가마다 정책, 인구, 소득, 제도, 주택의 수요, 공급 등 여건이 다르다. 그런데도 글로벌 주택 시장에서 가격의 동조화 현상이 나타나고 있다.

과거에는 한 국가 안에서 부동산의 고유한 요인과 수급 상황에 따라 부동산 가격이 변동되어왔다. 그러나 2000년부터는 주가, 금리, 부동산 등 주요 투자 자산의 연관성은 점점 높아져왔으며, 특히 부동산 증권화 및 유동화로 부동산 시장은 자본 시장과 연관성이 증가하고, 또한 자본 시장과 더불어 부동산 시장도 글로벌화 되어가고 있다. 특히 세계 금융위기 이후 두드러지게 나타나고 있지만, 사실 오래전부터 여러 나라의 주택 가격이 비슷한 추세로 등락을 거듭하는 경향을 보였다. 이는 글로벌 주택 가격의 변화가 다른 국가 주택 가격의 변화 때문에 상당한 영향을 받을 수 있다는 것을 의미한다.

따라서 한 국가의 주택 가격의 요인을 분석하고 예측할 때 동조화하는 다른 나라의 주택 가격이 고려되어야 한다는 것을 의미한다. 왜냐하면, 향후 주택 가격이 그 국가의 주택 정책에 반응하는 것뿐만 아니라, 다른 국가들이 만드는 추세에 따라갈 수 있기 때문이다.

자료는 여러 국가가 공동 추이를 보여주는 모습을 보인다. 일정한 범위 안에서 동조화를 보여주고 있다. 특히 2008년, 2020년의 위기에는 추세나 가격이 좁게 나타나고 있다.

우리나라는 가격의 중간 정도에서 움직이며, 고저에 의한 진동 폭도 다른 나라에 비해 적은 편이다. 이 분석에서는 계속 하락하고 있는 일본을 제외했다.

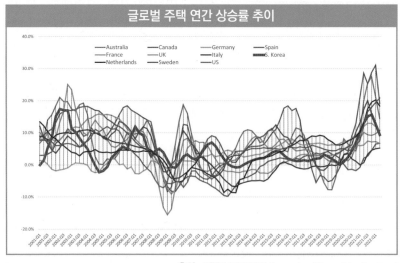

출처 : FRB(미국연방은행, International House Price Database)

## 3. 글로벌 인구

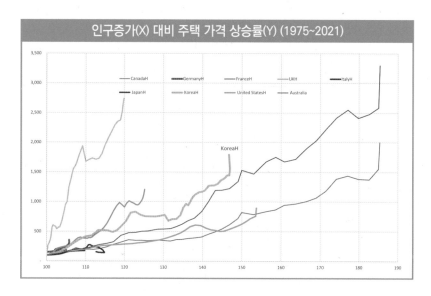

인구증가(X) 대비 주택 가격 상승률(Y) (1975~2021)

위의 자료는 1975~2021년 데이터로 인구와 주택 가격을 1975년을 100으로 기준 잡고 국가별 그래프로 나타냈다. 영국의 경우는 X축인 인구는 120으로 약 20% 증가했으나, Y축인 주택 가격 증가율은 2,743으로 약 27배 상승했다는 것을 보여준다. 분산형 그래프는 두 변수의 교차점을 그래프에 나타내어 두 변수 간의 움직임을 잘 보여준다. 그래서 영국의 경우, 인구의 증가보다는 다른 변수에 의해 주택 가격이 상승했음을 암시하고 있다. 호주의 경우, 인구가 85% 증가하면서 주택 가격은 33배 정도 증가했다. 캐나다의 경우, 인구는 85% 증가하면서 주택 가격은 20 배 정도 올랐다.

일본의 주택 가격은 1991년 275 정점에서 2008년 150선을 유지하고 있다. 즉, 175% 상승했다가 50% 선에서 유지되고 있다. 물론 1991

년에 비해 50% 정도 하락했다는 의미다. 그러나 당시 과도하게 오른 일본 주택 가격 상승이 오늘날까지 주택 경기침체를 가져왔다는 말은 맞지 않는다. 왜냐하면, 같은 기준으로 한국 831, 영국 587, 호주 504로 다른 나라보다 상승이 크지 않았다. 미국 276으로 비슷했다. 인구 추이를 보면 일본의 경우, 그래프에서 역방향으로 움직이고 있다. 즉 인구가 감소한다는 것을 보여주고 있다. 그러나 일본 인구가 증가할 때도 주택 가격은 하락했고, 상승기에도 인구 증가는 미미했다. 일본 부동산의 폭락과 장기침체는 과도한 상승이 인구 감소가 주요 원인이 아니라는 것을 보여준다. 그러나 적극적 이민 정책을 펴는 캐나다, 호주, 미국은 인구 증가에 따른 공급 부족으로 인한 가격 상승으로 추정된다.

## 4. 1인당 국민소득(GDP, PPP)

소득이 주택 가격을 결정하는 주요 변수라는 것은 모두 알고 있다. 국가별 주택 가격에도 국민소득이 영향을 주는지 확인해보자. 일단은 1인당 국민소득 추이부터 보자.

국민소득은 GDP가 있으나 최근에는 환율과 물가를 반영한 PPP(구매력 기준 국민소득)를 더 많이 사용하고 있다. 2007년부터 OECD 국가의 PPP 추이를 보면, 2007년 선진국은 $35,000대였고 한국은 $29,000였다. 2019년 발표에서는 그래프에서 빠져 있지만, 미국이 64,000으로 최고이고, 다음은 독일 58,000, 영국, 프랑스 약 50,000이고, 이탈리아, 한국, 일본, 스페인 순으로 44,000 정도다. 이 기간에 PPP 성장률은 독일 59%로 가장 높았고, 다음 한국 50%다. 가장 부진한 국가는 일본으로 26%다. 여기서 주목할 점은 2017년부터 1인당 구매력 기준 국민소득이 일본을 추월하기 시작했다는 점이다. 이러한 배경을 다음 장에서 자세하게 다루어보자.

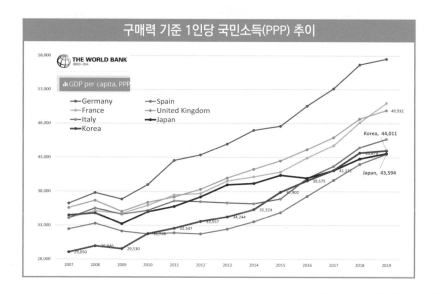

## 5. 인구와 GDP

다음 자료는 한국, 일본, 필리핀 아시아 3개국의 주택 가격에 큰 영향을 주는 인구와 소득에 관한 분석이다. 장기 시계열로 1962년부터 현재까지 인구와 GDP의 추이를 비교 분석했다.

1962년 GDP는 일본 600, 필리핀 250, 한국 120달러다. 인구는 일본 9,600만 명, 필리핀 3,000만 명, 한국 2,600만 명이었다. GDP는 일본은 5배, 필리핀은 2배 이상 한국보다 높았다. 현재 일본은 1.2배나 1974년은 8배 이상 격차가 있었다. 필리핀은 현재 3,640으로 한국에

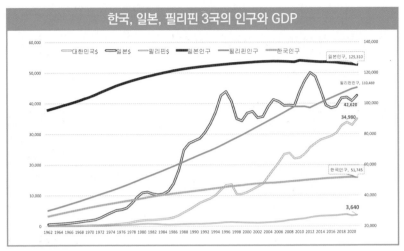

출처 : IMF(국제통화기금) data

1/10의 수준으로 소득은 늘어나지 않았다. 당시 인구는 일본이 3.7배 높았고, 현재 일본 인구는 1.25억 명으로 2.5배다.

특히 일본의 국민소득은 1995년의 42,000, 현재 2021년 42,000으로 그대로이나 한국은 1만에서 3만으로 3배 상승했다. 일본의 경제 성장은 멈추었고 따라서 주택 상승도 멈추었다. 인구는 1935년 이전까지는 한국이 필리핀보다 더 많았으나, 현재 필리핀은 1.1억 명으로 한국의 2.1배다.

요약하면 한국과 비교해 일본의 인구 증가 속도는 감소했고, 소득도 격차가 크게 줄었다. 필리핀은 한국과 비교하면 인구는 2배 이상 늘었지만, GDP는 비교할 수 없을 정도로 초라하다. 여기서 하고 싶은 말은 필리핀처럼 인구가 증가한다고 소득이 늘지 않는다는 것이다. 또 일본처럼 소득이 증가하지 않으면 주택 가격의 상승은 멈춘다는 사실이다.

다시 말해, 주택 가격에 영향을 주는 변수는 인구나 소득보다 더 강력한 요인이 있다는 것을 암시한다. 1980년대 세계 최고 제조업의 일본은 왜 30년 이상 장기불황이고, 우리보다 잘살던 농업 대국인 필리핀이 한국의 1/10로 쪼그라들었을까? 그 해답을 다음 장에서 찾아보자.

## 6. 소득 대비 주택 가격 비율

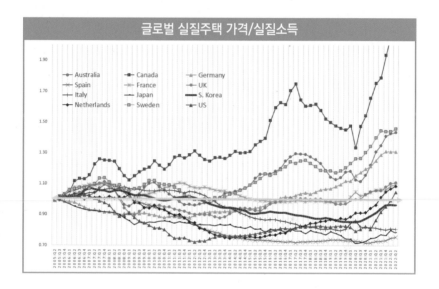

앞서 미국 연방은행 자료로 분석한 국가별 가처분소득 대비 주택 가격 비율의 그래프다. 즉, 소득 상승보다 주택 가격이 얼마큼 상승했는지를 비교하는 것이다. 만약 소득 상승보다 주택 가격이 더 높은 비율로 상승했으면, 과도한 상승, 즉 거품으로 해석할 수 있다. 일단 주택/가처분소득 공식으로 1보다 크면 과도 상승이고, 1보다 작으면 소득에 비해 적게 상승했다는 의미로 해석하면 된다.

영국에 이어 스웨덴이나 독일도 소득 대비 주택 가격이 크게 상승하는 모습을 보인다. 생각해보면 서구의 사회복지정책이 초기에는 의료, 주택 등은 국민에게 골고루 혜택을 주었으나 경제 성장과 산업 및 직업의 변화로 개인의 자산이나 소득이 차별화되면서 고소득자들의 요구가 분출한 것으로 보인다. 병원은 오래 기다려야 하고, 고급 진료를 받기 어려우며, 임대, 사회주택에 입주하기 위해 몇 년을 기다리는 복지시스템이 효용을 다했는지 모른다. 오히려 사회복지와 먼 미국의 주택 가격은 소득과 균형을 이루고 있다는 점이 많은 것을 시사한다.

한국, 일본, 이탈리아, 스페인은 소득 대비 주택 가격은 높지 않았다.

특이한 점은 주택 가격 상승이 2019년 기점으로 거의 모든 국가가 상승하기 시작했다는 것이다. 한국만 올랐던 것이 아니라 세계의 많은 나라와 공동 추세를 유지한 셈이다. 오히려 집값/소득 비율이 1보다 낮아, 즉 집값보다 소득이 더 상승해 주택 가격이 향후 오를 수 있는 여력을 가지고 있다고 해석할 수 있다.

영국의 경우 소득 대비 집값이 2배 올랐다. 영국의 과잉 상승에 대한 논문을 소개한다.

"(영국)주택 가격 상승의 원인은 수요와 공급의 불균형이라는 근본적인 원인과 금융적 원인이 있다. 현재 영국에서는 늘어나는 가구수에 비해 주택 공급량이 부족한 상황이다. 독신 가구의 증가와 이민 가구의 증가 등으로, 가구수가 많이 늘어나고 있어 이것이 주택 수요에 반영되고 있다. 하지만 주택 공급량은 전체적으로 공급량이 절반으로 줄었고, 사회주택 공급이 최저 수준에 머물러 있다. 이러한 수급 불균형이 영국 주택 가격 상승의 근본적인 원인이 되고 있다면, 또한 오랫동안 이어진 저금리 기조와 주택금융에서의 규제 완화는 주택 가격 상승을 가속화 하는 데 주요한 원인이 되고 있다. 꾸준히 증가해온 가구수는 늦은 결혼, 이혼율 증가 등에 따른 독신 가구의 증가, 이민 가구의 증가, 수명 연장 등으로 인해 향후 더욱 늘어날 것으로 예측되고 있다. 영국 정부는 2001년에서 2021년까지 20년 동안 인구가 약 700만 명이 늘어날 것이며 가구수로는 잉글랜드에서만 매년 19만 가구가 새로 늘어나 이것이 바로 주택 수요 증가로 이어질 것으로 예상한다."

– 박준, 손정원(2008), 〈영국 주택 시장의 구조와 주택 가격 상승에 대한 대응 정책〉,
공간과 사회

이러한 2008년 금융위기 이전의 현상은 현재 한국에서도 같은 요인으로 가격에 영향을 주고 있으며, 현재 영국의 가격 급등에도 같은 양상을 보인다.

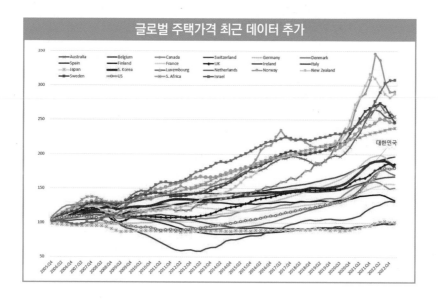

# 일본경제의
# 잃어버린 30년

## 1. 일본 부동산의 침체 과정

1960년에서 1990년 사이 도쿄의 부동산은 크게 상승했다. 그러다 이후 2005년까지 6대 도시 상업지 87.2%, 주택지 66.5%가 폭락했다. 지가의 하락은 도쿄를 중심으로 한 대도시에서 시작되어 지방으로 점차 확산되었다. 1992년부터 최근까지 하락세를 지속하고 있다. 부동산 버블이 심각해진 이후에서야 금융 긴축을 너무 급속히 추진하는 등 급속한 정책 변화로 경제에 충격을 초래했다.

일본 부동산 붕괴 과정을 살펴보면, 1985년 플라자합의 이후 엔화 강세로 수출기업들의 가격 경쟁력이 급격히 하락하자 수출 부진으로 저금리 경기부양 내수 확대 정책이 실행되었다.

① 이자율 - 당시 5%대였던 1987년 2월까지 2.5%까지 인하

　통화 증가율 - 1985년 3.8%에서 1988년에는 13%로 확대

② 연간 1~2%에 머물던 부동산 대출 증가율이 10배 증가

- 저금리 기조로 인해 대출 금리도 낮아 주택 수요를 급증시켜 집

　값 상승

③ 내수 경기 부양을 위해 국토개발계획 발표

- 토지 가격이 급등하자 기업들은 거액을 융자받아 다시 땅을 사

　는 악순환

④ 엔화 강세를 기반으로 미국의 부동산을 매입

- 22조 엔이었던 부동산 담보 대출은 1989년에 80조 엔으로 치

　솟음.

⑤ 시중 은행들의 대출도 심화되어 부동산을 담보로 평가액의 120%까

　지 함.

- 과도한 부동산 투자는 엄청난 집값 상승(정부, 가계, 기업, 은행)

⑥ 극단적 진정책 시행

- 일본 버블 붕괴의 단초 - 금리의 급격한 상승

- 1989~1990년 금리 2.5%에서 6%까지 급격히 인상

- 1990년 4월에는 '부동산 대출 총량 규제'라는 제도 도입

- 은행들은 대출을 거부. 대출 자금 상환을 요구, 시중 자금 바닥

　주가 하락, 투기성 매물 쏟아져 부동산 하락

⑦ 주택 가격이 급락하기 시작

- 1990년 말 닛케이 주가지수 38,000을 정점, 1991년 초부터 하

　락하기 시작해 1,500 최저점

- 2008년에는 1,000 이하까지 하락

• 주택 가격은 1991년 초부터 하락을 시작해 2012년까지 50% 하락하고 30년 이상 장기정체

| 일본의 부동산 폭락의 원인 | |
|---|---|
| 부분별 | 실패 내용 |
| 정부 | 과도한 기업 지원, 대응 실기 |
| 통화당국 | 통화 흡수 방관 이자율 조정 실패 |
| 은행 | 과다한 부동산 담보대출, 리스크 관리 소홀 |
| 기업 | 기업 본연의 업무보다 부동산 증권에 과도한 투자 |
| 가계 | 빚내어 부동산 투자 열풍, 부동산 불패 신화 맹신 |

일본 부동산 시장이 장기적 침체에 있는 이유는 단순히 부동산 정책의 실패라기보다는 여러 가지 복합요인이 있다. 무엇보다 장기적 경제 불황의 연속이다. 부동산의 장기적 균형의 축은 경제 성장률이다. 경제가 살아 있지 않은 상태에서 부동산 시장의 활성화는 기대하기 어렵다. 경제 불황은 산업 정책의 실패라고 할 수 있는데, 여기에는 제조업 몰락 IT 산업 부적응, 한국의 추월 등이 있다. 일본의 부동산 가격의 하락을 단순히 인구의 감소라고 추론하는 것은 잘못된 것이다.


## 2. 한국과 일본의 유사점과 차이점

우리나라의 부동산이 일본을 따라갈 것이라고 우려하는 사람들이 공통으로 지적하는 것은 인구 문제, 즉 고령화와 출산율 저조로 인한 인구 감소다. 다음 자료에서도 한국과 일본이 가장 저조한 출산율을 보인다.

출산율이 감소하면 인구는 감소하게 되고, 장기적으로 생산 인구의 감소로 이어지며, 결국에는 소비인구의 감소로 경제가 침체된다. 경제적 관점에서 볼 때 생산할 사람과 소비할 인구가 줄면, 당연히 경제가 침체될 것이라 예상은 가능하다. 그러나 앞에서 보았듯이 필리핀의 경우처럼 인구가 우리나라보다 2배나 증가해도 국민소득은 1/10이다. 따라서 경제나 주택 가격을 인구 관점에서 접근하는 것은 옳지 않다. 앞으로 4차 산업혁명 시대에 더 접근할수록 노동력의 의미는 감소한다.

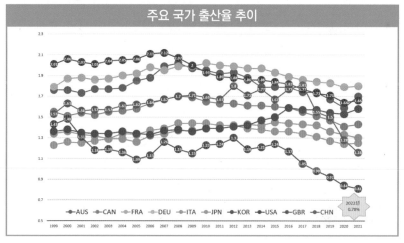

출처 : IMF

로봇이나 AI가 인간의 노동력을 대신하기 때문에 생산 인구는 더 필요하지 않다. 오히려 로봇으로 대체되는 일자리 감소로 실업이 더 큰 걱정이다. 인간을 생산이나 소비를 위해 필요하다는 논리는 이해가 되지 않는다. 또한, 과거처럼 노동보다는 지적 활동으로 생산에 참여하기 때문에 생산 가능 나이를 60세가 아니라 90세 이상으로 늘릴 수도 있다.

또 다른 개인적인 걱정은 자연환경 파괴다. 80억 명의 인구를 먹여 살리기 위해 많은 식물과 동물이 희생되고 있다. 포유류 94%가 야생이 아닌 가축화된 소, 돼지, 닭과 같은 동물이다. 수많은 종류의 야생동물들이 멸종되고 있다. 식물도 마찬가지다. 인간이 필요로 하는 작물들은 경작하고 있고, 나머지 90%는 멸종되었다고 한다. 지구환경 문제는 탄소보다 더 시급하고, 근본적인 해결책은 인구의 증가를 억제하는 것이다.

서기 원년, 그러니까 지금부터 2,000년 전, 세계 인구는 2억 명 정도로 추산하고 있다. 2022년 11월 유엔 발표에 의하면, 현재 세계 인구는 80억 명을 초과했다고 한다. 무려 40배 증가했다. 50년마다 2배로 증가했다. 남한 인구도 100년 전에는 1,000만 명이었다. 무려 5배로 증가했다.

일본과 한국의 공통점 중 하나는 국가 인구 밀도가 아주 높다는 것이다. 세계에서 최상위권이다. 우리나라도 2020년부터 출생보다 사망자가 많아 자연 감소가 시작되었다. 일본의 붕괴를 인구학적 접근보다는 산업적 접근으로 바라보자. 앞서 한국경제연구원의 일본 붕괴는 상세하게 정리했으나 핵심은 찌르지 못했다.

## 3. 일본의 장기 경제 침체 원인

일본의 경제 침체가 30년 이상 지속되는 원인은 무엇일까? 동서고금을 망라하고 이러한 나라는 없었다. 이렇게 멀쩡한 선진국이 장기간 성장력을 회복하지 못하고, 한국에게도 밀리면서 후퇴하는 이유가 무엇일까?

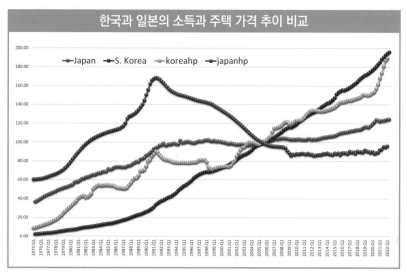

출처 : FRB(미국연방은행) IMF(국제통화기금)

　한국과 일본의 소득과 주택 가격을 비교해보자. 한국의 가처분소득은 1975년 이래 88배 상승했고, 주택 가격은 22배 상승했다. 일본은 가처분소득은 3.4배, 주택 가격은 1.6배 상승했다. 한국은 소득과 집값이 교차하면 동반 상승해 안정적이다. 소득은 절편 −25에서 기울기 1.055로, 거의 45도 각도로 정형으로 상승했고, 97% 거의 예측 가능했다. 다시 말하자면, 소득 성장은 정상적으로 예측할 수 있게 움직였다. 2000년 이전까지는 소득보다 집값이 약간 높게 상승했으나, 2000년 이후는 반대로 집값이 소득보다 낮게 상승하는 추세를 보여주었다.

　일본의 경우, 가파르게 상승하던 주택 가격은 1991년을 기점으로 2010년까지 하락하다가 그 후는 상승해 회복하는 것이 아니라 정체되는 것을 보여준다. 또한, 소득은 마찬가지로 1991년 이후 상승을 멈추고 정체되다가 2012부터 소폭 상승(10년간 20%/ 한국 50%)했다. 일본은 1991년 이후 소득 정체와 함께 집값 하락 현상을 피할 수 없었다.

반대로 한국은 적정한 소득 상승과 집값 상승이 이루어지면서 안정적 성장을 했다. 한마디로 한국의 성장과 일본의 몰락이다. 왜 한국에서는 소득이 증가하며, 주택 가격이 상승하고, 일본에서는 소득이 정체되고, 집값이 하락하는 상반된 일이 발생했을까? 인구가 감소하고, 고령화 되었기 때문일까? 일본 부동산 가격의 하락을 단순히 인구의 감소라고 추론하는 것은 잘못된 것이다. 왜냐하면, 다른 선진국도 고령화 인구 감소, 생산 인구 감소 과정이 있었으나, 일본처럼 장기 경제나 부동산이 침체하는 국가는 없었기 때문이다. 한국은 1997년 IMF 때 15% 하락 후, 2~3년 만에 회복해서 5년 후 급등하고 상승세를 지속했다. 일본의 장기침체에는 이보다 훨씬 중요하고 확실한 요인이 있다. 그럼 인구가 아닌 산업에서 찾아보자.

## 4. 제조업 몰락, IT 산업 부적응

1960~1980년대의 30년간은 일본의 제조업 전성기였다. 모두 아는 것처럼 일본이 세계의 산업 시장을 좌지우지했다. 주요 8개 산업 모두 1위는 일본이었다. 가전, 자동차, 조선, 석유화학, 철강, 기계, 반도체, 통신 8개 주요 산업에서 단연 1위였고, 품질이나 기술 수준은 최고였다. 이 시기는 1차 산업혁명 이후 기계·전기를 주축으로 하는 제조업 중심의 2차 산업혁명 시대였다.

그러나 1990년에 접어들면서 정보통신의 3차 산업혁명이 시작되고 인터넷을 중심으로 산업이 발전하면서 제조업은 빛을 잃어가기 시작한다. 공급자 중심이 아니라 수요자 중심의 제품이 요구되면서 고정적이고 정형화된 산업이 아니라 융통성 있고 혁신적인 기업이 요구되었다.

제조업 중심의 기업들은 체질상 쉽게 변할 수 없다. 한국, 미국, 중국은 발 빠르게 산업을 개편하고 새로운 산업을 개척해나갔다.

그러나 일본은 과거의 성공에 취해서 신산업보다는 기존 제조업의 현상 유지에 중점을 두었다. 결국에는 8대 산업의 1위 자리를 모두 한국을 비롯한 다른 나라에 내어주었고 새로운 산업인, 인터넷, 정보통신 관련 ICT 산업 등은 접근조차 못 했다. 장기간 일본의 경제 불황은 산업 정책의 실패라고 할 수 있는데, 여기에는 제조업 몰락과 IT 산업 부적응, 한국의 추월 등이 있다.

일본 부동산 시장의 장기적 침체 이유는 단순히 부동산 정책의 실패라기보다 여러 가지 복합적인 요인이 있다. 무엇보다 장기적 경제불황의 연속이다. 부동산의 장기적 균형의 축은 경제 성장률이다. 경제가 살아 있지 않은 상태에서 부동산 시장의 활성화는 기대하기 어렵다. 경제 불황은 산업 정책의 실패라고 할 수 있다.

일본의 전자, 자동차, 조선 중심 산업은 한국에서 추월했거나 잠식했고, 휴대폰, 반도체, 컴퓨터 산업 등의 신사업은 한국에 완패했다. 일본은 미국과 한국에 IT 산업이 밀리고, 제조업은 중국과 한국에 밀리고 있다. 결과는 경제 성장률 하락의 장기화를 가져왔다. 한국은 경제 성장률이 OECD 국가에서 높고, 일본은 가장 낮다.

첫째, 일본은 현재 가전, 조선, 화학 산업은 한국에 추월 및 잠식당하고 있으며, 철강, 화학, 기계는 중국에 밀렸고, 자동차는 독일에서 추월하고 있다. 휴대 폰, 반도체, 컴퓨터 ICT 사업은 한국에 완패한 실정이다. 그래서 현재 제조업 1위의 일본은 없다.

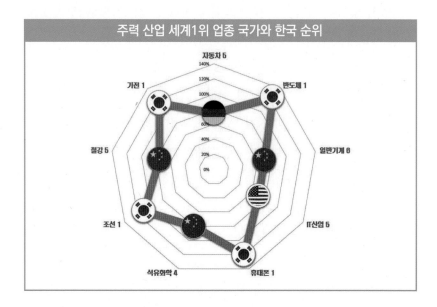

주력 산업 세계1위 업종 국가와 한국 순위

둘째, 1990년 세계 10대 기업 중 8개는 일본이었다. 현재 일본은 없다. 55위의 도요타가 최고 순위다. 한국의 삼성전자는 현재 21위다. 중국도 최근 밀려서 텐센트가 19위다.

셋째, 일본의 경제가 우려되는 부분 중 하나는 주력 수출 업종이다. 일본의 주력 수출 업종은 기계 19%, 자동차 20%, 기계장비 17%로, 경쟁력이 떨어지는 제조 업종으로 편중되어 있다. 특히 자동차는 전기차, 자율차의 시대가 도래하면서 수직 계열의 일본의 자동차 산업이 미국, 독일, 한국에 밀릴 것이 예견되기 때문이다. 더구나 최근에는 무역적자 규모가 엄청나다. 2022년, 일본은 지난해 사상 최대의 무역적자를 기록했다. 일본 재무성은 작년 연간 수출이 18.2% 늘어난 98조 엔, 수입이 39.2% 증가한 118조 엔이라고 발표했다. 무역수지는 19조 엔(약 192조 원) 적자였다.

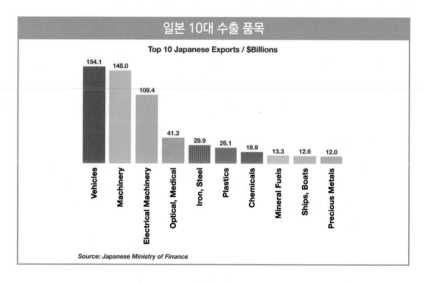

## 글로벌 주식 시가 총액 순위(2023년 6월 현재)

| Rank | Name | Market Cap | Price | | | | Market Cap | Price |
|------|------|-----------|-------|----|-----|------|-----------|-------|
| 1 | Apple AAPL | $3.050 T | $193.97 | 11 | VISA | Visa V | $497.37 B | $237.48 |
| 2 | Microsoft MSFT | $2.532 T | $340.54 | 12 | LVMH | LVMH MC.PA | $470.66 B | $938.15 |
| 3 | Saudi Aramco 2222.SR | $2.079 T | $8.60 | 13 | | UnitedHealth UNH | $447.49 B | $480.64 |
| 4 | Alphabet (Google) GOOG | $1.530 T | $120.97 | 14 | | Eli Lilly LLY | $445.19 B | $468.98 |
| 5 | Amazon AMZN | $1.337 T | $130.36 | 15 | | Exxon Mobil XOM | $433.60 B | $107.25 |
| 6 | NVIDIA NVDA | $1.044 T | $423.02 | 16 | | Johnson & Johnson JNJ | $430.14 B | $165.52 |
| 7 | Tesla TSLA | $829.67 B | $261.77 | 17 | JPM | JPMorgan Chase JPM | $425.01 B | $145.44 |
| 8 | Berkshire Hathaway BRK-B | $745.01 B | $341.00 | 18 | | Walmart WMT | $423.26 B | $157.18 |
| 9 | Meta Platforms (Facebook) META | $735.45 B | $286.98 | 19 | | Tencent TCEHY | $407.56 B | $42.49 |
| 10 | TSMC TSM | $523.41 B | $100.92 | 20 | | Mastercard MA | $372.70 B | $393.30 |
| | | | | 21 | S | Samsung 005930.KS | $363.69 B | $54.65 |

출처 : Largest Companies by Market Cap, https://companiesmarketcap.com/

## 일본 10대 수출 품목

**Top 10 Japanese Exports / $Billions**

- Vehicles: 154.1
- Machinery: 148.0
- Electrical Machinery: 109.4
- Optical, Medical: 41.3
- Iron, Steel: 29.9
- Plastics: 26.1
- Chemicals: 18.9
- Mineral Fuels: 13.3
- Ships, Boats: 12.6
- Precious Metals: 12.0

Source: Japanese Ministry of Finance

넷째, 소득(PPP)이다. 2018년에 한국은 일본을 추월했다. 1990년에 비해 총 GDP는 11배에서 3배, 주식 시가총액은 27배에서 3배, 1인당 GDP는 약 4배에서 최근 1.2배까지 줄어들었다. 이제 일본은 뛰어넘을 수 없는 높은 장벽이 아니라 오히려 여러 면에서 한국에 추월당하고 그 격차가 확대되고 있다.

다섯째, 신용등급이다. 현재 일본은 한국보다 3개의 주요 신용평가 기관에서 2단계 아래다. 주요 요인은 국가 부채가 200% 이상이기 때문이다.

'일본' 하면 수출 대국으로 알고 있지만, 그것은 과거의 이야기일 뿐이다. 한국 인구의 2.5배인 일본의 수출액은 한국의 1.08배다. 한국 무역협회 무역통계(stat.kita.net)에 따르면, 2022년 7월 말 기준 일본의 94%로 턱밑까지 따라잡았다. 한·일 수출 격차는 2003년 41%였다. 2022년말 엔, 원화 환율을 조정한 수출액은 일본 7,600억, 한국 6,800억 달러다.

다음 자료는 한·일간 수출 격차 추이를 보여주고 있다. 점점 좁혀지면서 수년 이내 일본을 추월할 것으로 정부는 전망하고 있다.

일본의 장기불황은 산업구조가 자동차나 기계산업에만 의존하고, IT 산업화에 대응하지 못했기 때문이라는 주장이 제기되었다(임채성, 2017). 일본 내에서도 날이 갈수록 한국에 뒤처지는 일본 경제의 경쟁력을 걱정하는 목소리가 크다. 앞으로 일본이 제조업 중심에서 4차 산업 혁명 산업으로 탈바꿈하지 않으면 한국에 뒤처지는 것은 물론, 중남미 국가를 닮아갈 수도 있다.

지금 일본을 지탱하고 있는 자동차, 기계 산업의 앞날이 걱정스럽다. 자동차 산업은 수직계열화로 선점을 하고 있지만, 전기차, 자율차에 밀리는 것은 시간 문제다. 정보통신에 적응하지 못했듯이 전기차나 자율차 경쟁에 일본은 뛰어들지 못하고 있다. 자동차 산업이 무너지면 지금

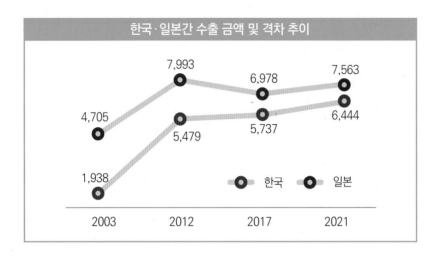

한국·일본간 수출 금액 및 격차 추이

7,993

4,705

6,978

7,563

5,479

5,737

6,444

1,938

한국    일본

2003    2012    2017    2021

의 큰 적자 규모가 가속화되고, 국가 부채가 더 늘어나면 후진국 수준으로 떨어질 수도 있다.

## 5. 일본의 반면교사

다 같이 생각해보자. 왜 일본이 이렇게 산업구조 개편에서 밀리게 되었을까? 왜 제조업에서 정보통신, 인터넷 산업으로 전환을 못 할까? 국민성, 역사, 산업 특성, 주변 국가 환경 등에서 찾아보자. 우리는 일본을 반면교사로 삼을 필요가 있다.

한국과 일본의 차이점은 무엇일까? 고령화와 인구 감소로 일본 경제가 30년 이상 정체되고 있다는 말이 과연 설득력이 있을까? 선진국들의 대부분이 고령화와 출산율 저하로 인구가 감소하고 있다. 그래도 경제가 성장하고 주택 가격이 모두 상승했다. 그러나 일본만 예외다.

앞의 내용 중 일본의 실패를 정리하면 산업구조를 개편하지 못하고 기계, 자동차(50%) 등의 과거 주력 산업을 유지했기 때문이다. 반면에 한국의 성공 요인은 ICT 반도체, 정보통신 등의 산업 전환이다. 일본 부동산 가격의 하락은 저성장에 따르는 저물가, 저투자로 이어진 성장의 악순환이다.

산업 정책 실패(제조업 몰락, IT 산업 부적응)로 경제가 장기 침체되고, 주택 가격이 폭락 후 장기 하락하고 있다. 결론은 주택 가격의 주요 요인은 산업이고, 고용이며, 일자리다.

많은 나라들이 재정위기나 산업 개편 과정을 거치면 경기침체를 거쳐 몰락한다. 그중 대부분의 나라는 몇 년 내에 위기를 극복하고 다시 성장하는데, 일본은 33년째 다시 일어서지 못하고 있다. 다시 한번 강조하지만, 일본의 저성장은 인구가 아니라 산업 문제다.

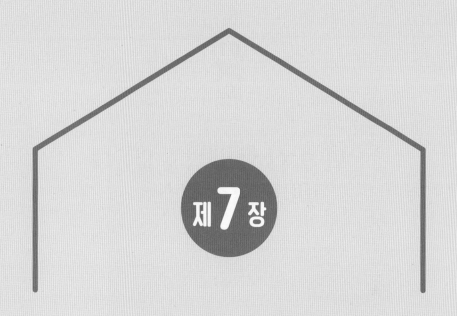

제 **7** 장

# 주택만으로 노후 대책

# 은퇴 후 집 한 채밖에 없는데 100세 장수 리스크

우리나라도 고령화 시대에 접어들었고, 최근 베이비붐 세대가 은퇴를 시작하면서 노후 대책에 대한 걱정이 이만저만이 아니다. 금융기관에서 발표하는 필요한 노후자금은 5~10억 원 수준이다. 최근 국민연금에서는 노후 적정생활비를 부부의 경우, 월 184만 원으로 발표했다. 이를 60세 은퇴, 90세 수명으로 가정하면 약 7억 원의 노후자금이 필요하다. 이 자금을 준비하기 위해서는 25년간 매월 150만 원을 저축해야 하는 부담이 있다. 하루하루 살기에도 빠듯한 생활에 노후자금을 저축하기는 사실 굉장히 어렵다.

가계금융복지조사(통계청, 금융감독원, 한국은행)에 의하면 2013년 은퇴시기인 50대 가구의 평균자산은 4.3억 원으로, 그중 부동산이 3억 원, 금융 자산이 1.1억 원이고, 부채는 0.8억 원으로 가구의 평균 자산구성으로 볼 때 대부분의 국민이 노후자금 준비가 되어 있지 않은 상태다. 그래서 국민은 더 걱정할 수밖에 없고, 노후에 대한 불안감은 늘어만 가고 있다. 노후에 대한 염려가 정도를 넘어서 미래에 대한 불안감으로 삶의 의욕을 위축시킬 정도다. 국민은 점점 더 빨라지는 은퇴 시점, 늘어나는 평균수명이 부담스럽기만 하다. 이제 막 경제생활을 시작하는 30대에게도, 한창 일할 나이인 40대에게도, 또 당장 은퇴를 앞둔 50대에게도, 노후는 가장 큰 걱정거리가 되었다.

태어날 때부터 집 걱정으로 시작한다. 요람에서 무덤까지 집 걱정뿐이다.

10대 : 왜 이사 가야 돼? 그럼 이제 친구들 못 보는 거야?

20대 : 매년 오르는 등록금과 기숙사비 때문에 결국 창문 없는 고시원으로 가야 하는구나!

30대 : 나도 이제는 결혼하고 싶다. 결혼하려면 전세방 한 칸이라도 구해야 할 텐데….

40대 : 우리 아들, 딸도 이제 사춘기인데 방 3개짜리로 이사할 형편은 안되고….

50대 : 퇴직이 코앞인데, 우리 자녀 집 장만은 어떻게 하나?

60대 : 평생 마련한 집으로 여생을 어떻게 살아야 하나?

다음의 금융위원회 자료는 노후 대비의 자금에 대해 잘 설명해주고 있다.

우리나라는 전 세계에서 가장 빠른 속도로 고령화가 진행 중이나, 국민의 노후 준비는 미흡한 상황이다. 2018년에 고령사회(65세 이상 고령인구 14% 이상)에 진입했고 2025년 초고령사회(고령인구 20% 이상)가 예상된다. 최근 통계청 설문조사 결과에 따르면, 국민의 50% 이상은 노후 준비가 제대로 되어 있지 않다고 한다(노후 준비 상황 : 아주 잘됨 1.7%, 잘됨 8.1%, 보통 36.5%, 하지 않음 35.7%, 전혀 안 함 18.1%). 우리나라 연금의 소득대체율(은퇴 전 소득 대비 은퇴 후 연금소득의 비율)은 39.3%에 불과해 OECD 권고 수준인 70~80%에 크게 미달하고 있다.

실제로 국민 보유자산의 70% 이상이 부동산에 집중되어 노후 현금 흐름 창출이 어렵고, 국민연금을 보완해야 할 퇴직연금이나 개인연금도 제 기능을 다 하지 못하는 상황이다. 주택연금 가입률은 1.5%(2018년)로, 주요국 대비 낮지는 않은 수준이나 국민 노후 자산이 부동산에 집중된 현실을 감안할 때 보다 적극적인 역할이 필요하다. 퇴직연금·개인연금의 경우, 낮은 가입률 속에 주로 예·적금 등으로 운용되면서 저조한 수익률을 시현 중이다. 이에 따라, 국민의 노후자산 형성을 위한 제도적 지원이 필요한 상황이다.

- 보유자산 중 부동산을 포함한 실물자산(비금융 자산) 비중 : 한국 74.4%, 미국 30.5%, 일본 37.8%, 영국 47.2%, EU 58.0%
- 주택연금 가입률 : (한국) 1.5%, (미국) 1.9%, (홍콩) 0.5%, (일본) 0.1% 미만
- 연금 가입률(%) : 퇴직연금 50.2%(2017), 개인연금 12.6%(2017)
- 연금 최근 5년(2014~2018) 수익률 : 퇴직연금 1.88%, 개인연금 2.53%

출처 : 금융위원회

은퇴 후 30년, 100세 장수가 인생에 최대 리스크다. 과거에는 '은퇴'가 사회적 문제로 부각되지 않았다. 그 이유는 평균수명이 지금처럼 길지 않았고, 자녀가 부모를 봉양하는 것이 당연시되던 사회였기 때문이다. 그러나 앞으로 다가올 은퇴는 과거와 다르다. 자녀들의 부모에 대한 봉양을 기대하기 어렵고, 건강 관련 리스크, 장수 리스크, 그리고 인플레이션 리스크 등이 증가했기 때문이다. 이제는 누군가에게 노후를

기댈 수 없는 것이 현실이다. 따라서 본인 스스로가 은퇴 준비 상황을 생각해 은퇴 이후 생활의 급격한 질 하락을 방지하려는 노력이 필요하다.

우리 인생도 30, 30, 30으로 나누어 생각해볼 수 있다. 30년은 공부하고 부모 밑에서 성장하고, 30년은 사회에서 일하고, 30년은 홀로 노후를 보낸다. 태어나서 첫 30년은 부모의 도움을 받아 성장하고 교육을 받는 시기로, 미래를 위한 준비 단계다. 그리고 다음 30년은 가족을 위해 일하고 돈을 버는 등 경제활동을 하는 시기다. 마지막 30년은 은퇴 후의 인생을 즐기면서 건강을 돌보며 살아가는 시기다. 평균수명이 길어지면서 은퇴 후 삶이 점점 길어지고 있다. 경제활동을 하는 30년 동안 재무관리를 어떻게 하느냐에 따라 은퇴 후 30년이 결정된다고 한다. 젊을 때부터 노후를 위한 경제적 토대를 마련해야 한다.

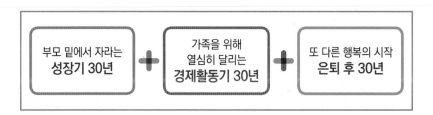

인생은 나이에 따라 움직인다. 그래서 20대부터 70대까지 정리를 해보았다. 개인별 차이는 있겠지만, 이 범주에서 크게 벗어나지는 않을 것이다. 문제는 노후대책이다. 은퇴 후 노후대책에는 건강을 비롯한 많은 과제가 있으나 여기서는 은퇴자금을 중심으로 서술한다. 정부 대책에서도 "국민의 노후자산 형성을 위한 제도적 지원이 필요한 상황이다"라고 하고 있지만, 근본적인 노후준비는 본인이 감당해야 할 부분이

다. 그 누구도 대신해줄 수 없고, 또 피할 수도 없는 노후를 스스로 준비해야 한다. 30대부터 은퇴 자산을 준비해야 하고, 60대 이후에는 잘 운영하는 것이 인생의 성공 여부를 결정하는 중요한 요소다.

| 인생 사이클 | 20대 | 30대 | 40대 | 50대 | 60대 | 70대 |
|---|---|---|---|---|---|---|
| 주요 시기 | 공부 | 결혼 | 자녀 | 가정 | 은퇴 | 노후 |
| 주요 비용 | 등록금 | 전세금 | 주택 구입 | 자녀 교육 | 자녀 결혼 | 노후 비용 |
| 주택 관련 | 원룸 하숙 | 전세, 월세 | 자가 소유 | 상가 토지 | 귀농 귀촌 | 실버주택 |
| 자금 근원 | 부모 지원 | 급여, 보조 | 급여, 대출 | 급여, 예금 | 임대료 | 연금 |

# 하루 살기 바쁜데 월 300만 원, 총 9억 원이 필요하다?

자녀들을 교육하면서 살다가 퇴직하고 보니 남은 것은 집 한 채밖에 없다고들 말한다. 정말 그렇다. 하루하루 살기 바빴기에 노후 준비는 없었다. 그런데 은행, 보험회사는 노후자금이 몇억 원이 필요하다고 한다.

다음은 LG경제연구소에 예상한 노후자금을 정리한 것인데, 지역별로 구성원에 따라 달라진다. 전국 평균 노후자금으로 최소 4억 원에서 여유 있게는 8.5억 원이 필요하다고 제시했다. 신한은행 설문조사에서는 매달 생활비가 200~300만 원, 노후자금은 5~10억 원으로 조사되었다. 미래에셋 투자와연금센터에 의뢰해서 계산해보았다(남성 평균수명 77.5세에서 80.3세로 증가).

물가 상승률 3%, 투자 수익률 4%, 은퇴 기간 25년으로 가정하는 경우, 60세 부부가 최소 월 생활비 198만 원으로 생활하려면, 총 5.3억 원이 필요하다. 은퇴 부부가 안정적이고 편안한 생활을 유지하기 위해 필요한 적정 생활비(월 277만 원)를 기준으로 하면, 7.4억 원은 준비해야 한다. 지역에 따라서 편차가 커지는데 만약 서울 기준으로 부부의 적정 생활비가 월 330만 원 수준이기 때문에 총 8.8억 원이 필요하다.

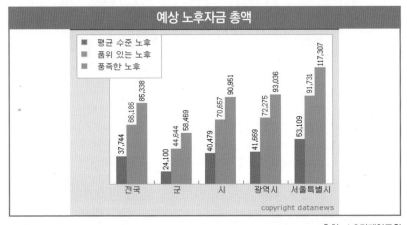

출처 : LG경제연구원

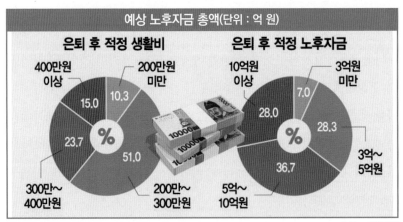

출처 : 신한은행

다음으로 검토할 것은 노후 생활비가 얼마나 필요할 것인가이다. 이는 분류하기 어려울 정도로 다양하다. 가구원수, 지역, 취업 여부, 생활

정도에 따라 다양하다. 그래서 전국 평균 부부, 비취업 가구로 최소와 적정 수준으로 분류한다.

국민연금공단 국민연금연구원의 '2023년도 중·고령자의 경제생활 및 노후 준비 실태' 조사 보고서에서는 부부가 최소 200만 원, 적정 277만 원 정도인데, 이는 설문자의 생각이다. 즉, 은퇴자를 대상으로 통계 조사한 수치가 아니다. 같은 조사로 가계금융복지조사(2021)에 따르면, 미은퇴자들이 최소 216만 원, 적정 305만 원으로 예상했다.

| 구분 | 노후에 필요로 하는 최소 생활비 및 적정 생활비 | | | |
|---|---|---|---|---|
| | 필요 최소 노후 생활비 | | 필요 적정 노후 생활비 | |
| | 부부 기준 | 개인 기준 | 부부 기준 | 개인 기준 |
| 남 | 2,046 | 1,279 | 2,848 | 1,820 |
| 여 | 1,945 | 1,217 | 2,814 | 1,740 |
| 50대 미만 | 2,224 | 1,418 | 3,328 | 2,084 |
| 50대 | 2,193 | 1,391 | 3,068 | 1,983 |
| 60대 | 2,071 | 1,290 | 2,888 | 1,838 |
| 70대 | 1,819 | 1,134 | 2,513 | 1,617 |
| 80대 이상 | 1,623 | 999 | 2,268 | 1,440 |

| | |
|---|---|
| 가구원수(명) | 2.13 |
| 가구주연령(세) | 69.81 |
| 가구분포(%) | 30.96 |
| 가계지출(원) | 2,369,185 |
| 소비지출(원) | 1,860,028 |

출처 : 국민연금연구원, 통계청

또한, 통계청 소비지출 조사에 따르면, 전체 가구의 30%를 점유하는 60세 이상 (가구주 평균 70세) 2인 가구 소비지출액은 세금 이자를 포함해

237만 원으로 집계되었다. 3개 평균 252만 원으로, 이를 기준 노후 생활비라고 정하자. 사실상 설문조사는 자의적인 면이 많다. 즉 오차 범위가 넓다. 사람들은 언제나 말했던 것처럼 행동하지 않고 행동한 대로 말하지 않기 때문이다. 또 보는 앞에서 솔직하게 대답할 수 있을까? 이를테면 소득이 월 1,000만 원인 사람은 적게, 소득이 월 100만 원인 사람은 많게 대답할 것이다. 그래서 설문조사의 가계금융복지조사보다 통계청의 가계지출액에 신뢰가 더 가는 것은 사실이다.

# 국민연금, 개인연금, 퇴직연금으로
# 충분하지 않다

## 1. 노후자금 조달로 연금, 근로소득, 가족지원

자식이 부모를 부양하는 시대는 지나갔다. 같이 집에 살면서 부모님을 보살피는 집은 거의 없다. 이는 과거 농업 산업 시대처럼 가족이 함께 살면서 생업을 꾸리는 시대가 아니라 성인만 되면 가족 모두가 타지로 나가 직업을 구하거나 사업을 하면서 살기 때문에 구조적으로 봉양할 수 없다. 젊은 아들 부부가 생업을 포기하고 봉양해주기를 바라는 부모도 없다. 더구나 장수 시대다. 90세를 넘어 100세까지 사는 시대로, 봉양 기간이 길어졌다.

그래서 재가 요양이나 시설 요양이 일반화되었다. 일정 요건이 되면 건강보험공단에서 요양등급을 판정해 요양보호사를 자기부담금은 20%, 정부 보조금 80%로 지원해준다. 보살핌이 많이 필요면 요양원 시설에 입소해 24시간 보살핌을 받는다. 이렇게 정부의 보조로 부양받으려면 적어도 80세 이상 되어야 하고, 치매나 거동이 힘들어 일상생활을 할 수 없는 상태가 되어야 한다. 그렇지 않으면 자기가 90~100세까지는 은퇴자금이나 매달 받을 수 있는 자원이 있어야 한다.

가계금융복지조사(2021)에 따르면, 은퇴한 가구의 55%가 부족하고 12%만이 충분하다고 한다. 노후 생활비 마련은 공적연금 30%, 공적보조금 35%, 가족보조금 21%여서 연금으로 부족하다.

다른 설문조사에서는 노후 생활자금을 마련하고자 금융 자산(저축, 주식), 재취업, 부동산 임대 수입 등에 의존한다. 3대 연금에 의해 노후자금을 마련하는 경우가 56%다.

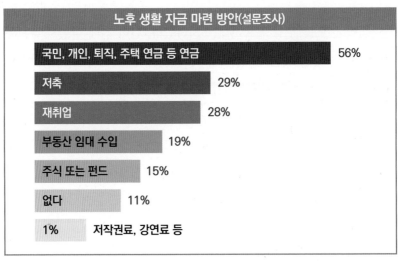

출처 : 리나이생명보험전성기 설문조사

다른 나라의 노후자금 원천을 살펴보면, 유럽은 공적연금이고, 일본은 근로소득이다. 공적과 사적연금의 합은 독일 86%, 이탈리아 68%, 미국 65%, 일본 40%다. 특이한 점은 일본은 근로소득이 67%로 아주 비중이 높다. 기준은 다르지만 우리나라는 연금 56%, 근로소득 28%다.

## 2. 노후에 대한 대비책으로 국민연금, 개인연금, 퇴직연금 있다

국민연금제도는 1988년 지금 베이비붐 세대가 경제활동을 할 때 시작되어 월 급여자는 의무적으로 내는 공적 연금제도로 나중에는 자영업자, 주부까지 확대해 상당한 은퇴자가 혜택을 받을 것으로 보인다. 국민연금은 매년 인플레이션을 감안하고 평생 지급되는 장점이 있다. 그러나 점점 부담금은 늘어나고 연금지급액은 줄어들고 있다.

개인연금제도는 개인이 은행 적금 방식으로 내고 개인연금은 은행, 증권에 개별적으로 가입한 사람에게 지급되는데, 근래의 금리 하락에 의한 수익률 하락으로 인기가 시들고, 인플레이션에 의한 실질 가치 하락으로 연금의 기능이 떨어진다. 퇴직연금제도는 2012년부터 의무적으로 실시되는 제도로, 고용주가 퇴직금 대신에 1년에 한 달 치 급여를 납부해주므로 나중에 노후자금으로 유용하게 활용할 수 있다.

노후소득 보장의 3층 구조를 말할 때 보통 국민연금, 퇴직연금, 개인연금을 말한다. 자료에서 보듯이 35세부터 노후 준비를 한다면 국민연금 32만 원(기업 16만 원 보조), 개인연금 50만 원, 퇴직연금을 이용할 경우, 65세에 받는 수령액은 국민연금 108만 원, 개인연금 23만 원, 퇴직연금 14만 원으로 합계 145만 원이고, 개인연금을 매월 100만 원 부을 경우는 약 170만 원이다. 이 금액으로 노후를 보장하기에는 부족하다. 젊을 때부터 노후 준비를 해도 모자란다. 즉 연금의 소득대체율이 낮다. 참고로 전체적인 국민연금 2021년 수령액은 57만 원이고, 20년간 정상적으로 불입한 노령연금 평균 월 수령액이 97만 원 정도다.

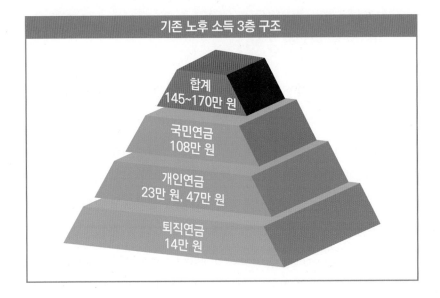

# 노후자금이라고 막연히
# 불안해하지 말자

새로운 노후자금조달 대책은 국민연금 및 주택과 부동산을 활용한 방안이다. 노후소득 보장의 3층 구조(국민연금, 개인연금, 퇴직연금)로 145~170만 원 노후 연금 수입이 가능하나, 노후에 필요한 생활비 252만 원에 약 100만 원 정도 부족하다.

그리고 현재 60세 이상 노후 대책 대상자들은 개인연금, 퇴직연금도 거의 가입이 안 된 상태이고, 국민연금마저 1988년에 시작한 제도라 많은 사람들에게 인식도 안 되어 가입률이나 입금이 적어 충분히 받지 못하는 상태다. 20년 이상 국민연금을 납부한 가입자는 76만 명으로, 노령연금 가입자 486만 명의 15%밖에 되지 않는다.

## 1. 주택연금

주택연금은 2007년부터 한국금융공사에서 실시한 제도로, 주택소유자 은퇴 시 현재 주택에 거주하면서 주택을 담보로 일반적으로 종신 연금 형식으로 매월 일정액을 받고, 사후에 정산해 남은 부분은 상속자에게 반환하고 모자라면 종결하는 연금 제도다. 현재 우리나라 전체 평균 자가점유율은 54%이지만, 60대 평균은 74%로 매우 높은 실정이다.

그러나 우리에게는 엄청난 목돈이 없다. 단지 집 한 채만 있을 뿐이다. 다음 자료는 나이에 따른 주택 자가율과 주택 가격을 보여주고 있다. 인구는 현재 62세 정도가 정점으로 이후 급격하게 적어진다. 자가율은 40대 이후로 60%대로 올라오고, 노후 생활 시작인 65세부터 75세까지 가장 높은 70%를 기록하고 있다. 즉, 노후 대책으로 집 한 채는 가지고 있다는 것이 다행이다.

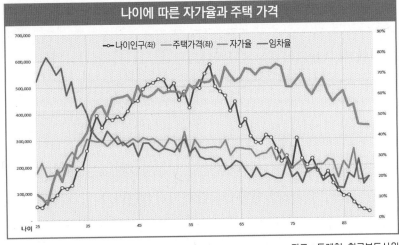

자료 : 통계청, 한국부동산원

과거에는 노후 대책으로 집을 팔아 노후자금을 조달하거나 집을 줄여서 노후자금을 마련하라고 권했다. 그러나 집을 팔아도 살 집은 있어야 한다. 그러나 주택연금을 이용하면 그럴 필요는 없다. 지금 사는 집에 살면서 당장 현금으로 이자를 내지 않고, 매달 노후 생활비를 거꾸로 받는 주택 담보 대출(역모기지)이다. 대출 상환은 사후에, 그것도 부부 모두가 사망 후에 정산한다. 모자라면 그만이다. 남으면 자식들에게 상속해준다.

한국주택금융공사의 주택연금제도는 노후자금이 준비 안 되고, 집 한 채밖에 남지 않은 주택 소유자들이 많이 가입하고 있다. 정부는 가입의 범위와 제도를 보완해나가고 있다. 실제 수령액도 국민연금보다 많다. 수도권의 집값 평균이 9억 원, 전국 6억 원, 지방은 3억 원이므로, 만약 주택연금을 65세부터 받는다면 매월 수도권 222만 원, 전국 148만 원, 지방 74만 원을 수령할 수 있다. 2023년 10월부터 한도 증액으로 시세 12억 원 경우, 70세부터 최고 340만 원을 받을 수 있다. 따라서 주택연금은 집 한 채밖에 없는 일반 서민에게는 노후자금의 버팀목이 될 수 있다. 여기 국민연금을 은퇴자금에 보태면 은퇴 준비에

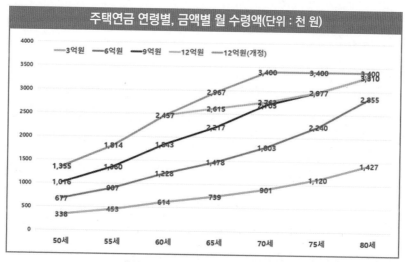

출처 : 한국주택금융공사, 시세기준, 최고한도 20% 증액(2023년 10월부터)

더욱 도움이 될 것이다.

걱정스럽고 막연한 노후자금을 연금과 주택을 통해 해결이 가능하다는 것을 보여주었다. 그러나 국민연금이나 기초노령연금 같은 공적연금은 재원이나 예산의 한계가 있고, 별도의 주거비를 지급하지 않는 우리나라에서는 주택을 이용한 사적 연금의 활용이 필요하다. 또한 우리나라 주택 점유 비율은 54%로 감소하는 것으로 나타났고, OECD 자가 보유율 평균 66%(24개국 중 22위) 대비 낮은 수준이다. 자가 보유를 늘리기 위해 특히 정부는 자기 집 갖기를 포기하는 많은 젊은 세대를 위해 자가보유를 지원하기 위한 금리 혜택과 주택담보대출 비율을 상향 조정해주고, 그래도 부족하면 외국처럼 정부보증을 통한 주택 구입의 가능성을 열어주어야 한다. 주택은 현재의 거주 기능 못지않게 노후의 삶을 보장해주는 자산이므로 이러한 관점에서 정부 지원이 이루어져야 할 것이다.


## 2. 국민연금

근로자 개인소득 평균 월 300만 원의 급여를 받으면 부담금은 본인과 회사 각각 4.5%, 월 135,000원을 매월 내면서 35년간 유지한다면, 은퇴 후 월 100만 원 노령연금을 받게 된다.

국민연금의 장점은 물가를 반영해 매년 수령액이 상승한다는 것이다. 또 하나는 연금가입자인 남편이 사망해도 아내가 60% 연금 수령을 할 수 있다. 30세에 입사해 65세까지 35년간 급여를 받든, 자영업을 하든, 지역가입자로 전환하든 꾸준히 연금을 납부하면 기본 연금을 받을 수 있다. 부부가 따로 가입할 수 있다.

연금제도가 개혁되더라도 수령액을 줄이기보다 납부액을 인상할 것으로 보인다. 왜냐하면 현재 소득대체율 글로벌 평균보다 낮기 때문이다. 한 가지 더하자면 연금 고갈에 대한 우려다. 유럽에서는 10년 내 고갈되는 국가가 많다. 독일은 2~3년 지급 여력밖에 없다. 그러나 독일 국민은 걱정하지 않는다. 왜냐하면 정부에서 예산을 지원해 고갈을 막아주기 때문이다. 개인적인 생각으로는 무조건 연금 같은 기본소득이 거론되고 있는데, 1/3 정도는 정부가 부담하는 것도 검토해볼 필요가 있다

국민이 노후를 위해 가입한 연금제도를 무너지게 하지는 않는다. 연금 부도는 정부의 부도보다 더 심각하기 때문이다. 연금 생활자의 생계 곤란, 신용카드 연체, 신용불량에 따른 대출 상환 요구, 지역 경제 붕괴, 매출 감소 등. 그야말로 국가의 존재를 의심할 사태를 불러올 수 있으므로 부도는 없다. 부담금을 유럽 수준의 반만큼이라도 올려야 한다고 생각한다.

연금을 못 받을까 봐 걱정하기보다는 꾸준히 저축한다고 생각하고 납입해야 한다. 지금 월 13만 원을 내고, 나중에 월 100만 원을 받는다. 누계로 35년간 5,700만 원을 내고 30년간 3억 6,000만 원을 받는다. 속은 셈 치고라도 부어라. 나이 들면 연금 받는 사람을 제일 부러워한다. 땅을 치면서 후회해도 늦었다.

| 월급여 | 부담금 9% | 납부 기간 | 10년 | 15년 | 20년 | 25년 | 30년 | 35년 | 40년 |
|---|---|---|---|---|---|---|---|---|---|
| 3,000,000 | 270,000 | 월 수령액 | 291,540 | 433,580 | 575,620 | 717,670 | 859,710 | 1,001,750 | 1,143,800 |

## 3. 부동산 임대

　나이가 들면 노동력을 제공하지 않고 위험이 없는 투자를 해야 한다. 은퇴자들이 할 수 있는 가장 적합한 투자는 부동산 임대 사업이다. 여유 자금이 있으면 무엇보다 상가나 오피스텔, 생활형주택 같은 부동산에 투자를 권한다. 수익률은 3~5%대로 2억 원 정도를 투자하면 70~100만 원의 수입을 얻을 수 있다.

　낮은 이자의 변액보험, 정기예금, 위험한 주식 투자보다는 부동산 임대가 은퇴자에게 맞는다. 자산고갈을 막아주고 매월 정기적으로 일정한 금액을 받을 수 있을 뿐만 아니라, 기한 없이 평생 유지할 수 있는 투자이기 때문이다.

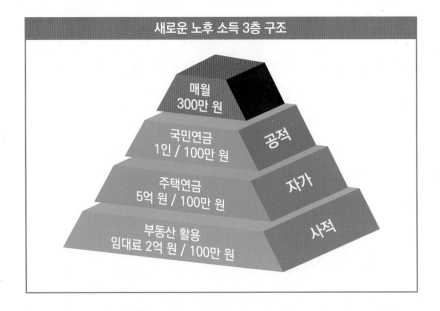

## 4. 연금제도를 잘 활용하면 노후자금을 준비하는 부담을 줄일 수 있다

우선 현재 은퇴가 시작되고 있는 50대의 대부분은 노후자금 준비 없이, 단지 사는 주택과 국민연금만으로 노후를 준비해야 하는 경우가 허다하다. 현재 50대는 평균소득에 따라 꾸준하게 국민연금을 불입했다면, 월 100만 원 정도 수령이 가능하다. 주택연금은 주택가치와 지급기간에 의해 월 지급액이 결정된다. 60세에 종신급여로 받는 경우, 주택 가격 1억 원당 23만 원 정도로 전국주택 가격 2.5억 원 기준으로 57만 원, 서울 4.5억 원 기준으로 100만 원을 평생 받을 수 있다. 그래서 전국 157만 원, 서울 200만 원 정도로 매월 수령이 가능해 노후 생활비는 지역이나 개인 소비 수준에 따라 조정이 가능한 수준이다. 최근 가계금융조사에 따르면, 소비지출은 50대의 월 230만 원에서 60대에 120만 원으로 줄었다. 이는 60대의 소비가 교육비, 교통비, 통신비에서 대폭 줄었기 때문이다. 따라서 현재 은퇴 세대는 거액의 노후자금 없이도, 주택을 팔아서 주식이나 채권에 투자하는 위험 없이 국민연금과 주택연금만으로 자기 집에 거주하면서 노후 자금을 해결할 수 있다.

## 5. 노후에 대한 대책은 젊을 때부터 적정한 주택을 마련하는 것이 중요하다

경제생활을 막 시작한 젊은 세대의 경우 노후 대책은 먼 훗날의 이야기지만, 지금부터 체계적으로 준비하는 것이 중요하다. 이 시기는 주택 구입이 가장 중요한 문제다. 임차로 거주하면서 저축해 충분한 자금이 준비되면 구입하기보다는 담보대출을 통한 구입이 유리하다. 지금 주택 가격은 단기적 하락 추세지만, 중장기 관점에서 보면 실질 GDP 성장률과 같이한다. 전국 주택 평균 가격 2.5억 원을 기준으로 월세의 경우, 71만 원의 비용이 필요하다. 만약 담보대출 비율(LTV) 70%로 주택을 구입한다면, 대출 금리 3.5%, 30년 원금과 이자 균등상환을 가정하면 매월 78만 원이 지출된다. 집값의 30%만 자기 부담하고 임차와 비슷한 비용으로 내 집에 거주하면서 30년 후에는 대출금은 다 갚고 나면, 완전히 내 집이 된다. 65세부터 이 집을 주택연금으로 활용하고 국민연금, 퇴직연금을 모두 합하면 현재 가치로 190만 원 정도 적정생활비 이상의 수령이 가능하다. 더 나은 노후 생활을 원하면 인플레이션을 감안해 개인연금으로 보완할 수 있다. 별도의 노후자금 준비 없이 연금과 주택으로만 노후 대책이 가능하다. 젊은 세대의 노후에 대한 대책은 일찍부터 적정한 주택을 마련하는 것이 중요하다.

# 실현이 가능한
# 여유로운 노후와 은퇴 설계

이제는 오래 사는 장수 리스크 시대다. 30년 이상 노후자금이 필요하다. 노후자금 요건은 화수분(貨水盆)처럼 평생 그치지 않고 계속 솟아나야 하고, 그것도 부부에게 평생 매달 정기적으로 지급되어야 한다. 현재 사는 곳에서 그대로 사는, 즉 주거가 보장되어야 하고, 노동력이 요구되지 않으며, 인플레이션에 대응할 수 있고, 리스크가 없어야 한다.

이와 같은 요구사항을 충족할 수 있는 노후소득 보장의 3층 구조는 국민연금, 주택연금, 임대소득이다. 종합하면 기본 은퇴 생활비 250만 원을 충족하기 위해 주택연금 100~200만 원, 국민연금 100~200만 원, 임대소득 100만 원, 합계 300~500만 원 정도로 기본 은퇴 생활비인 은퇴자금을 충분하게 마련할 수 있다. 은퇴자금은 젊었을 때부터 준비해야 한다. 국민연금은 취업하자마자 바로 시작하고, 지역가입자가 되더라도 계속해서 유지해야 한다.

주택은 이자를 감당할 수 있다면 80%를 빚내서라도 마련하라. 시간에 따라 부채 가치도 하락한다는 사실을 기억하라. 경제 활동기인 30~65세에 이자와 원금을 납부해서, 즉 원리금 상환제를 이용해서 퇴직 때까지는 대출을 모두 상환하고, 은퇴 시 주택연금으로 전환하는 것이 좋다. 안전한 투자를 하라. 여유자금을 주식이나 비트코인 같은 위험하고 단기적인 투자보다는 장기적이고 안정적인 임대사업 투자를 권한다. 단독주택을 증축해 다가구주택을 임대하거나 도시형주택, 원룸, 오피스텔, 상가 임대사업 등이 있다. 채권이나 정기예금 등은 물가나 인플레이션을 보상하는 정도밖에 수익률을 얻지 못한다.

여유 있는 노후 생활을 위해서 구체적으로 대안을 제시한다.

1. 자기 집 5억 원을 구입할 때 LTV 60%이면 실투자금 2억 원 정도다. 매월 이자 원금 상환금이 연 1,600만 원(월 134만 원)이다. 30년 동안 원리금 상환으로 대출금을 모두 갚으면, 집값은 10억 원 이상이 되었을 것이다. 65세 은퇴 후 주택연금을 신청하면 살면서 매월 200만 원을 받을 수 있다.

2. 국민연금을 부부가 각각 월 급여 300만 원을 기준으로 매월 26만 원을 추가해 납부한다. 주부라도 가입해야 한다. 하루라도 빨리 가입하고, 가능하면 많은 금액을 납부한다. 은퇴 후 매월 200만 원을 받을 수 있다.

3. 부동산 임대를 위해 여유 자금이 있으면 채권, 주식, 주택 투자보다는 교통이 편리하고 사무실이 많은 오피스텔을 2억 원에 구입한다. 수익률 5%면 임대료로 매월 100만 원이 가능하다. 그러면 은퇴 후 월

500만 원을 평생 받을 수 있어 여유로운 노후를 누릴 수 있다.

| 과목 | 투자 금액 | 자금원 | 기간 | 월부금 | 월수령금 |
|---|---|---|---|---|---|
| 주택 매입 | 500,000,000 | 대출 60% | 35년간 | -1,339,433 | 2,000,000 |
| 국민연금 | 126,000,000 | 1인 추가 납입 | 35년간 | 300,000 | 2,000,000 |
| 임대 부동산 | 200,000,000 | 저축금 | 은퇴 후 | 일시불 | 1,000,000 |
| 합계 | 원리금 상환 | 이자율 4% | PMT | 16,073,197 | 5,000,000 |

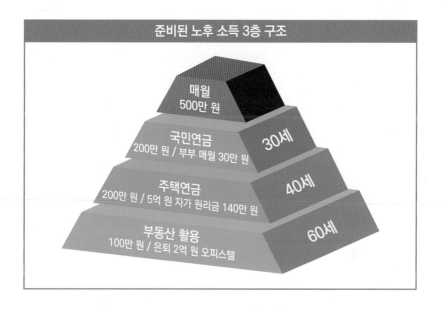

# 시뮬레이션을 통한
# 노후자금 계획

과도한 노후자금 불안감은 구체적인 자금 계획을 세우고 미리 준비하면 덜어낼 수 있다. 은퇴자금의 운용을 시뮬레이션으로 분석한 필자의 논문을 담았다.

우리 사회는 급격한 고령화가 진행되고 있는 가운데 최근 베이비붐세대의 은퇴가 본격적으로 시작되면서 노후 준비의 필요성이 그 어느때보다 중요하게 인식되고 있다.

통계청의 2011년 가계금융조사 결과와 국가통계포털 등의 자료를 활용해 우리나라 은퇴 세대의 특성을 연구했다. 이를 통해 은퇴 연령을 추정하고, 은퇴자의 기대여명을 근거로 은퇴 기간 동안 필요한 소득을 산출했다. 다음으로 안정적인 노동 소득이 없어진 은퇴 가계가 사망에 이르기 전까지 필요한 소득을 충족시켜나가기 위해 은퇴 시점에 보유한 자산의 운용 방법을 분석했다.

전국의 평균적인 은퇴 가구의 보유자산을 대상으로 자가 거주, 전세 거주 등 주거 형태별로, 또 수도권, 지방 등 거주지역으로 구분해 은퇴 기간 동안의 현금자산 유지 여부, 총자산 유지확률, 그리고 자산의 지속가능성의 확률을 시뮬레이션으로 분석했다. 은퇴 가구의 자산규모와 은퇴 후 필요소득을 추정하기 위해서 통계청이 금융감독원 및 한국은행과 공동 조사한 가계금융복지조사 자료를 이용했다.

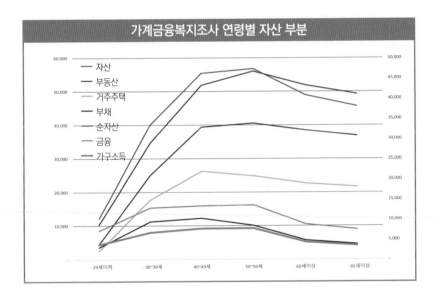

연령별로 분석하면 50대에 자산을 비롯한 모든 것이 정점을 찍었다가 60대에 하락하는 경향을 보여주고 있다. 특히 소득의 하락은 컸다. 즉 은퇴 후 수입원이 고갈되었기 때문이다.

몬테카를로 시뮬레이션 기법을 이용해 은퇴 자산 현금흐름의 모형을 구축하고, 이를 통해 은퇴 자산 포트폴리오의 선택과 운용에 따라 현금 자산 잔존 여부, 순자산 유지, 그리고 현금 자산 지속 기능 기간이 확률적으로 어떻게 변화하는지를 추정하기로 한다.

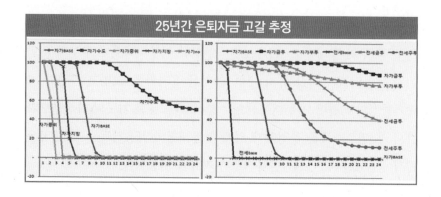

25년간 은퇴자금 고갈 추정

    현실에 기초한 자료로, 은퇴 가구의 은퇴 기간 동안 금융 자산 운용 뿐만 아니라 부동산을 활용한 은퇴 자산 운용을 분석했다. 연구 결과로 는 첫째, 자가 보유자의 평균적인 자산 수준에서 국민연금과 주택연금을 받아도 25년간의 은퇴 기간 동안 안정적인 은퇴자금 인출의 지속이 불가능했다. 특히 평균적인 자산을 보유한 수도권 자가 거주자를 제외하고는 중위수 기준, 지방 거주자, 전세 거주자, 주택연금이 없는 가계의 대부분은 은퇴자금이 조기에 고갈되는 것으로 추정되었다.

    둘째, 자산의 포트폴리오를 재구성해 거주 주택 이외의 기타 부동산으로 금융 투자나 부동산 투자를 할 때, 현금 잔존, 순자산 유지, 지속 가능성에서 크게 향상되었고, 특히 부동산 투자의 경우가 유리했는데, 그 이유는 무수익자산을 수익형으로 전환함으로써 일정한 현금흐름을 창출했기 때문이다.

    셋째, 자산운용을 자가 거주와 임차로 나누어보면, 자가 거주의 부동산 투자가 가장 유리했고, 전세 거주의 금융 투자가 가장 불리했다. 이 는 부동산 가치의 높은 상승률이 반영되었기도 하지만, 물가 상승에 따른 화폐 가치 하락, 부동산의 자본수익 외에도 임대수익이 반영되었기 때문이다.

넷째, 자가의 경우 주택연금을 활용함으로써 지속 가능 기간이 크게 연장되어 부동산을 연금의 재원으로 활용하는 것이 금융 투자로 전환하는 것보다 안정된 은퇴자금 운영 방법임을 확인했다.

시사점으로 그간 은퇴자금에 관한 연구는 금융 자산 운용을 중심으로 이루어져 왔으나 앞으로 부동산 투자를 포함해 폭넓게 자산 포트폴리오를 구성하는 방향으로 연구와 은퇴 설계가 이루어져야 할 필요가 있음을 보여주었다. 또한, 주택은 거주 기능 못지않게 은퇴 후 삶을 보장해주는 자산으로 인식 전환이 필요하다.

노후 보장 상품을 확충하기 위해서는 고령자 자산을 기초로 한 상품에 대한 세제상 우대 등 정책적 지원, 부동산 간접 투자 상품의 활성화와 아울러 고령자 가구를 가입 대상으로 한 공적 펀드를 조성한다면, 은퇴 가구의 안정적인 현금흐름 창출에 기여하게 될 것이다.

제 **8** 장

# 현명한 부동산 투자

부동산은 비교적 안정적인 투자 수단으로 알려져 있다. 하지만 부동산 시장에 대한 전문적인 지식과 노하우가 없는 상태에서 투자하면 손해를 볼 가능성이 크다. 부동산 투자는 언제, 어디에 있는 어떤 부동산을 사고팔아야 하는지의 문제다. 현명한 부동산 투자를 위해서는 필요하고 중요한 사항들을 정리하고자 한다.

이번 장은 최근 활용성이 증가하고 있는 챗봇의 도움을 받았다. 챗 GPT, bing 채팅, 구글 바드 등이다. 이들 챗봇은 요약과 기본적인 내용을 잘 정리해준다. 그래서 내가 질문하거나 예시나 요약, 또는 핵심 내용을 보여주면, 불필요한 내용은 삭제하고, 새로운 내용을 추가해 정리한다.

챗봇에게 단순하거나 뻔한 질문을 하면 뻔한 일반적인 대답만 돌아온다. 그래서 내가 구상한 대답이 나올 때까지 다양하고 상세한 질문을 되풀이해야 한다. 좋은 질문을 해야 유익한 내용의 답변이 나온다. 그러기 위해서는 목차를 정하고 콘텐츠를 구상하며 구체적인 질문을 해야 한다.

투자란 판단하고 결정해 실행하는 것이다. 그 판단에 많은 것이 내포되어 있다. 언제, 어디에 어떤 부동산을 사라는 것일까? 현명한 판단을 위해서는 관심, 지식, 정보가 정말 중요하다. 일생일대의 큰 투자이고 앞으로 나의 미래를 좌우할지도 모르는 결정이기 때문이다. 그래서 감보다 데이터다. 즉 인간의 본능보다 데이터를 활용해야 실패를 줄일 수 있다.

현명한 부동산 투자를 위해 다음 4가지를 주제로 다루고자 한다.

첫째, 부동산 투자에 성공하기 위해 꼭 필요한 것이 무엇인지를 살펴보아야 한다. 부동산 투자는 자신의 목표, 자본, 시간, 지식과 성향에 따라 적절한 부동산 투자 스타일을 정하고, 실행하며, 평가하고, 수정해야 한다.

둘째, 부동산 투자는 마인드가 중요하다. 부동산 투자는 대부분 장기적인 투자이며, 이에 따라 실패를 겪을 수도 있다. 따라서, 실패에 대한 대비책을 세우고, 실패를 통해 배우며 성공으로 나아가는 마음가짐이 필요하다.

셋째, 부동산 투자에는 다양한 스킬과 데이터의 활용이 필요하다. 데이터 분석을 통해 수요와 공급을 파악하고, 부동산 가치를 평가하는 등 다양한 분야에서 스킬과 노하우를 활용할 수 있다. 또한, 경제 사이클과 구조적인 추세를 이해하는 것도 중요하다.

넷째, 부동산 투자의 실제 사례를 통해 배울 수 있는 교훈은 여러 가지가 있다. 특히 주변에서 자주 발생하는 실패와 성공 사례를 살펴보았다.

# 부동산 투자에 성공하기 위한
# 조건은 무엇인가

부동산 투자에 성공하기 위해서는 여러 조건이 필요하지만 우선 기본적 요건을 살펴보자.

다음은 현명한 부동산 투자를 위한 4가지 팁이다.

## 1. 내게 맞는 부동산에 투자하라

부동산 투자는 자신의 성향과 기호, 그리고 자신이 원하는 것을 잘 파악하고 이를 바탕으로 해야 한다. 자신이 어떤 투자를 선호하며, 어떤 시장에서 어떻게 하면 부동산 투자를 성공적으로 할 수 있는지에 대한 전략을 고민해야 한다. 부동산 투자는 대상, 입지, 가격, 타이밍도 중요하지만 내게 맞는 부동산에 투자해야 한다.

부동산 투자를 시작하기 전에 첫째, 자신의 목표와 성향을 파악해야 한다. 부동산 투자는 장기적인 투자이므로, 자신이 원하는 수익과 목표를 파악하고 이를 바탕으로 투자해야 한다. 또한, 부동산 투자는 거액이 필요하므로 자신이 가진 자본과 예산을 파악하고, 이를 바탕으로 투자를 결정해야 한다. 성공한 자본가나 전문가를 따라 한다고 성공하지 못한다. 왜냐하면 그들과 나는 환경이 다르기 때문이다.

둘째, 부동산의 입지를 잘 분석해야 한다. 부동산의 입지란 이웃, 교통, 편의시설, 주변 환경, 개발계획 등과 같은 요소들을 말한다. 입지가 좋은 부동산은 임대료나 매매 가격이 높고, 장기적으로 안정적인 수익을 기대할 수 있다.

앞에서도 설명했지만, 입지가 부동산 가격을 결정하는 중요한 요소다. 다음 자료는 필자의 논문에서 전국 230개 시·군·구를 대상으로 실시한 통계 분석에서 산출한 것으로, 아파트 가격에 영향을 미치는 주요한 요인을 영향력 크기로 나타냈다. 결과를 보면 일자리, 교통, 소득, 학력순으로 영향력이 높았다.

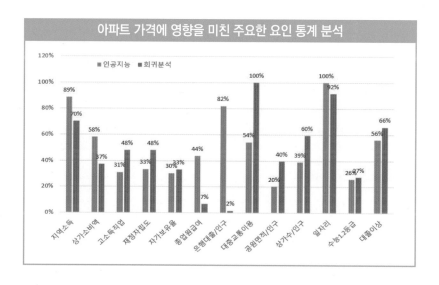

챗봇에게 물어보았다. '아파트 가격을 상승시킬 수 있는 입지는 어디인가?' 역시 챗봇은 기계학습을 많이 하고 강화학습까지 해서 아는 것이 많다. 그렇지만 웹에 있는 내용을 정리했을 뿐이다. 자기 생각이나 창의적인 것은 보이지 않는다. 다른 내용을 기대했는데 전문가 수준은 아니다. 그러나 중요하고 공통적 요인은 잘 파악했다.

> • 교통 편의성 : 대중교통이 잘 발달되어 있고 교통체증이 적은 지역이면, 아파트의 접근성과 편리성이 높아지기 때문에 가격 상승 요인으로 작용할 수 있습니다.
>
> • 경제 성장 : 지역의 경제 성장이 높으면, 수요가 증가하고 주변 인프라가 발전하는 경우가 많아져서 부동산 가격이 상승할 가능성이 높아집니다.
>
> • 교육 환경 : 좋은 교육 환경이 갖추어진 지역이면, 아이들의 교육에 대한 부모들의 관심도가 높아져서 아파트 가격이 상승하는 요인으로 작용할 수 있습니다.
>
> • 문화 시설 : 문화 시설이 풍부한 지역이면, 문화 생활에 대한 수요가 증가하고 생활의 질이 높아져서 아파트 가격이 상승하는 요인으로 작용할 수 있습니다.
>
> • 자연환경 : 자연환경이 좋은 지역이면, 청정한 공기와 자연적인 경관을 누릴 수 있는 장점이 있어서 아파트 가격이 상승하는 요인으로 작용할 수 있습니다.
>
> • 고용 성장 : 고용 성장이 높은 지역이면, 안정적인 수입을 가지고 있는 주민들이 많아져서 부동산 가격이 상승하는 요인으로 작용할 수 있습니다.
>
> 이러한 요인들을 종합적으로 고려해 아파트를 구입할 때, 상승 가능성이 높은 지역을 선택하는 것이 좋습니다. 그러나 부동산 시장의 변동성에 따라 가격 상승 여부는 변할 수 있으므로, 신중한 검토와 전문가의 조언을 받는 것이 좋습니다.

셋째, 부동산 가격을 적절하게 평가해야 한다. 부동산 가격은 시장 상황이나 경쟁 상태에 따라 변동될 수 있다. 따라서 부동산 가격을 정확하게 파악하고, 과대평가나 과소평가하지 않으며, 적절한 시점에 매입하거나 매도해야 한다.

여기서 언급하고 싶은 것은 부동산 가격을 가지고 너무 속 좁게 굴지 말라는 것이다. 일상에서는 1만 원도 아끼지만, 부동산은 1,000만 원을 올려달라고 해도 상황에 따라 과감하게 저질러야 한다. 나중에 1,000만 원이 1억 원이나 10억 원이 될 수 있다.

넷째, 개인적 상황도 주요한 대상이다. 부동산 투자는 개인의 목표, 자본, 시간, 지식과 성향에 따라 달라진다. 개인의 상황에 맞는 부동산에 투자해야만 성공할 수 있다. 예를 들어, 장기적인 목표를 가진 사람은 시장 변동에 크게 영향받지 않고 꾸준히 투자할 수 있지만, 단기적인 목표를 가진 사람은 시장 변동에 민감하게 반응한다.

다섯째, 부동산 투자의 타이밍을 결정하는 요인이다. 부동산 투자의 타이밍은 살 때나 팔 때는 물론이고, 시장 상황과 개인 상황에 따라 다르게 결정할 수 있다. 부동산 시장은 주기적으로 반복되는 사이클을 가지고 있다. 부동산 시장의 사이클은 보통 하락기, 침체기, 상승기, 과열기로 반복된다. 누구나 하락기나 침체기에 매입하고, 상승기나 과열기에 매도하는 것이 유리한 줄 알지만 실행하기가 어렵다. 왜냐하면 시장 상황은 예측하기 어렵고, 수시로 변하므로 다른 요인들과 함께 고려해야 한다.

부동산 투자는 목표와 전략이 중요하고, 장기적인 관점에서 볼 수 있어야 한다. 자신의 목표, 자본, 시간, 지식과 성향에 따라 적절한 부동산 투자 스타일을 정한 후에 실행해야 한다.

# 부동산 투자에 성공하기 위한 심리적 요건

《심리투자 불변의 법칙》을 쓴 마크 더글라스((Mark Douglas)는 "주식이나 부동산 투자에 성공하기 위해서는 멘탈, 즉 마음가짐 관리를 잘해야 한다"라며, "투자의 성패는 마음가짐 관리에 달려 있다고 해도 과언이 아니다"라고 말한다.

많은 사람이 성공적인 부동산 투자를 위해 부동산 분석을 잘해야 한다고 강조한다. 투자에서 많은 수익을 내기 위해 통계 분석, 현장 분석 등 다양한 방법을 이용한다고 해도 마음가짐을 잘 관리하지 않는다면 성공하기 어렵다. 사업을 하기 위해 관련 지식을 쌓고 회사에서 다양한 실무를 경험했다고 해도 사업을 추진할 실행력과 어떤 상황에서도 참고 견뎌낼 수 있는 인내심이 없다면 사업을 성공할 수 없는 원리와 같다. 무작정 견디고 버틴다고 해서 멘탈 관리를 잘하는 것은 아니다. 투자에 필요한 멘탈을 얻기 위해서는 시장의 원리를 아는 것이 선행되어야 한다.

《돈의 심리학》에서 모건 하우절이 금융을 부동산으로 대체해 설명한 것도 전혀 이상하지 않다. 물리학은 법칙을 따르기 때문에 합리적이고 정확하다. 하지만 부동산은 비합리적인 사람들의 행동을 따르기도 한다. 나의 행동이 스스로에게는 합리적으로 보여도 다른 사람에게는 아닐 수도 있다.

사람들이 왜 빚에 허덕이는지 이해하려면 이자율을 공부할 것이 아니라 탐욕과 불안, 낙천주의의 역사를 공부해야 한다. 투자자들이 왜 약세장 바닥에서 자산을 팔아버리는지 이해하려면, 미래의 기대수익 계산법을 공부할 것이 아니라 나의 투자가 우리 가족의 미래를 위험하게 만들고 있는 것은 아닌지 생각해야 하는 것이다.

부동산 투자에서 성공하기 의한 5가지 심리 요건을 알아보자.

### 1) 무엇보다 감정에 휘둘리지 말아야 한다

부동산 시장은 변동성이 크므로 감정에 휘둘리지 않는 것이 중요하다. 시장이 하락하면 낙담하지 말고, 시장이 상승해도 흥분하지 말아야 한다. 투자 원칙을 고수하고 인내하며 노력해야 한다.

### 2) 부동산 시장에서 사람의 감정을 읽어라

부동산 시장은 규칙적이고 고정적인 법칙만 존재하는 것이 아니다. 부동산 거래는 사람들 간의 일시적이고 비합리적인 거래일 수도 있다. 부동산 시장에서 성공적인 거래를 하기 위해서는 사람들의 감정 변화를 파악하고 이를 바탕으로 투자를 결정해야 한다. 이러한 현상은 시장이 활황이거나 불황일 때 충동구매를 하거나 공포 매도를 하는 것과도 관련이 있다.

부동산 투자는 시장에서 분위기도 읽어야 한다. 경제의 영향으로 과도한 하락 추세가 있는지, 어떤 부동산이 과도한 상승을 하는지, 어떤 부동산이 가치가 떨어지고 제대로 평가되고 있는지 분석해야 한다.

### 3) 시장과 사람들의 관심이 트렌드다

부동산 시장에서는 인기 있는 지역이나 부동산이 수요가 많아져 가격이 오르는 경향이 있다. 따라서 투자 대상 부동산을 선정할 때는 시장에서 인기 있는 부동산을 잘 파악하고 이를 바탕으로 투자해야 한다.

부동산 투자에서는 대상 부동산의 가격보다는 주변 시장 추세를 잘 파악해야 한다. 다시 말하자면 현재 시장에서 해당 부동산이 인기 있는지, 가치가 떨어지고 있는지, 개발 상태를 종합적으로 보고 향후 어떤 추세를 보일 것인지 등을 잘 분석해야 한다.

### 4) 리스크를 감당할 마음의 준비가 필요하다

부동산 투자는 이익만 얻는 것이 아니라 손실이 발생할 수도 있다. 부동산 투자는 리스크를 감당할 준비가 필요하다. 부동산 투자는 항상 안정적이지 않을 수 있다. 부동산 시장은 언제든지 변동성을 보일 수 있으며, 예상치 못한 사건으로 인해 큰 손실을 볼 수도 있다. 따라서 부동산에 투자하기 전에는 충분한 정보 수집과 분석을 통해 리스크를 최소화하는 것이 필수다. 부동산 시장에서 실패하지 않는 투자를 하기 위해서는 항상 잠재적인 리스크를 어떻게 대처할 것인지를 고려해야 한다.

### 5) 인내심을 가져라

부동산 투자는 장기적인 게임이라는 것을 기억하는 것이 중요하다. 하룻밤 사이에 부자가 되기를 기대하지 말라. 인내심을 갖고 끈기 있게 노력하면 결국 목표를 달성할 수 있다. 그래서 중요한 것이 멘탈 관리다. 우리의 투자를 실패로 이끄는 감정을 이해하고 조절해야 한다.

부동산 투자에서 멘탈 관리는 성공의 핵심 요소다. 이 팁을 따르면 감정을 통제하고, 일관된 투자 결정을 내리며, 장기적으로 투자하면 성공할 수 있다.


부동산 투자가 망설여지는 뇌과학적인 이유는 무엇일까? 부동산 투자가 망설여지는 이유를 인지 편향 관점에서 해석해본다. 인지 편향은 인간이 정보를 처리하고 의사결정을 내리는 과정에서 발생하는 비합리적인 편향이다. 부동산 투자에 영향을 미치는 인지 편향에는 다음과 같은 것들이 있다.

### 1) 인지부조화

자신의 신념이나 믿음에 반하는  경우 생각을 바꾸기보다는 자기합리화한다.  부동산 투자에서도 인지부조화는 투자 실패의 원인으로 작용할 수 있다. 예를 들어, 부동산 시장이 하락하기를 바라면서 매수 시기를 미루었지만, 시장이 상승세로 전환되면  이때 투자자는 현실을 받아들이지 못하고 매수를 놓칠 수 있다.

## 2) 손실 회피 편향

얻은 것의 가치보다 잃어버린 것의 가치를 크게 평가하는 것을 말한다. 부동산 구입을 망설이는 이유 중 하나가 될 수 있다. 부동산 구입은 큰돈이 드는 투자이기 때문에 손실을 입을 위험이 있다는 것을 두려워하는 사람들이 많다. 또한, 부동산 가격이 하락했기 때문에 부동산을 매도하지 않거나, 부동산을 담보로 대출을 받지 않는 사람들도 있다.

## 3) 확증 편향

자신의 신념을 뒷받침하는 정보만을 찾고, 그렇지 않은 정보는 무시하는 것이다. 예를 들어, 부동산 투자를 해서 이익을 얻었다면, 부동산 투자는 좋은 투자라는 확신을 가지게 될 수 있다. 하지만 부동산 시장이 하락한다면, 부동산 투자는 나쁜 투자라는 확신을 가지게 될 수 있다.

## 4) 집단사고 편향

소속 집단에서 의견 일치를 지나치게 추구하면서 구성원의 독립적이고 비판적인 생각과 의견이 수용되지 않는 집단 심리적 현상을 말한다. 집단사고로 진행되는 의사결정은 다양한 대안을 검토하지 않고, 객관적 분석이 충분히 이루어지지 않는다. 부동산 투자 모임이나 주변 사람들의 의견에 비판 없이 수용하거나 부화뇌동해 투자 결정을 못 한다.

부동산 투자를 망설이고 있다면, 다음과 같은 방법으로 인지 편향을 극복할 수 있다.

첫째, 부동산 투자에 대한 정보를 충분히 습득하라. 부동산 투자는 복잡한 분야이기 때문에, 누구나 완벽하게 이해할 수는 없다. 하지만 부동산 투자에 대한 정보를 충분히 습득하면, 인지 편향을 극복하고 합리적인 투자를 할 수 있다.

둘째, 전문가의 도움을 받아라. 부동산 투자는 전문가의 도움을 받아야 성공할 수 있는 분야다. 아니면 강의나 책을 통해 스스로 부동산 공부를 해야 한다.

셋째, 장기적인 관점에서 투자하라. 부동산 투자는 장기적인 투자다. 따라서 단기적인 시세 변동에 일희일비하지 말고, 멀리 바라보고 가야 한다.

# 부동산 투자 분석의
# 데이터 활용

## 1. 부동산 시장 분석 : 데이터 활용의 중요성

부동산 데이터 활용은 중요하다. 예를 들어, 부동산 데이터를 활용해 시장 분석을 수행할 수 있다. 지역별, 건물 유형별, 가격대별 등 다양한 기준으로 데이터를 분류해 분석하면, 부동산 시장의 전반적인 트렌드와 특징을 파악할 수 있다. 또한, 부동산 데이터를 활용해 투자 전략을 수립할 수도 있다. 예를 들어, 부동산 가격의 변화 추이를 분석해 미래의 가격 변동을 예측하고, 이를 바탕으로 투자 결정을 내릴 수 있다. 이러한 부동산 시장 분석을 통해 부동산 시장의 상황을 파악하고, 미래의 추세를 예측할 수 있다.

부동산 시장은 지역별, 종류별, 수요·공급 등 다양한 요인들이 시장 가격에 영향을 미치는 복잡한 시장이다. 이러한 시장에서 투자 전략을 세우기 위해서는 정확한 시장 분석이 필수다. 그렇다면 어떻게 부동산 시장을 분석할 수 있을까?

시장 예측은 미래의 부동산 시장 추세를 예측하는 것이다. 이를 위해서는 경제학적인 이론과 모델링 기법이 필요하다. 예를 들어, 금리 인상이 부동산 가격에 미치는 영향을 분석해 미래의 부동산 가격 변화를 예측할 수 있다. 이처럼, 부동산 시장 분석은 다양한 절차와 방법론을 활용해 이루어지는데, 이러한 분석에서 가장 중요한 것은 데이터 활용이다. 정확하고 신뢰성 있는 데이터를 활용해 분석하는 것이 중요하다.

## 2. 데이터 수집

부동산 투자를 할 때 데이터 수집과 분석은 매우 중요하다. 이를 토대로 잘 계획된 투자 전략을 수립하고, 적시에 대응해 투자를 성공적으로 수행할 수 있다. 한국에서 부동산 데이터를 구하는 방법은 다양한데, 일반적으로는 부동산 정보 제공 웹사이트를 활용할 수 있다. 개별 아파트 단지 시세, 정부기관의 주택 관련 데이터, 부동산 전문기관에서 주택 가격 변동에 대해 장기적 시계열을 제공하는 곳이 있다.

통계청에서는 인구 통계, 건축 통계, 부동산 통계 등 다양한 통계 자료를 제공한다. 이를 활용해 부동산 시장 동향을 분석할 수 있다. 공공 데이터 포털에서도 연속지적도와 같은 토지 관련 정보를 비롯해, 여러 공공기관이 제공하는 부동산 관련 정보를 검색하고 다운로드할 수 있다.

국토교통부에서도 다양한 부동산 관련 정보를 제공하고 있다. 국토교통부에서 제공하는 공동주택 공시가격정보 등을 확인할 수 있다. 한국은행 경제 관련 데이터가 많은 곳으로 인구, 가구, 물가, 이율, 국민소득 등이 자료를 장기적인 시계열로 제공하고 있다.

한국부동산원에서도 다양한 부동산 관련 정보를 제공하고 있다. 이곳에서는 전국의 지가 변동률, 주택 가격 동향, 공동주택 실거래 가격지수 등 다양한 부동산 관련 정보를 제공한다. KB 부동산에서도 다양한 부동산 관련 정보를 제공하고 있다. 주택 관련 데이터를 가장 많이 보유하고 1987년부터 주택 가격지수를 발표해오고 있고, 개별 아파트 가격도 20년 이상 월별 데이터를 보유하고 있다.

부동산 시세 정보 제공을 하는 대표적인 웹사이트로는 부동산 뱅크, KB 부동산, 직방, 다음 부동산, 부동산114와 같은 부동산 포털 사이트에서 다양한 부동산 데이터를 얻을 수 있다. 이러한 사이트들은 일반적으로 매매·전세·월세 가격 정보뿐만 아니라 부동산 뉴스와 시장 분석 리포트 등도 제공한다.

| 주택 가격 데이터를 구할 수 있는 대표적인 웹사이트 |
| --- |
| 통계청 : https://kosis.kr/<br>공공데이터포털 : http://www.data.go.kr/<br>한국은행 경제통계시스템 : https://ecos.bok.or.kr<br>한국부동산원 : http://www.reb.or.kr/<br>KB국민은행 부동산 : http://land.kbstar.com<br>부동산114 : http: //www.r114.com/<br>다음 부동산 : http://realestate.daum.net/home<br>네이버 부동산 : http://new.land.naver.com/<br>직방 : http://www.zigbang.com/ |

## 3. 성공적인 부동산 투자를 위해 필요한 도구와 스킬

최근에는 부동산 시장 데이터를 수집하고 분석하는 기술적인 도구들이 많이 개발되고 있다. 예를 들어, 인공지능을 활용한 데이터 분석 도구 등을 활용해 부동산 시장 동향을 예측하고 투자 가능성을 평가할 수 있다. 데이터 분석 방법으로는 회귀분석, 시계열분석, 지리정보시스템(GIS) 등을 활용해 데이터를 분석할 수 있다. 수집한 데이터를 시각화해 부동산 시장 동향을 쉽게 파악할 수 있다. 데이터 시각화 도구를 활용해 지도상에 부동산 가격 동향을 보여주거나, 차트나 그래프 등으로 데이터를 효과적으로 표현할 수 있다.

### 성공적인 부동산 투자를 위해 필요한 스킬

1) **투자 분석** : 부동산 시장의 현재 상황과 트렌드를 정확하게 파악하는 능력은 성공적인 부동산 투자의 핵심이다. 시장 분석을 통해 투자자는 어떤 지역이나 유형의 부동산이 가장 수익성이 높은지, 어떤 시기에 투자하는 것이 가장 이상적인지를 파악할 수 있다. 시장 분석을 위해서는 다양한 정보원을 활용해 최신 정보를 수집하고 분석하는 능력이 필요하다.

2) **재무 분석** : 부동산 투자의 수익성과 위험성을 정확하게 분석하는 능력도 중요하다. 재무 분석을 통해 투자자는 부동산 투자의 예상 수익률과 위험률을 계산하고, 이를 바탕으로 투자 결정을 내릴 수 있다. 재무 분석을 위해서는 재무 관련 지식과 경험이 필요하다.

3) **법률 지식** : 부동산 거래와 관련된 법률 지식을 갖추는 것도 중요하다. 법률 지식을 갖추면 투자자는 부동산 거래에서 발생할 수 있는 법적 문제를 예방하고, 법적 문제가 발생했을 때 적절한 조처를 할 수 있다. 법률 지식을 갖추기 위해서는 관련 법률 규정을 숙지하고, 법률 전문가와 상담하는 것이 좋다.

4) **네트워킹** : 부동산 투자에서 네트워킹은 매우 중요하다. 네트워킹을 통해 투자자는 다양한 정보와 기회를 얻을 수 있다. 네트워킹을 위해서는 다양한 사람들과의 관계를 유지하고, 적극적으로 정보를 교환하는 것이 좋다. 아울러 마케팅 능력도 중요하다.

5) **시장 조사 능력** : 부동산 투자를 하기 전에 시장 조사를 통해 해당 지역의 부동산 시장 동향을 파악해야 한다. 시장의 수요와 공급 상황, 주변 환경, 인프라 등을 철저히 분석해 투자 가치가 있는 부동산을 발굴해야 한다.

6) **자료 분석 스킬** : 통계 분석, 지리정보시스템 등을 활용해 데이터를 분석해야 한다. 그래야 시장을 분석하고 예측해서 부동산 가치를 평가할 수 있다. 데이터를 시각화 도구로 이용해 대중에게 쉽게 설명하는 것이 요즘 더욱 강조되고 있다.

# 부동산 투자의
# 실패에서 얻는 교훈

부동산 투자는 항상 성공만 하는 것은 아니기에 실패 사례를 검토해 보고, 원인과 실패 원인을 확인해서 우리의 소중한 자산을 손해보지 않도록 많은 분석과 공부를 해가며 부동산 투자를 해야 한다.

예를 들어, 상계동의 주공 아파트 지하상가를 4,000만 원에 매입한 J씨는 처음에는 임대료도 받았지만, 그 후 상가는 주변의 발달된 상권에 의해 폐허가 되었다. 또 다른 예로, 2년 전 아파트 가격이 폭등해 섣불리 사지 못했던 N씨는 집 사는 것을 포기하고 전세로 가면서 마침 소형 오피스텔을 2채 분양받았다. 하지만 현재 임대도 안 되고 매매도 안 된다.

또 다른 예를 들어보면, 2년 전 강북 한강 변의 중층 재건축 아파트를 팔고 동부이촌동으로 이사 간 L씨는 당분간 전세를 살면서 나중에 집을 사기로 했다. 그러나 집값은 그가 팔았던 아파트나 현재 전세를 사는 집이 5년 전보다 거의 2배씩 올랐다.

그 외로, 은행원인 A씨는 조합주택으로 32평 아파트를 염창동에 마련했다. 그 후 해외 주재를 하게 되어 집을 팔고 주식에 투자했다. 하지만 귀국해보니 집값은 크게 올랐고, 주식은 떨어져 있었다. 이는 수많은 부동산 투자의 실패 사례 중 하나일 뿐이다.

앞의 부동산 투자에서 실패한 사례는 챗봇이 알려준 사례다.

내 주변의 지인들이나 상담해온 사람의 부동산 투자 실패 사례를 몇 가지 소개하자면, 갈아타기나 매각에 실패한 사례가 많다. 한국의 아파트 가격이 우상향으로 상승 추세였으므로, 매입 실패보다는 파는 타이밍을 잘못 잡은 경우가 많다. 굳이 타이밍이라기보다 멘탈 관리의 실패다. 가격이 너무 올랐다고 과신해 팔고 떨어지면 사겠다든가, 이 지역 아파트 가격이 다른 곳에 비해 많이 올랐으니 팔고 지방으로 갔는데 다들 땅을 치고 후회한다.

또 다른 경우로는, 다주택자에 대한 보유세 중과로 불만과 위협을 느낀 캐나다에 사는 지인이 아파트를 매각했다. 양도세가 5억 원 이상으로 예상되어 보유를 권했지만, 보유세를 낼 돈도 없고 한국 아파트 가격이 너무 많이 올랐다고 했다. 결국, 팔아서 캐나다에 투자하는 것이 세금에서 유리하다고 매각했다. 그 후 보유, 양도 세금이 완화되었고 무엇보다 아파트 가격이 10억 원 이상 올랐다. 쉽게 말하자면, 매각에 실패한 것이다. 현재 상황만 보고 매각을 결정하기보다는 긴 안목으로 변화를 보았으면 한다.

서초구 재건축 아파트에 관한 이야기다. 사실 강남 3구에 재건축이 많이 진행되었지만, 2000년대에 지은 아파트는 재건축 대상이 안 되어 이들 아파트 소유자는 배앓이한다. 그러다 보니 재건축 아파트 바로 옆 아파트가 리모델링 추진을 한다. 이도 긴 안목으로 보면 손해라는 것을 앞에서 말했다.

재건축 아파트 추진이 늦어지고 부담금이나 재건축 조건이 마음에 들지 않는다고 결국 매도 청구를 해서 손해 본 경우다. 최근 많은 재건축 아파트가 신속 통합 방식으로 추진이 빨라지고 수익도 높아졌다. 관리처분이 되고 동호수가 확정되자 가격은 치솟았다. 그래서 큰돈을 손해 보았다. 정산 후에는 손을 쓸 수가 없었다. 역시 부동산은 마인드가 중요하다.

양천구의 고가 아파트를 보유하고 있다가 잠시 전세를 주고, 다른 아파트를 구입한 채 양천구 아파트를 매각해 2주택자로 양도세를 5억 원 이상 억울하게 낸 사례도 있다. 요즘 부동산 세금은 세무사도 잘 모른다고 실토할 정도로 복잡하다. 필자도 세금 이야기가 나오면 주변 양도세 전문 세무사와 상담을 권한다. 자신의 주관적 생각이나 주변 지인의 말만 듣고 판단하지 말고, 반드시 세무사와 상담해야 한다. 나중에 가서 후회해도 소용없고, 며칠 밤을 잠을 못 이루어도 소용없다. 미리 전문가와 상담하자.

실패도 있지만, 성공 사례도 많다. 직접 목격한 것을 하나만 소개하면 삼성전자 직원이 미국으로 발령받아 떠나면서 살던 전셋집을 매입해 다른 사람에게 전세를 주고, 미국에서 5년간 근무하다가 돌아오니 강남 부자가 되어 있더라는 사례다. 10년 치 연봉을 벌었다. 만약에 집을 사지 않고 정기예금이나 주식을 샀더라면 땅을 치고 후회했을 것이다. 전세금이 크게 올라 전에 살던 전세금으로 어림도 없어 아파트 평수를 줄이거나 강남에 살기는 어려워 다른 지역의 전셋집으로 이사를 해야만 했을 것이다. 현명한 판단을 한 것이다.

무주택자나 저가 아파트에 사는 분들이 많이 하는 질문 중의 하나가 강남의 고가 아파트를 팔아서 그 돈으로 싼 아파트를 구입하고, 나머지 돈으로 펑펑 쓰면서 여생을 보낼 수 있겠느냐는 것이다. 집을 포기한 청년은 외제차를 사고 명품을 사는 것이 좋지 않으냐고도 한다. 우문에 현답은 힘들다. 하지만 분명한 것은, 모든 사람이 자기 입장에서 남의 상황을 본다는 것이다. 투자를 해서 높은 수익을 올리는 것이 외제차나 명품을 사는 것보다 삶의 가치가 있다고 생각한다. '부자란 소비가 아니라 투자 여력을 가진 사람'이라고 정의한 모건 하우절의 말은 절대적으로 옳다.

## 나가면서

# 1. 왜 부동산인가?

누구에게나 돈을 벌 기회는 3번 온다고 한다. 나도 돌이켜 보면 몇 번은 왔던 것 같다. 그러나 종종 실행하지 않은 것에 대해 후회한다. 어쩌면 사지 않은 것이 잘했는지 모르지만, 대개는 '그때 샀더라면 지금은 부자가 되었을 텐데…' 하고 후회한다. 누가 토지 정보를 주었는데 사지 않았고, 놓친 강남, 잠실 아파트도 생각이 난다.

그러나 주위에서 보면 부동산을 잘못 처분하거나 구입해서 후회하거나 고통스러워하는 사람도 많다. 개발된다는 말만 믿고 샀다가 20년 이상 팔지도 못하고 큰 손해를 본 사람도 보았다. 그리고 복잡한 부동산 세금을 자기에게 편리하게 해석해서 수억 원 세금을 내고 불면증에 시달린다는 하소연도 들었다. 갑자기 조용하고 공기 좋은 곳에서 살고 싶다며 강남 아파트를 팔고, 지방으로 갔다가 몇 년 만에 수억 원 손해를 보고 돌아온 분도 주위에 있다. 그래서 사도 후회, 안 사도 후회의 말이 나온다. 그러나 잘만 하면 부자가 되거나 적어도 집 하나로 걱정 없이 살 수 있는데, 머뭇거릴 수만은 없다.

앞에서 3대 투자 시장이라고 불리는 채권, 주식, 부동산의 투자 수익률을 살펴보았다. 채권은 낮은 수익률 때문에, 주식은 높은 변동성 때문에 투자가 꺼려진다. 무엇보다 나와 가족이 거처할 곳인 주택은 생활 필수품으로 소비재이면서 임대차나 가격 상승으로 수익이 발생하기 때문에 투자재이기도 하다. 내가 집이 없으면 임차로 금전적 대가를 지불해야 하고, 2채 이상이면 다른 거주자에게 임대해 임대료를 받는다. 어쨌든 나와 가족이 살 집은 필요하다.

부동산은 주식 투자와 다른 점이 많다. 그러나 많은 전문가라고 자처하는 분들이 부동산을 주식처럼 이야기하고 주식처럼 다룬다. 하지만 주식 없이 사는 사람은 많지만, 남의 집을 빌려서라도 집 없이 사는 사람은 없다. 가능하다면 자기 소유의 집이면 좋겠다. 효용이나 만족감을 제외하더라도 경제적인 측면에서도 필요하기 때문이다. 다른 사람과 부의 격차는 집에서 주로 결정된다. 집값이 그 사람의 신분증이자 이력서라는 이야기다. 주택은 경제적 자립과 성장의 출발점이다. 이 집을 발판으로 더 넓은 평수, 원하는 지역으로 이사할 수 있다. 전세로 살다가 집값이 오르면 영원히 임차인이 된다. 집이 있으면 다른 집이 오를 때 우리 집도 같이 오른다. 그래서 가능하면 자기 집을 소유할 것을 권한다.

집을 살 기회가 살면서 한두 번씩은 왔을 것이다. 그때마다 지금은 때가 아니라고 망설이면서 지나쳐온 경우도 많을 것이다. 지금이라도 늦지 않았다. 지금 실행하지 않는 사람은 언제까지고 집 한 채를 가지지 못할 것이다. 돈이 없으면 대출받고, 평수를 줄여서 외곽이라도 자가 주택의 소유를 권한다.

주택 구입은 다른 상품과 다른 점이 많다. 우선 물건이 규격화되어 있지 않다. 그러므로 단순히 필요나 선호에 따라 결정할 수 없다. 내용을 꼼꼼히 살펴보아야 한다. 물건뿐만 아니라 법적 내용까지도 살펴보아야 한다. 몇 년 사용하고 버리는 소비재가 아니다. 그래서 오랜 기간 거주하는 데 문제가 없는지도 보아야 한다. 더구나 남이 사용하던 중고주택이 대부분이라 더 세심한 주의가 필요하다. 또한, 집을 사는 데는 많은 돈이 필요하다. 내 돈이 충분하면 좋겠지만 대부분 그렇지 못하다. 돈을 은행에서 빌려야 하므로 비용, 즉 이자도 걱정된다. 생활비에서 얼마나 감당할 수 있는지도 고려해야 한다.

## 2. 성공은 능력일까? 운일까?

사업에서 성공한 많은 사람은 자신에게 대단한 능력이 있다고 생각한다. 또한, 주변 사람들은 운이 아주 좋다고 한다. 재미있는 게임을 가정해보자. 얼마 전, 〈오징어 게임〉이라는 드라마가 크게 히트했다. 많은 사람이 목숨을 걸고 게임을 하는 내용인데 여러 개의 게임 중에 경험이나 기술을 필요로 하는 때도 있지만, 운에 내맡겨진 게임도 있고, 인간관계가 중요한 게임도 있다. 우리는 승리자가 모든 능력을 갖춘 사람이라고 믿는다.

　여기서 전 국민이 참가하는 가위바위보나 동전 던지기 게임을 구상
해보자. 전 국민 5,000만 명에게 개인당 1,000원씩 주고 하루에 1명의
상대와 가위바위보를 해서 승자가 상대의 돈을 딴다고 하자. 1일째는
2,000원, 10일째 100만 원, 20일째 10억 원, 24일째는 100억 원 이상
이다. 드디어 마지막 날 26일째에 최종 가위바위보의 최종 우승자는
500억 원을 차지하게 된다.

　10명 정도가 남게 되면 사람들은 대단한 능력자이거나 대단한 행운
아라고 여길 것이다. 그러면 사람들은 능력과 행운에 대해 대단한 관심
을 갖게 될 것이다. 알다시피 가위바위보는 특별한 기술이나 능력이 필
요하지 않다. 누구나 질 수도, 이길 수 있다. 그럼에도 사람들은 특별한
기술이나 미신, 초능력을 믿기 시작할 것이다. 그러나 냉정하게 돌아보
면 우연의 연속일 뿐이다. 이는 신이 만들어놓은 계시 같은 것도 아니
고, 더욱이 초능력도 아니다.

　능력이란 수익을 크게 내는 것보다 갑자기 닥치는 위험, 즉 리스크를
대비하고 관리하는 데 있다. 성공에는 능력도 따라야지만 운도 크게 작
용한다. 오죽하면 운칠기삼(運七技三)이라는 말이 있을 정도일까.

　그러나 운만 가지고 성공할 수는 없다. 즉 운은 우리가 통제할 수 없
는 변수다. 통제할 수 없는 변수를 아무리 마음을 쓰고 노력해도 소용
이 없다. 그래서 통제 가능한, 즉 노력해서 결과를 만들어낼 수 있는 요
인을 찾아 선택과 집중을 한다.

# 3. 휘둘리지 말자

누구나 투자에서 성공하기를 바란다. 그러나 투자에 성공하는 사람도 있고, 실패한 사람도 있다. 그런데 성공한 사람도 성에 차지 않아 하거나 운이 나빴다고 푸념하는 모습을 많이 보게 된다.

부동산으로 수익 내기가 만만치 않다. 큰 자금이 필요하기 때문이다. 주식처럼 몇천 원부터 시작할 수 있지만, 부동산은 그래도 몇천만 원은 되어야 시작한다. 단위가 다르다. 또한 정보도 제한적이라 접근하기가 쉽지 않다. 그래서 주식 초보자가 종목을 찍어달라고 하듯이 좋은 곳 하나만 찍어달라고 한다. 아니면 여기저기 부동산 정보가 있을 곳이나 모임, 인터넷 매체를 쫓아다니면서 정보를 수집한다. 발품을 팔면서 정보도 수집하고 현장도 다닌다. 그러다가 운 좋아서 대박이 날 수도 있고, 운이 나빠서 쪽박 찰 수도 있다.

우리는 SNS에 올라온 사진을 보고 남들은 고급스러운 레스토랑에서 맛있는 음식을 먹고, 비싼 옷만 입고, 세계 유명한 곳을 여행 다니는데 나만 궁색하게 산다고 생각할 수 있다. 그러나 잘 알다시피 실패자는 말이 없다. 반면 성공한 사람은 떠들고 다닌다. 세상에 떠도는 말에 휘둘리게 되면 중심을 잃게 된다. 이럴 때 필요한 것은 과학적 사고다. 일어나고 있는 현상을 자세히 관찰하고 상황을 파악해 과학적으로 분석하는 지식을 갖는 것이다.

그래서 투자 이론이나 여러 가지 기법, 그리고 성공 사례를 따라 해 보기도 한다. 그러나 맹목적으로 따라 하면 참사가 일어날 수 있다. 가격이 올랐거나 그때와 환경이 변했을 수도 있기 때문이다. 또한, 다른 사람들도 모두 따라 하면 당신에게 기회는 오지 않는다. 시장을 예측하기 어려운 이유는 세상이 내가 생각한 대로 움직인다는 생각을 다른 사람들도 하고 있기 때문이다. 개별 성공 사례를 일반화하기는 무리가 있을 뿐만 아니라 자신의 상황에 적용하기는 더 어렵다. 투자의 노력과 투자 성과 사이에는 상관관계가 없다고 한다. 좋은 부동산을 선정하거나 경제 상황을 잘 포착하는 것보다 내가 통제할 수 있는 것에 관심을 가지고 노력해야 한다. 아무리 좋은 아파트를 사도 경기가 침체하거나 더 좋은 아파트가 인근에 들어오면 수익을 낼 수 없다.

가장 좋은 투자 전략은 장기적 관점에서 낙관적으로 인내심을 가지고 기다리는 것이다. 먼바다에서 눈앞의 파도는 거칠어 보이지만 해안에서 보면 잔잔한 물결이다. 자기 철학을 가지고 기다릴 줄 아는 자존감이 필요하다. 부동산 투자에서 어쩌면 선택이나 결정보다 중요한 것은 견디는 것일지도 모른다. 경제 침체나 가격 폭락이 예상된다는 신문 기사를 보고도 묵묵히 기다릴 줄 아는 자세가 필요하다. 아파트값이 다른 곳보다 많이 올랐다고 싼 곳으로 간 이웃, 주택 경기가 최고일 때 팔고 가격이 내려가면 사라는 친구, 정부의 세금 폭탄으로 감당할 수 없다고 판 주변 지인들, 모두가 세월이 지난 후 땅을 치고 후회하고 있다.

《어떻게 휘둘리지 않는 개인이 되는가》에서는 의지를 가지고 태어나는 인간은 없지만, 다행히도 이 세상에는 먼저 태어난 인간들이 만들어 놓은 질서가 있다고 한다. 가정, 학교, 예의, 종교, 관습 등이 우리를 지름길로 안내한다. 어른이 되는 길에는 2가지 방식이 있다. 하나는 순응과 타협이다. 이 과정을 밟으며 우리는 사회공동체의 구성원이 된다. 다른 하나는 의심이다. 의심을 통해 세상 그 누구와도 다른 개인이 된다고 홍대선 교수는 말했다.

우리는 살아가기 위해 겉으로는 타인의 상식을 의심하지 않는다는 가면을 쓰고 연기를 펼치기도 한다. 세상을 위한 가면인 페르소나로 기존의 가치 체계에 비판적인 의문을 제기하기보다는 그저 가장 쉽게 이용할 수 있는 가치를 취하는 것이 편할 수 있다. 그러나 그러한 주어진 삶에 깊이 빠져들면 진짜로 우리가 행복할 수 있는 삶이 어떤 삶인지 더 이상 생각하지 않게 된다. 의심할 자유는 고독을 대가로 한다. 고독의 무게에 비하면 가면은 가볍다. 자존감이라는 백신을 맞고 홀로 당당하게 세상과 싸울 지식과 용기를 갖자.

인간은 본성과 유전적 인자를 가지고 태어난다. 인간은 진화하고 있지만 바꿀 수 없는 본성이 있다. 자기가 옳다는 신념이다. 이는 목숨과도 바꿀 수 없을지도 모른다. 어느 순간에 관점이 확립되면 평생토록 지키려고 한다. 정치적으로 보수나 진보 같은 신념이다. 이는 옳고 그름보다는 관점의 차이다. 부동산 투자에서도 마찬가지다. 자기가 틀렸다는 것을 인정하기보다 손해를 보더라도 자신이 틀리지 않았음을 증명해 보이려 한다. 또한 인간은 빠르고 쉽게 살고 싶어 한다. 행동할 때는 움직임을 최소화하고, 생각할 때도 뇌를 사용하지 않으려고 한다. 그래서 과거의 경험이나 무의식으로 결정하려고 한다.
투자의 목적은 자기 신념을 확인하는 것이 아니라 수익을 내는 것이다. 그래서 유연한 사고가 필요하다.

# 4. 부동산 공부가 쓸모 있을까?

세상은 물리학처럼 일정한 공식에 의해 움직이는 자연도 있지만, 생물학처럼 무작위로 우연히 탄생하고 소멸하는 인간들의 사회도 있다. 그러나 무작위로 움직여도 자세히 관찰하면 패턴이 있다. 일정하게 반복하고 규칙적으로 움직이는 패턴을 발견해 법칙과 원칙을 세우고, 학문적으로 정리하면 과학이고 원리가 된다. 투자에서도 수익을 크게 올리고 리스크를 회피하는 패턴을 발견해 자산의 투자에 적용하면, 자신만의 투자 원칙이자 철학이 된다. 그러나 자신만의 투자 이론이나 투자 철학에 앞서 기본적인 지식을 공부해야 한다. 아무리 운칠기삼이라도 기본이 없으면 백전백패다. 주식 시장에서는 모두 내가 정보가 빠르다고, 내가 좀 더 안다는 마음으로 뛰어들지만, 다들 손해를 보고 나온다. 특히 개미들은 더 심하다. 수익률을 보면 외국인 78% 이익, 국내기관 투자자 9% 이익, 개미들이 75% 손실을 기록했다.

투자란 자기가 좋아한다고 되는 일이 아니다. 커피를 좋아하는 것과 커피점을 개점하는 것은 별개의 문제다. 많은 것을 알아야 하고 공부해야 한다. 또한, 이론 위주로 공부하기보다는 실제로 적용할 수 있는 것을 공부해야 한다. 요즘 대학 강의도 현장과 연결할 수 있는 이론이나 분석 사례를 공부한다. 하버드 MBA는 20% 이론, 80% 케이스 스터디의 현장 중심으로 공부한다. 케이스 스터디는 한국의 사례 연구와 조금 다르다. 사례 방식은 단순히 이론을 흡수하는 것이 아니라 진퇴양난의 문제에 직면했을 때, 불확실한 정보로 어려운 결정을 내리기 위해 협력하고, 토론을 통해 문제를 해결하도록 만든다. 상충하는 데이터와 관점을 분석하고, 우선순위를 정하며, 다르게 생각하는 사람들을 설득하고, 또 다른 사람과 새로운 영감을 주고받는다. 우리나라의 대학들도 교실에서 이론이나 암기 위주의 주입식 강의보다는 현장과 토론이 중시되어야 한다.

최근 입지론 강의를 하면서 고리타분한 이론보다는 현장에서 활용 가능한 부분을 강조하고 실습했다. 과제나 시험도 상권분석시스템을 이용한 창업이다. 예를 들면, 살고 있는 지역에 커피전문점을 창업하는 과제다. 업종 선택, 입지 선택, 상권 분석, 사업타당성 분석, 마케팅까지 일련의 과정을 창업 보고서로 제출하는 과제다. 특히 사업타당성 분석은 창업비(권리금, 보증금, 인테리어비 등), 매출액, 원료비, 인건비, 임대료의 비용을 산정해 얼마나 수익이 남는지를 산출하는 과정까지 포함되어 있다.

한 학기 동안 피동적으로 듣기만 하기보다는 자신이 직접 해봄으로써 자신감은 물론, 뭔가 손에 잡히는 부동산을 접하기 위함이다. 현장에 필요한 공부를 함으로써 부동산을 심층적으로 접하고, 실제로 창업하거나 다른 사람에게 도움을 줄 수 있게 했다. 처음에는 조용히 강의만 들으려고 수강 신청을 했기에 좀 귀찮아했지만, 학기를 마치고 나면 뿌듯해하고 가장 기억에 남는 강의라고 말하는 수강생들도 많다. '이러한 문제가 현장에서 활용될 수 있을까?' 하는 의문이 들 수 있다. 하지만 부동산 이론으로 무장하고 실전에 임하면, 단순히 용감한 사람보다는 실패할 확률을 크게 줄일 수 있다. 그래서 상권을 분석하고 현장 실습하고 창업하면 대박은 모르지만, 쪽박은 안 찬다고 말한다.

## 부동산 투자 - 설문 조사

| 구분 | 설문 내용 | 50%기준 | 인원비율 | 점수비율 | 점수합계 |
|---|---|---|---|---|---|
| **1. 정책** | 주택정책의 목적은 가격 안정이다. | 28% | 68% | 71% | 152 |
| | 모든 부동산은 형평성을 중시해야 한다. | -42% | 20% | 48% | 103 |
| | 임대주택을 많이 공급하는 정부가 좋은 정부다. | -19% | 35% | 53% | 113 |
| | 우리나라는 부동산 세금이 다른 나라에 비해 적다. | -35% | 14% | 49% | 106 |
| | 부동산 세금은 가격안정에 도움이 된다. | 30% | 70% | 67% | 144 |
| | 자가 보유는 정부 개입보다 개인이 해결해야 한다. | -9% | 43% | 58% | 125 |
| **2. 가격** | 부동산은 이제는 꼭지점으로 앞으로 하락만 한다. | -51% | 13% | 40% | 86 |
| | 임대수익이 요구수익률에 못 미치므로 가격이 하락한다. | -16% | 39% | 55% | 118 |
| | 우리나라는 전 세계에서 부동산 투기가 가장 심하다. | -21% | 35% | 52% | 112 |
| | 한국주택 가격은 다른 나라와 국민소득 대비 높은 편이다. | 49% | 82% | 76% | 164 |
| | 부동산 가격은 심리적 요인이 기본요인보다 중요하다. | 26% | 69% | 68% | 146 |
| | 이자율에 따라 주택가격이 변동한다. | 49% | 84% | 77% | 166 |
| **3. 수급** | 우리나라만의 전세는 가격안정에 중요한 제도다. | 5% | 53% | 60% | 129 |
| | 전세 사는 것이 이자나 비용을 내지 않아 유리하다. | 9% | 57% | 63% | 135 |
| | 소득 대비 높은 주택 가격으로 앞으로 주택구입이 어렵다. | 28% | 68% | 69% | 148 |
| | 인구 감소와 노령화로 향후 주택 수요는 감소한다. | -37% | 26% | 49% | 106 |
| | 주택보급률이 100% 이상이므로 추가 공급이 필요 없다. | -77% | 3% | 31% | 67 |
| | 서울시의 재개발은 주택 공급의 효과가 크다. | 30% | 72% | 69% | 149 |
| **4. 투자** | 수익율 채권(4%), 주식(14%), 부동산(5%)로 주식이 유리하다. | -67% | 9% | 39% | 84 |
| | 노령자들은 주택을 매각하고 금융자산을 보유해야 한다. | -40% | 24% | 48% | 103 |
| | 연금, 보험, 은행예금만이 확실한 노후 대책이다. | -51% | 18% | 42% | 90 |
| | 주택은 인플레이션과 무관, 다른 자산과 헷지 기능이 있다 | -40% | 23% | 47% | 101 |
| | 대출(전세금)의 실제 가치는 10년이 지나도 불변이다. | -50% | 0% | 27% | 57 |
| | 부동산 경기와 거시경제는 별개 시장이다. | -70% | 14% | 36% | 78 |
| **5. 금융** | 주택 대출은 이자 및 상환이 부담되므로 하지 말아야 한다. | -77% | 5% | 33% | 72 |
| | DTI 금융권의 안정을 위해서 필요한 제도다. | 44% | 88% | 73% | 157 |
| | 일시상환, 변동금리는 대출자에게 불리하다. | 16% | 63% | 64% | 138 |
| | 우리나라 주택담보대출은 모두 주택 구입 용도다. | -49% | 16% | 45% | 96 |
| | LTV는 낮을수록 좋은 주택정책이다. | -26% | 30% | 52% | 112 |
| | 대출부실의 원인은 LTV가 가장 중요한 요인이다. | -12% | 37% | 56% | 120 |

등급 : 정말 그렇다 = 5점, 유보 = 3점, 절대 아니다 = 1점

학기 초에 강의를 시작하기 전에 대학생들을 대상으로 부동산에 대한 생각을 설문지로 받는다. 응답에 점수를 부여해 점수로 비율을 산출하고 '그렇다'와 '아니다'로 분류했다. 첫 번째 질문에서 68%는 '그렇다'이고, '아니다'는 32%, 0%는 찬성은 없다고 해석(유보자 제외)했다. 내 생각은 모두가 '아니다'이다. 여러분의 생각은 어떠한가?

혹시 예전 개그콘서트의 멘트 기억하는가? "우리는 살면서 많은 진실과 마주하게 됩니다. 하지만 여러분들이 알고 있던 진실이 모두 진실이 아닌 거짓으로 밝혀진다면 여러분은 어떠시겠습니까?"로 시작하는 불편한 진실의 대사 말이다. 앞의 설문 내용은 지금까지 많은 분들이 알고 있던 진실, 믿었던 진실이다. 그러나 진실이 아니다. 그러니까 불편한 진실에 대한 질문이다.

부동산을 전공하는 많은 분들이 잘못된 진실을 믿고 있다. 특히 DTI, 소득 대비 가격, 이자율 등은 80% 이상이 불편한 진실로 오해하고 있다.

## 5. 집을 언제, 어디에 사야 하나?

대부분의 사람들이 집을 언제, 어디에 사야 하는지 궁금해한다. 이것은 이 책에서도 전체적으로 연결되는 화두다. 공간적으로 어느 위치에 사야 하고, 시간상으로 언제 사는 것이 가장 유리한지에 대한 문제다.

여기서는 주택에 대한 개인적인 필요성이나 만족도를 떠나 수익의 관점에서 접근해보자. 즉, 부동산 투자라는 관점에서 보자는 이야기다. 당연히 가장 많이 오르는 동네의 집을 사야 하고, 저점에서 사서 고점에서 팔아야 하는 것을 모르는 사람은 없다. 그러나 누구나 미래를 정확하게 알 수는 없다. 현재를 파악해 미래를 예측하고 결정해야 한다. 그런데 중요한 문제는 가격이 변동한다는 것이다. 계속 올라주면 고맙겠지만, 사는 날부터 하락하기도 한다. 마치 주식을 사자마자 내리거나 팔자마자 오르는 경우처럼 말이다. 그래서 우리는 집 사는 것을 망설인다.

현명한 독자는 눈치챘을 것 같지만, 책을 관통하고 있는 큰 물줄기가 있다. 주택은 삶의 터전으로 거주와 경제활동을 위한 공간으로, 생산활동과 불가분의 관계가 있다. 정보통신, 지식산업사회가 될수록 인재와 기업은 특정 도시로 집중되는 경향이 있고, 산업도 집적과 군집 등으로 경제적으로 유리한 곳에 집중되며, 주거지도 직장 인근에 위치하는 편리성과 정보 공유가 가능한 직주근접을 선호한다고 주장했다.

바로 집값을 결정하는 가장 중요한 요소는 국가, 도시, 지역의 주력 산업이다. 첨단, 고부가 가치, 고학력, 고소득, 승수 효과, 고용 창출의 효과가 높은 산업체가 그 지역 경제를 활성화하고, 높은 수준의 집값을 결정한다. 이러한 산업이 계속 성장하고 기업의 매출이 올라가면 당연히 지역 및 국가 경제도 성장한다.

한국의 산업들이 글로벌 시장에서 주도권을 가지고 성장하면 경제성장은 지속될 것이다. 즉 중국에 추월당하지 않고 반도체, 조선, 가전, 정보통신 산업의 주도권을 유지한다고 생각하면 주택을 사라. 그러나 한국의 주력산업이 다른 나라에 잠식당하거나 시장을 잃어버려 매출이 감소하고 경제 성장이 감소한다고 생각하면, 주택을 팔거나 월세에 살라.

'산업의 발전을 보고 주택 구입 여부를 결정하라'는 큰 물줄기이자 요지다. 풍수지리의 배산임수를 현대적으로 해석하면, 농업(산업) 하기 좋은 주거지를 말한다. 제조업의 전성기에는 원료, 인력, 전력, 수송, 수출하기 유리한 곳에 공장이 들어서고 주거지도 형성되어, 도시가 발전했다. 최근에는 지식정보 산업시대가 도래하면서 집적, 공유, 혁신이 이루어지는 도시, 특히 수도권에 집중되고 있다.

앞으로 주택 가격이 상승할 가능성이 있는 최적의 위치나 입지는 첨단 산업이 입주한 곳, 앞으로도 확장되고 신산업이 위치할 곳이다. 구체적으로 서울 강남권, 경기 남부권이다. 수도권의 집중은 멈추지 않을 것이다. 도시화율이 91%로 세계(61%)에서 가장 높은 나라가 한국이다. 이제 산업의 경쟁력 때문에 지방으로 기업체를 강제로 내려보낼 수도 없다. 그리고 수도권에서도 첨단 산업의 집적화·군집화로 인해 한곳으로 집중되는 것이 산업 입지의 기본이론이고 실제로 실행되고 있다.

따라서 첨단 산업이 집중되는 강남, 경기 남부에서 40분 이내 교통연결이 되는 곳에 주택을 구입해야 한다. 서울 및 경기의 동부, 북부보다 비교적 우위를 가지고 있다. 물류 중심의 서부권도 차선으로 고려할 만하다. 이렇게 구체적으로 위치와 시기를 말하는 이유는 학자들은 두리뭉실 얼버무린다는 소리를 듣기 싫어서다. 내가 이렇게 주장하는 근거는 지금까지 보아온 이론과 통계다. 개인적인 생각이나 근거 없는 주장이 아니라, 기본적 원리와 신뢰성 있는 데이터를 근거로 말하는 것이다.

앞에서 일관되게 주장해온 것을 정리하면, 집값이 가장 크게 오르는 곳은 첨단 산업이 위치한 곳으로, 일자리가 늘어나면 주택 수요가 증가해 주택 가격이 오를 수밖에 없다. 첨단 산업은 임금, 즉 소득이 높고, 다른 산업에 파급 효과나 고용 창출 효과가 높아 주택 가격에 선순환을 가져온다. 고용, 소득뿐만 아니라 고학력자가 모여들고, 상가가 활성화되면서 소비도 증가하고, 인프라가 집중되어 점점 가치가 상승하는 구조를 가지게 된다.

전통제조 산업보다 정보통신의 첨단 산업이 현재와 미래의 대한민국을 먹여 살리고 선진국으로 발전하게 하는 원동력이다. 집값은 혼자서 오르고 내리지 않는다. 많은 요인이 영향을 준다. 특히 경제가 중요하다. 경제는 산업에 의해 움직인다. 이제 하나의 산업은 하나의 도시나 하나의 국가에 국한되지 않는다. 전 세계 소비자를 대상으로 판매하고, 전 세계 기업과 경쟁한다. 반도체 산업처럼 세계 최고의 산업이 많으면 경제도 성장하고 집값도 오른다. 앞으로 내가 사는 집이 오를지, 내릴지는 한국의 주력 산업이 세계 시장에서 우위를 점할 수 있을지에 달려 있다. 따라서 집을 살지, 말지는 한국의 경제에 달려 있다. 경제가 계속 성장한다고 판단되면 집을 사고, 아니면 소유보다 임차를 선택해야 한다.

국민소득과 실제 집값이 차이가 클 때 집을 사는 것이 유리해 보이나 실제로 타이밍을 잡기기 어렵다. 세세함보다는 큰 틀에서 결정하는 것을 권한다. 내릴 때는 추가 하락을 걱정하게 되지만, 오를 때 따라가면서 매수하는 것보다는 유리하다. 투자는 자기 자신의 판단과 책임하에 해야 하며, 리스크를 고려하라.

# 일러두기

1. 이 책은 저자의 논문을 바탕으로 만들어졌다. 논문의 내용에서 생활에 적용될 부분을 선택해서 책에 실었다. 더 많은 부분을 알고 싶은 독자는 논문을 참고하기를 바란다.

2. 주요 데이터는 앞서 언급한 한국부동산원, 국민은행, 통계청, 한국은행, 국토교통부 등의 신뢰성 있고 공개된 공공데이터를 이용했다. 이러한 데이터를 활용해서 표나 그래프를 만들고 통계분석을 했다. 대부분 표, 그래프, 통계분석은 저자가 직접 작성한 것이다. 다음에 서술한 주요 인용 데이터는 데이터 표시나 출처 표시를 별도로 하지 않았다. 그러나 외부에서 인용한 데이터나 그림들은 출처나 데이터 표시를 했다.

3. 저자는 타인의 연구 결과나 성과를 존중하고 데이터의 위조나 변조 없이 진실성과 도덕성을 가지고 주의를 기울면서 데이터를 활용하고 분석했다. 앞의 데이터를 수집하고 이용하는 과정에서 잘못이 있다면 전적으로 저자의 책임이다.

4. 주요 인용 데이터
한국부동산원(통계)http://www.reb.or.kr/r-one/main.do
KB국민은행 부동산 : http://land.kbstar.com
공공데이터포털 : http://www.data.go.kr/
통계청 국가 통계포털 : http://kosis.kr/
한국은행 경제통계시스템 : http://ecos.bok.or.kr
국토교통부 통계누리 : http://stat.molit.go.kr/
국세청 통계 포털 : http://tasis.nts.go.kr/
KRX 정보데이터시스템 : http://data.krx.co.kr/

## 저자 논문

1. 〈가구수와 주택공급량의 변동이 주택 가격에 미치는 영향〉
2. 〈재건축사업의 타당성 평가에 관한 연구〉
3. 〈주택 가격의 글로벌 동조화와 파급경로에 관한 연구〉
4. 〈소유비용과 기대이익이 주택시장에 미치는 영향 : 소유 및 임차 선택〉
5. 〈지역별 주택 가격의 격차에 관한 연구〉
6. 〈부동산을 활용한 은퇴 가구 자산운용에 관한 연구〉
7. 〈시계열 분석을 통한 주택 가격의 변동 요인에 관한 연구〉
8. 〈저금리가 주택 가격을 상승시키는가?〉
9. 〈상가의 권리금, 임대료, 매출액의 결정요인 및 구조적 관계〉
10. 〈몬테카를로 시뮬레이션을 이용한 부동산 투자의 리스크 평가에 관한 연구〉
11. 〈상업용 부동산 시장과 거시경제변수의 연관성에 관한 연구〉
12. 〈상업용 부동산의 리스크 평가에 관한 연구〉
13. 〈오피스 자본환원율 결정구조에 관한 연구〉
14. 〈국내 REITs의 수익률과 조건부 이분산 모형을 이용한 리스크 분석〉

# 부동산은 감이 아니라 데이터

**제1판 1쇄**  2023년 11월 7일

**지은이**  장영길
**펴낸이**  최경선 　　　　　　**펴낸곳**  매경출판㈜
**기획제작**  ㈜두드림미디어
**책임편집**  최윤경, 배성분 　　　**디자인**  노경녀 nkn3383@naver.com
**마케팅**  김성현, 한동우, 구민지

**매경출판㈜**
**등록**  2003년 4월 24일(No. 2-3759)
**주소**  (04557) 서울특별시 중구 충무로 2(필동 1가) 매일경제 별관 2층 매경출판㈜
**홈페이지**  www.mkbook.co.kr
**전화**  02)333-3577
**이메일**  dodreamedia@naver.com(원고 투고 및 출판 관련 문의)
**인쇄·제본**  ㈜M-print 031)8071-0961

**ISBN**  979-11-6484-626-9 (03320)

# 같이 읽으면 좋은 책들

시장을 이기는 정책은 없다

WHY & HOW 부동산 정책,

신방수 세무사의 신축·리모델링 건축주 세무 가이드북

토통령의 답이 정해져 있는 땅 투자

당신도 5년 안에 100억 부동산 부자가 될 수 있다

핵심 공인중개사 실무 교육

스스로 사고파는 상위 1% 토지 투자 비밀 과외

부동산의 가치를 높이는 방법

똑똑한 사람들은 월세 내고 건물주 돼서 창업한다!

부동산 공매 이렇게 쉬웠어? 공매 실무와 실전 사례

부동산 공매 이렇게 쉬웠어? 알기 쉬운 기초 공매

오피스텔 투자 바이블 35살, 35채로 인생을 바꾸다

똑똑한 절세 방법 부동산 법인이 답이다!

절세의 모든 기술 부동산 법인에 있다!

부동산 대출의 기술

오르는 땅은 이미 정해져 있다

이것이 진짜 토지 개발이다

생각하는 공인중개사가 생존한다!

신방수 세무사의 재건축 재개발 세무 가이드북 실전 편

부린이 탈출을 위한 부동산 투자입문서

현명한 부동산 투자의 시작

숨어 있는
토지 개발로
10억
만들기

개발해서 돈 되는 땅은 따로 있다!

부자의 첫걸음
내 집 마련

어제는 무주택자, 오늘은 상위 1%, 내일은 슈퍼리치!

부자 경매의 시작
알기 쉬운
특수 경매

별 볼 알고 피곤 좋은 말면
누구나 경매 투자할 수 있다!

집을 싸게 사려면 내재가치를 마스터하라!
내 집을 싸게 사는
최고의 방법

서울시 공정경제과 황박사가 알려주는
NEW
상가임대차
분쟁 솔루션

100가지 상가임대차 분쟁을 풀어내는 맞춤 솔루션!
상담전문가의 생생토크 & 다툼한 분쟁 해결 가이드!

멈출 수 없는
UNSTOPPABLE

공간개발의 미래과제와
부동산 투자의 새로운 시작

신방수 세무사의
주택임대사업자
등록말소주택
절세 가이드북

이제 전문가들도 놓치고 있는
등록말소주택에 대한 세금이 진짜 위험하다!

부동산 성공 투자의 시작
알기 쉬운
경매 실무

발품 팔면
성공이 보인다

RESTART
부동산 투자
아무도 말해주지 않는 불변의 성공비결

부동산 투자
마법사 되는
45가지 핵심 기술

백만장자 라이프
극한직업
건물주

꼬마빌딩 건축

신방수 세무사의
확 바뀐
상가
빌딩
절세 가이드북

상가·빌딩 세금 모르면 진짜 손해본다!

우대방과 함께하는
성공 부동산
중개사무소
창업

투명하게 공정하게 부동산 중개 시장을 바꾼다

수익형과 차익형 투 마리 토끼를 잡는
지식산업센터
투자의
정석

닥치고 현장!
소액자본으로
부동산
부자되기

남양주, 광주, 청주, 제주, 거제, 목포 6개 지역
부동산 완전 분석!

신방수 세무사의
부동산 증여에
관한 모든 것

부자 경매의 시작
알기 쉬운
기초 경매

볼을 알고
읽을 줄만 알면
경매는 한다

라헬과 함께 공부하는
셀프 경매
바이블

셀프 등기부터 셀프 소송·셀프 채권 신고까지
법무사·변호사·세무사 등 전문가 도움 없이
셀프 경매 보다 지식을 승화하기 위한 이론적 지침서

실전 사례로 풀어보는
상가 셀프
경매의 정석

상가 경매로 노후 대책 마련하기
상가 경매를 통해 안정적인
파이프라인을 만드는 비법 공개

우대혜의 내 집 마련 콘서트
### 초규제 시대,
부동산 투자의 정석

상우혜 홍선현 지음

2020년 이후 서울 아파트, 시장을 선점하라!

매력된 공인중개사의 부동산 투자 이야기
### 돈이 되는 부동산
VS
### 돌이 되는 부동산

부동산 투자자들이 꼭 알아야 하는 핵심 비밀

신방수 세무사의
### 양도
### 소득세
### 완전
### 분석

사례로 풀어보는
### 지분경매
지분경매 해결 TWO 가지
= 소송 + 협상

조종석 지음

부동산 경매보다 새로운 틈새시장,
지분경매의 해결 프로세스 제시

신방수 세무사의
### 부동산 거래 전에
### 자금출처부터
### 준비하라!

신방수 지음

### 부동산 관리도
### 경영의 시대

양영각 지음

종합관리 실무 전문가의 부동산 학과 교수가 함께 쓴
### 부동산 관리와
### 종합서비스

최우석, 이현 지음

신방수 세무사의
### 상속분쟁 예방과
### 상속
### 증여
### 절세 비법

직장 생활하면서 손쉽 생각되고,
큰돈 대비할 생각으로 출발해야

김과장도 돈 버는
### 셰어하우스

정남철 지음

### SHARE
### HOUSE

상가 투자의 정보를 쉽게 이해하는
### 내 생애 짜릿한
### 대박 상가
### 투자법

세금 모르면 주택임대사업 하지 마라!
신방수 세무사의
### 주택임대사업자
### 등록과
### 절세 비법

신방수 지음

이영화의 실전 경매 운영자 제갈조르의
### 나는 장애를 딛고
### 부동산 경매로
### 성공했다

불황에도 매출 10배 올리는
상위
### 1%
### 공인
### 중개사의
### 마케팅
### 비법

GTX 시대, 부동산 투자 비법은 따로 있다!
### 아파트는 살고
### 땅은 사라

부동산 투자를 시작하기 전에 꼭 읽어야 할 실전 기술
### 부동산
### 상식을
### 돈으로
### 바꾸는 방법

### 해외 부동산 투자,
### 나는 말레이시아로
### 간다

### MALAYSIA

투자자에게 알려주고 싶은 부동산 블루오션

당신도 건물주가 될 수 있다!
### 원룸
### 마스터

### 부동산
### 실무 法
### 용어사전
### 1,000

부자가 되기 위한 새로운 패러다임
### 부자로 환승하라
### 머니트레인

부동산 투자, 이제는 지하철이 핵심이다!

### 부동산 투자
### 인사이트

그는 어떻게
**부동산**
**1인 창업으로**
**10억을**
벌었을까?

부동산 투자의 숨겨진 진실!

**돈 버는**
**주택임대**
**관리기법**

주택임대관리업
복합적인 관리업무와 경영활용이다!

10%대 수익율을 위한
최고의 부동산 재테크
**P2P**
**투자의**
**정석**

**동산으로 이룬**

**유의**

잘 키운 아파트,
직접 퇴사 안 무섭다!

**아파트 경매,**
지역 분석이 먼저다

매매 사례를
중심으로 살펴보는
**대박 친**
**빌딩 투자의**
**비밀**

부자가 되기 위한 부동산 요리법
**정준환의**
**부동산**
**레시피**

요리를 하는 것처럼
부동산에 익숙해지라네

초보자를 위한 취업과 창업 완벽 가이드
**잘나가는**
**공인중개사의**
**비밀노트**

한 권으로 정리한 단기 속성 실무전략

**新**
공인중개사가 꼭 알아야 하는 토지 중개 100문 100답
**명품 토지**
**중개 실무**

다양한 사례와 함께 살펴보는 실무 노하우

실패 없는 부동산 투자의
**돈 길 따라가는**
**부동산 투자**

정보력과 실전 경험이 바탕이 된,
앞을 내다보는 부동산 투자 기법을 전수한다

부동산 계약·증여·증거 전에 꼭 알아야 하는
**부동산**
**세무** Real estate
Tax
Guide Book
**가이드북**
**실전편**

2019

개념부터 쉽게 배우는 부동산 필수 상식
**돈 되는 부동산은**
**따로 있다**

지식산업센터 투자 실전 편
**부동산 투자,**
**아파트형**
**공장이**
**틈새다**

2달 만에 월세 200만 원 받는
**월세 부자**
**레시피**

이제 당신도 부자가 될 수 있다!

직장인들도
쉽게 따라할 수 있는
**新**
**부동산 공매**
**가이드북**

**실전편**

**기막힌**
**부동산**
**절 세 의**
**비밀**

생활 속의 세금 상식을 담은
절세 필독서

경공매·NPL 투자자의 자산가치 꼭 알아야 하는
**부동산**
**매매임대사업자**
**세무** Real estate
Business
Tax
Guide Book
**가이드북**
**실전편**

나는
**부동산 투자로**
**파산자에서**
**100억 부자가**
**되었다**

경매하기 쉬운 경매 투자자의 신세계
**지분경매,**
**공유지분,**
**독점경매**

남들과 경쟁하기 싫고,
혼자 전부 독식하고 싶다!

입찰에서 취득까지, 배당에서 명도까지
부동산 경매의 모든 것
**이것이 진짜**
**성공 경매다**

가치 투자로 승부하라!
실패를 최소화하는 성공 투자 비법

부동산 전문 아나운서의 재테크 실전법
결혼은 선택이지만
**부동산 투자**는 필수다

수익형 부동산 건축과 재테크 투자 비법
**헌집 살래 새집 살래**

건축을 알면 알짜 부동산이 한눈에 보인다!

**부자 되는 주택 임대 사업**

이제 대세는 수익형 부동산이다
평생 돈 걱정 없이 사는 월세 부자 되기

**돈 버는 공인중개사는 따로 있다……**

**전세가를 알면 부동산 투자가 보인다**

시장 심리를 파악하면, 투자 흐름이 보인다!

서울시 공정경제과 주무관이 알려주는
**부동산 거래와 판례**

**스타들의 부동산 재테크**

스타들의 사생활보다 더 궁금한
그들만의 부동산 투자
스타가 좋아하는
부동산은 따로 있다?

**지분 경매로 토지 개발업자 되기**

부동산 재테크
**역세권이 답이다**

세무사 30년이 알려주는
**세무조사 대비의 모든 것**

**주택 연출가 무조건 따라하기**

커피 한 잔 값으로 초대형 오피스 주인 되기
**리츠 얼리어답터**

고수익을 안겨주는 블루오션 토지 경매
신의 한 수
**금맥 경매**

토지 경매로 금맥을 캐다

**주택 아파트 세무 가이드북 실전편**

**권리분석 완전정복으로 10년 안에 10억 벌기**

고수가 알려주는 돈 되는 땅 투자의 모든 것
**대한민국을 움직이는 땅 투자 법칙 100**

흔한 직장인의 흔하지 않은 투잡 경매 성공기
**돈의 보감**
평범한 샐러리맨, 투잡 경매로
**5년에 10억 벌다**

경매로 재테크하고
NPL보 투 번째 월급 받다

**나는 갭 투자로 300채 집주인이 되었다**

아파트 300채 부자
박정수가 공개하는
화제의 투자법 대공개!

**토지 세무 가이드북 실전편**

부동산 경·공매, 분양, 입찰, 매매를 통한
**新 상가 투자 보물찾기**